应用型本科汽车类专业系列教材

U0793031

# 智能网联汽车测试与评价技术


主　编　邹乃威

副主编　吕济明　刘金刚

参　编　赵　兰　李　琳　魏建伟　吴云兵

　　　　傅　兵　韩　平　常　胜



机 械 工 业 出 版 社

本书面向应用型本科和以培养从业技能为主的院校，详细介绍了智能网联汽车测试与评价技术的背景知识、测试规范、测试流程和测试技巧等，旨在提高在校本科生在智能网联汽车测试及评价方面的理论知识和解决实际问题的能力，为将来从事相关行业的工作奠定坚实的理论和实践基础。

本书共 10 章，第 1 章介绍智能网联汽车的概念、与传统汽车相比的特点以及智能网联汽车测试的意义；第 2 章介绍智能网联汽车的测试体系架构及各种测试方法在整个测试体系中起到的作用；第 3 章介绍智能网联汽车测试场景的定义、分类、要素及测试场景搭建的方法；第 4 章介绍智能网联汽车测试用到的设施、设备以及如何采用这些设备和设施安全有效地完成各项测试任务；第 5 ~ 9 章是本书的核心内容，分别介绍了环境感知功能测试、无线通信功能测试、信息辅助类 ADAS 功能测试、信息控制类 ADAS 功能测试及自动驾驶功能测试等各项测试内容，详细介绍了针对智能网联汽车各种功能的测试项目的具体要求及其实施方法；第 10 章介绍智能网联汽车测试数据处理和测试报告撰写方面的实务。

本书在撰写过程中参考了智能网联汽车测试现行的标准和法规，广泛查阅了相关的论文和书籍，借鉴了一些专门从事智能网联汽车测试与评价业务实体的测试流程和性能评价方法，在总结广大同行知识、理论和观点的同时提出了我们自己的见解和主张。

本书可作为车辆工程、汽车服务工程、汽车维修工程、智能汽车工程、新能源汽车工程等专业相关课程的教材和智能网联汽车性能测试方面的试验指导书籍，也可以作为从事智能网联汽车测试及研发的工作人员的工具书。

**图书在版编目（CIP）数据**

智能网联汽车测试与评价技术 / 邹乃威主编. 北京：机械工业出版社，2025. 6（2026. 1 重印）. -- （应用型本科汽车类专业系列教材）. -- ISBN 978 - 7 - 111 - 78186 - 8

Ⅰ. U463. 67

中国国家版本馆 CIP 数据核字第 20255AA806 号

机械工业出版社（北京市百万庄大街 22 号　邮政编码 100037）

策划编辑：舒　恬　　责任编辑：舒　恬

责任校对：高凯月　李可意　景　飞　　封面设计：陈　沛

责任印制：张　博

固安县铭成印刷有限公司印刷

2026 年 1 月第 1 版第 3 次印刷

184mm × 260mm · 13. 25 印张 · 2 插页 · 326 千字

标准书号：ISBN 978-7-111-78186-8

定价：49. 90 元

| 电话服务 | 网络服务 |
| --- | --- |
| 客服电话：010-88361066 | 机　工　官　网：www. cmpbook. com |
| 010-88379833 | 机　工　官　博：weibo. com/cmp1952 |
| 010-68326294 | 金　　书　　网：www. golden- book. com |
| **封底无防伪标均为盗版** | 机工教育服务网：www. cmpedu. com |

# 前　言

随着汽车“新四化”发展战略的稳步推进，我国汽车行业已在新能源汽车赛道上取得阶段性的胜利。在汽车智能化和网联化的征程中，智能网联汽车技术的自我更新和迭代升级，亟需大量应用型人才。然而当代高等教育系统知识更新的步伐明显滞后于产业的发展，其固有的人才培养模式已经不能满足时代高速发展的需求，新的人才培养模式应该朝着以产业需求为中心，按照产业要求培养定制化人才方向发展。

本书编写组由高校内锐意创新的中青年教师和常年活跃在产业一线的工程师构成，力争撰写一部全面介绍智能网联汽车测试与评价技术的教材，以供当今高校培养产业亟需的应用型人才之用。本书由宁波工程学院邹乃威教授担任主编，上海测讯汽车科技有限公司吕济明高级工程师和湘潭大学刘金刚教授担任副主编，负责总体策划、大纲编写、架构搭建、测试项目选定和统稿工作，参加编写的还有宁波工程学院赵兰讲师、李琳讲师和魏建伟副教授，中汽研汽车检测中心（宁波）有限公司吴云兵高级工程师，湘潭大学傅兵副教授，佳木斯大学韩平副教授，常熟理工学院常胜副教授。具体分工为：第 1、7、8 章由邹乃威编写；第 2 章由吕济明编写；第 3 章由李琳编写；第 4 章由赵兰编写；第 5 章由魏建伟编写；第 6 章由常胜和韩平编写；第 9 章由刘金刚编写；第 10 章由吴云兵和傅兵编写。

本书在讲解智能网联汽车测试评价体系的基础上，还基于产业热门应用背景提出了最新的智能网联汽车测试评价方法，使整个智能网联汽车测试评价体系更加完整。本书参考了现行的智能网联汽车测试标准和法规，介绍了各种典型智能网联汽车功能的测试方法，系统地阐述了主流的测试仪器和设备的使用方法。本书既体现了理论的先进性，又紧密结合产业一线实际应用场景，完全符合应用型人才培养的需求。

本书紧紧围绕智能网联汽车基础知识、测试系统架构体系、测试场景构建、测试设备使用、智能网联汽车测试原理和流程以及测试报告撰写技巧等内容展开，旨在培养学生将基础理论转化为实践操作的能力，以便将来走向工作岗位后能更好地服务于产业的发展。

本书遵循由浅入深的认知顺序，采取先总述、后分述，先讲解基本原理，再介绍测试步骤，然后分析测试结果，最后介绍测试报告撰写技巧的顺序组织内容，对每一项具体的测试项目都绘制了有助于理解测试场景的图片，以图文并茂的形式介绍测试流程和注意事项。我们对有代表性的操作过程制作了视频，通过二维码的方式嵌入书中，读者可扫码观看。

本书采用章、节、目的体系结构编排内容，便于教师在授课过程中以章、节、目为自然分界点，达到按照学习和认知规律分解教学内容的目的。每一章先从基础的概念开始介绍，然后讲解系统的工作原理和具体的应用场景，最后介绍相关的测试要求和测试流程以及各种测试中突发事件的应对措施。

本书每一章都设置了与该章内容密切相关的复习题，方便学生复习和掌握本章知识。复习题大都是面向工程实践的开放性问题，需要学生通过学习且掌握一定操作技能后才能得到答案，突出了培养应用型人才解决实际问题能力的教学目标。同时，对一些典型的测试实验还专门录制了演示视频，以便学生能够更直观地认知这些测试实验的执行过程。

本书是在宁波工程学院学术出版经费资助下完成的，在此致以深深的谢意。此外，上海测讯汽车科技有限公司和中汽研汽车检测中心（宁波）有限公司为本书提供了很多有价值的素材，在此一并表示感谢。另外，本书还参考了很多国内外相关领域的技术资料，在此也表示感谢。

本书主要面向应用型本科院校，旨在提高在校生智能网联汽车测试与评价技术的理论知识水平和解决问题的实战能力。同时，本书也可作为相关专业的学术型本科生和研究生在智能网联汽车测试方面的试验指导书籍，还可以作为从事智能网联汽车测试及研发工程师自学和提高的书籍。

由于编者水平和经验有限，书中难免存在不妥之处，敬请广大读者批评指正。

编　者

# 目　录

# 第1章

# 智能网联汽车概述

调查数据显示，与汽车相关的交通事故呈逐年上升的趋势，分析事故的成因时发现80%以上的交通事故都是由于驾驶员操作不当引起的。在全社会的共同努力下，交通环境和汽车本身越来越安全，但是与汽车相关的交通事故却越来越多，这种现象背后的原因值得引起人们的深思。

科技的进步与生活节奏的加快，让更多的人选择了驾驶汽车出行，但却忽视了一些超出自己能控制的场景，一旦这些场景出现，侥幸逃脱与意外发生只隔了一道幸运之门。事故背后的统计数字表明，大多数事故可以通过敏锐的观察、理性的分析、冷静的判断、果断的操作和始终如一的专注加以避免，对于当今的人工智能技术而言，这些功能是再平常不过的事情了，于是产生了智能辅助驾驶汽车。

随着人类进入了网络时代，万物互联几乎已经渗透到每一个领域，汽车之间的网络互联也在不断地延伸，拓展了汽车对驾驶环境感知的维度，同时也把智能辅助驾驶汽车发展成为智能网联汽车。

## 1.1　智能网联汽车的定义

智能网联汽车属于一种跨技术、跨产业领域的新兴汽车。从广义上来讲，智能网联汽车是以车辆为主体和主要节点，融合现代通信和网络技术，使车辆与外部节点实现信息共享和协同控制，以达到安全、有序、高效、节能行驶的新一代多车协同系统。从狭义上来讲，智能网联汽车是搭载先进车载传感器、控制器和执行器等装置，并融合现代通信与网络技术、实现 V2X（V 代表智能网联汽车本身，X 代表基础设施、其他车辆和行人等）智能信息交互共享，具备环境感知、决策规划和控制执行等功能，实现安全、舒适、节能且高效地行驶，并最终代替人类驾驶和操纵的新一代汽车。

## 1.2　智能网联汽车的分级

智能网联汽车包括智能化与网联化两个技术层面，对智能网联汽车的分级也可以按照智能化和网联化两个层面进行划分。

### 1.2.1　智能化分级

按照汽车的控制权与安全责任在人与车之间的划分，智能网联汽车可以分为不同的等级。不同国家和地区对智能网联汽车的分级标准也不尽相同。目前，全球汽车行业应用较多的是美国汽车工程师学会提出的分级标准，见表1-1。

**表 1-1　智能网联汽车的智能化分级**

| 智能化等级 | 等级名称 | 等级定义 | 控制 | 监控 | 失效管理 | 作用域 |
|---|---|---|---|---|---|---|
| L0 | 人工驾驶 | 由人类驾驶员全权驾驶汽车 | 驾驶员 | 驾驶员 | 驾驶员 | 无域 |
| 低级别自动驾驶阶段 | | | | | | |
| L1 | 部分驾驶辅助 | 根据环境信息对车辆行驶方向或加减速中的一项操作提供支援，其他驾驶操作都由人负责 | 驾驶员&车辆 | 驾驶员 | 驾驶员 | 限定场景 |
| L2 | 组合驾驶辅助 | 根据环境信息对车辆行驶方向和加减速中的多项操作提供支援，其他驾驶操作都由人负责 | 车辆 | 驾驶员 | 驾驶员 | |
| 高级别自动驾驶阶段 | | | | | | |
| L3 | 有条件自动驾驶 | 由车辆完成所有驾驶操作，驾驶员需要保持注意力集中，准备随时接管车辆的操控权 | 车辆 | 车辆 | 驾驶员 | |
| L4 | 高度自动驾驶 | 由车辆完成所有驾驶操作，驾驶员无需保持注意力，但车辆要在限定道路上或规定条件下行驶 | 车辆 | 车辆 | 车辆 | |
| 完全自动驾驶阶段 | | | | | | |
| L5 | 完全自动驾驶 | 车辆可以在所有道路环境下完成所有驾驶操作，无需驾驶员的接管 | 车辆 | 车辆 | 车辆 | 所有场景 |

（1）L0 级（人工驾驶阶段）

该阶段的车辆是指传统汽车，驾驶员负有监测车辆周围驾驶环境的全部责任，同时拥有全部控制权，在任何时刻驾驶员都能够独立控制汽车的运动，包括制动、转向、加速和减速等操作。

（2）L1 级（部分驾驶辅助阶段）

在部分驾驶辅助阶段，驾驶员仍拥有车辆的全部控制权，且需要负责监测车辆周围的驾驶环境，车辆仅能帮助驾驶员完成横向或纵向控制任务之一，完成的特定驾驶任务（如车道保持功能、自动紧急制动功能、自动定速巡航功能等）。

（3）L2 级（组合驾驶辅助阶段）

在组合驾驶辅助阶段，驾驶员和车辆共享对车辆的控制权。车辆可以同时实现对自身横向和纵向的控制，比如一辆 L2 级的智能网联汽车可以同时具有自适应巡航控制功能和车道保持系统的功能，但仍需驾驶员监视车辆周围的驾驶环境，并随时准备接管车辆。

L1 级和 L2 级智能网联汽车属于基础智能辅助驾驶阶段，仍需驾驶员监视车辆周围的驾驶环境，并负责车辆的主要驾驶任务。

（4）L3 级（有条件自动驾驶阶段）

在有条件自动驾驶阶段，车辆可以完成所有的驾驶任务，并具有提醒驾驶员的功能。驾驶员无需时刻监视驾驶环境，可以分心但不可以睡觉，当车辆要求接管时，驾驶员需要立即能够接管车辆。车辆具备了综合干预辅助类功能，包括自动加速、自动制动和自动转向等。L3 级与 L2 级智能网联汽车的主要区别在于 L3 级在自动驾驶条件下，驾驶员不必时刻监视车辆周围驾驶环境，而且以自动驾驶为主、驾驶员驾驶为辅；L2 级在自动驾驶条件下，驾驶员必须监视车辆周围驾驶环境，而且以驾驶员驾驶为主，自动驾驶为辅。

（5）L4 级（高度自动驾驶阶段）

在高度自动驾驶阶段，车辆拥有全部控制权，可以没有驾驶员，但是要求限定在特定的场景下，对应技术包括环境感知、高精度地图、智能道路和交通设施等。该阶段的智能网联汽车可以没有转向盘、加速踏板和制动踏板等控制机构，但需要限定运行区域（如校园、厂区和景区等）或限定行驶环境条件（如非雨、雪天气，且光照条件良好等）。

L3 级和 L4 级智能网联汽车属于高级智能辅助驾驶阶段，已经无需驾驶员监视车辆周围的驾驶环境了，并且车辆主要由系统负责驾驶。

（6）L5 级（完全自动驾驶阶段）

完全自动驾驶阶段是真正的无人驾驶阶段，车辆已经不需要驾驶员了，也不需要人在车内或车外协同认知判断以及干预车辆。车辆不再需要转向盘、加速踏板和制动踏板等控制装置。智能网联汽车可以在全区域、全天候的环境下自主行驶，乘员可以完全从操纵汽车的任务中解放出来。

L5 级才是智能网联汽车的最终样貌。完全自动驾驶汽车还要受到政策、法律等条件的制约，真正实现自动驾驶的落地依然任重而道远。

### 1.2.2 网联化分级

一般情况下，智能化汽车的等级可以按照人介入汽车行驶的程度进行定义，而车联网的等级则应从乘员体验角度出发进行定义。因此，在网联化层面，按照网联通信内容的不同，将其划分为网联辅助信息交互、网联协同感知和网联协同决策与控制等三个阶段，见表 1-2。

**表 1-2 智能网联汽车的网联化分级**

| 网络化等级 | 等级名称 | 等级定义 | 控制 | 典型信息 | 传输要求 |
|---|---|---|---|---|---|
| 1 | 网联辅助信息交互 | 基于车-路、车-云端/服务器端，实现导航等辅助信息的获取以及车辆行驶数据与驾驶员操作等数据的上传 | 驾驶员 | 地图、交通流量、交通标志、油耗、里程等信息 | 传输实时性、可靠性要求较低 |
| 2 | 网联协同感知 | 基于车-车、车-路、车-人、车-云端/服务器端，实时获取车辆周边交通环境信息，与车载传感器的感知信息融合，作为自车决策与控制系统的输入 | 驾驶员和系统 | 周边车辆/行人、非机动车位置、信号灯相位、道路预警等信息 | 传输实时性、可靠性要求较高 |
| 3 | 网联协同决策与控制 | 基于车-车、车-路、车-人、车-云端/服务器端，实时并可靠获取车辆周边交通环境信息及车辆决策信息，车-车、车-路等各交通参与者之间信息进行相互融合，形成车-车、车-路等交通参与者之间的协同决策与控制 | 驾驶员和系统 | 车-车、车-路间的协同控制信息 | 传输实时性、可靠性要求最高 |

## 1.3 智能网联汽车的架构

智能网联汽车是一个高度智能化的复杂系统，它通过环境传感设备实现环境的感知，进而实行智能决策规划与控制和执行，其技术架构如图 1-1 所示。

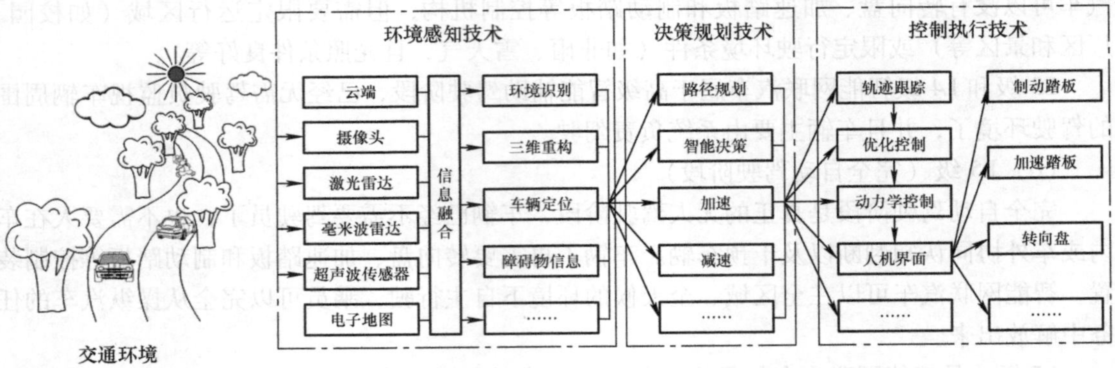


图 1-1　典型智能网联汽车的技术架构

### 1.3.1 环境感知技术

智能网联汽车的环境感知模块利用视觉传感器（摄像头）、激光雷达、毫米波雷达和超声波传感器等各类传感器对周围环境进行数据采集与信息处理，以获取当前行驶环境及智能网联汽车本身的相关信息。环境感知技术可以为智能网联汽车提供道路交通环境、障碍物位置信息、动态目标运动状态、交通信号标志和车辆自身位置等一系列重要的信息，它是智能网联汽车其他功能模块的基础，也是实现辅助驾驶乃至自动驾驶的前提条件。

各种环境感知传感器在探测距离、分辨率、误报率、响应时间、数据处理、环境适应性、价格及其在智能网联汽车的典型应用等诸多关键性能对比见表 1-3。

表 1-3　智能网联汽车各种环境感知传感器的性能对比

| 性能 | 视觉传感器 | 毫米波雷达 | 激光雷达 | 超声波传感器 |
|---|---|---|---|---|
| 探测距离 | 一般 | 远 | 远 | 近 |
| 分辨率 | 一般 | 高 | 高 | 低 |
| 误报率 | 一般 | 少 | 较少 | 较多 |
| 响应时间 | 较长 | 短 | 短 | 较长 |
| 数据处理 | 复杂 | 一般 | 复杂 | 简单 |
| 环境适应性 | 差 | 好 | 差 | 一般 |
| 价格 | 低 | 一般 | 高 | 低 |
| 典型应用 | 交通信号识别、车道监测等 | 探测障碍物（不受视线影响） | 3D 建模、高精地图等 | 盲区监测、泊车辅助等 |

由表 1-3 可知，不同环境感知传感器各有优缺点，有时为了相互弥补各自在功能上的不足，需要在同一辆智能网联汽车上根据功能需求，灵活配置各种传感器的种类和数量，以达

到不遗漏重要信息同时减少信息冗余量的目的。为了实现对智能网联汽车功能性与安全性的全覆盖，在环境感知层还需要对多个传感器相互重叠冗余的信息进行信息融合。多传感器信息融合的目标是利用各种传感器独立的观测信息，对数据进行多级别、多方位和多层次的处理，产生新的、更有意义的信息。这种信息是最佳协同作用的结果，利用多个传感器共同或联合观测的优势来提高整个环境感知系统的准确性，如图 1-2 所示。

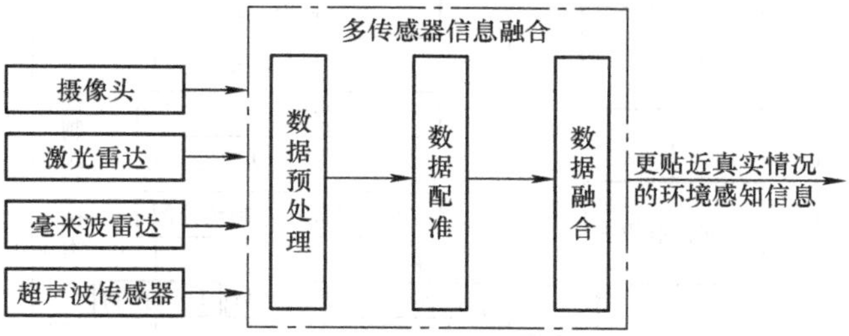


图 1-2 多传感器信息融合技术原理

## 1.3.2 决策规划技术

决策规划技术是智能网联汽车的控制中枢，相当于驾驶员的大脑，主要作用是依据感知层处理的定位信息结合先验地图信息，在满足交通法规、车辆动力学等车辆诸多行驶约束的前提下，生成一条全局最优的车辆运动轨迹。决策规划层又可以细分为全局轨迹规划、行驶行为决策和局部轨迹规划三个层次，如图 1-3 所示。

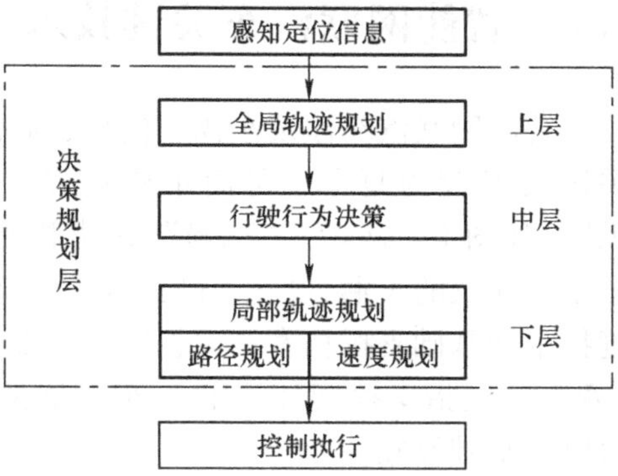


图 1-3 智能网联汽车决策规划技术的框架

全局轨迹规划就是在已知电子地图、周边路网以及宏观交通信息等先验信息的条件下，寻找一条能够满足起始点与目的地之间的行驶距离最短、用时最短或满足其他优化目标的最优路径。全局轨迹规划通常只考虑静态障碍物，其规划的周期通常在几分钟到几小时不等。全局轨迹规划一般不考虑车道、车道线及时间戳等信息。目前，该项任务已经由电子地图运营商经过不断迭代升级予以完善，比如百度地图、高德地图等。

行驶行为决策的作用是产生一系列的行驶行为来完成全局轨迹规划，一般要根据智能网联汽车本身周边的道路、交通以及自然环境等动态地规划车辆行驶行为，比如起步、停车、跟车和切换车道等具体的动作。行驶行为决策的规划周期长度为几十秒到几分钟不等。

局部轨迹规划的作用是根据行驶行为决策的结果，综合考虑影响车辆的各种性能指标，比如安全性、舒适性和操控稳定性等，在秒级周期内决策出一条最优轨迹，包括局部路径规划和局部速度规划两个部分。

## 1.3.3 控制执行技术

控制执行技术主要通过控制车辆驱动、制动、转向和换档等操作，对决策规划层所得到的车辆最优轨迹进行路径和速度跟随，其本质是控制车辆的横向运动和纵向运动来减少车辆的实际轨迹与期望轨迹之间的时间误差和空间误差，典型的智能网联汽车控制执行技术框架如图 1-4 所示。

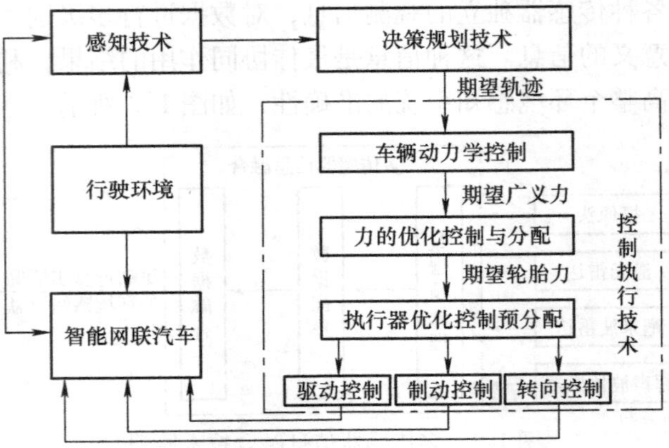


图 1-4　智能网联汽车控制执行技术框架

常用的控制执行技术包括基于最优预瞄理论的轨迹控制技术、基于模型预测控制理论的轨迹跟随控制技术等。

## 1.4　智能网联汽车关键技术

智能网联汽车涉及车辆、信息、通信、控制、交通和物联网等多个技术领域，其涉及的关键技术较为复杂，可简单概括成“三横两纵”，如图 1-5 所示。“三横”是指智能网联汽车主要涉及的车辆/设施关键技术、信息交互关键技术和基础支撑技术三大领域九个细分方面，“两纵”是指支撑智能网联汽车发展的车载平台以及基础设施。

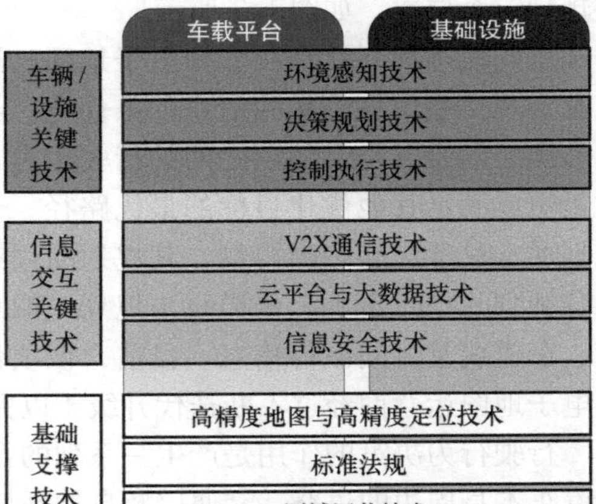


图 1-5　智能网联汽车关键技术的“三横两纵”

### 1.4.1　车辆/设施关键技术

车辆/设施关键技术主要是指围绕汽车本身的智能化技术，以实现高级辅助驾驶乃至自动驾驶、人机交互方式及信息娱乐功能为目的。其技术体系可分为环境感知、决策规划和控制执行三个方面。

（1）环境感知技术

环境感知技术作为智能网联汽车的关键技术之一，其获得的环境信息是智能网联汽车决策与规划的输入条件，是智能网联汽车完成行驶任务的基础。环境信息主要以车辆行驶的动静态环境为主，包括道路、交通标志、车辆、行人等要素。

针对行驶场景信息的获取，按照感知信息的方式不同，主要可以分为基于主动式传感器和基于被动式传感器的环境感知技术。主动式传感器的典型代表包括毫米波雷达和激光雷达等。毫米波雷达通过发射毫米波（探测信号）并探测回波（反射信号）来获得被测对象的相关信息；激光雷达则采用激光作为辐射源，测量收发激光的时间间隔实现距离探测。被动式传感器主要以视觉传感器为主，通过感知外部环境对光线的反射来获得环境图像。

环境感知的各类传感器提供硬件基础，同时需要运行在处理器上的环境感知与认知算法，才能实现环境信息的感知与识别。基于视觉传感器的认知算法，通过图像处理，采用支持向量机、深度神经网络等方法可以从图像中提取和识别特征，进一步实现语义分割、对象识别与跟踪、态势识别等不同深度层次的环境信息获取，作为决策系统的依据。

借助多种传感器的信息融合技术和深度学习技术，环境感知系统能够提供更准确、更丰富的环境信息；随着传感器技术和计算机技术的不断发展，环境感知技术将逐步从对象级别的感知认知，向场景全局的态势理解与预测方向发展，从而更好地满足智能网联汽车的需求。

（2）决策规划技术

决策规划系统在智能网联汽车中处于信息处理的中心位置。它接收并处理感知系统获取的环境信息，进行行为决策和运动规划，之后发送指令信息至运动控制模块。因此，决策规划系统在智能网联汽车信息传递预处理的过程中占据了非常重要的地位。

决策系统是智能网联汽车的“大脑”，需要在复杂环境中，融合多种环境信息，选择最优的驾驶行为和行驶路径，以保证行驶的安全性，并满足其他行驶性能的要求。目前，主要有两种决策模型。

1）基于规则行为的决策模型。一般将行驶行为划分为有限个状态，根据行驶规则、知识、经验等建立行为规则库，实时根据环境信息进行行为规则匹配，从而确定车辆当前状态和行驶行为。

2）基于机器学习的决策模型。模仿学习决策的方法，直接模仿专家并从专家数据库中学习从状态到规则的映射规律；比如基于强化学习的决策模型，通过与环境的不断交互进行迭代学习，获得最优的动作策略。

决策规划是指根据环境信息、车辆实时位姿和行为决策指令，考虑交通规则和道路边界，以及车辆运动学和动力学约束，实时规划车辆运动轨迹，并将轨迹发送到底层控制系统。规划功能主要包括全局规划和实时局部规划两方面。全局规划是在道路网络的数字地图上进行从起点到目的地的路线规划；局部规划是在全局规划的基础上，考虑与周围交通参与者的交互，生成具备安全性、舒适性和稳健性的轨迹。

（3）控制执行技术

车辆的运动控制系统根据决策规划系统输出的指令和车辆行驶的实时状态控制底盘执行器的动作，使车辆平稳、平滑、精确地跟踪期望的轨迹。运动控制分为横向控制和纵向控制，其性能表现直接影响车辆行驶安全和用户体验。

横向运动控制是指对转向执行器以及直接对横摆力矩的控制，在保证车辆稳定性的前提下实现车辆横向跟踪误差收敛，使行驶路径趋近期望路径。

纵向运动控制主要是指通过对驱动和制动执行器的协调，实现对期望车速或期望距离的精确跟随。这类控制问题可归结为对驱动电机、发动机、传动系统和制动系统的控制。纵向控制通常会采用分层控制结构，控制方法主要包括比例积分微分（PID）控制、滑模控制、模型预测控制等。

### 1.4.2 信息交互关键技术

信息交互关键技术主要是指车辆内部的信息通信以及与其他车辆、道路、行人、云端之间的网联化技术，通过安全的数据通信，从而实现信息获取、远程控制、数据分析以及信息服务等功能。

（1）V2X通信技术

无线通信技术是利用电磁波信号可以在自由空间中传播的特性进行信息交换的一种通信方式。在车联网产业中，无线通信技术主要包括基于LTE移动通信技术演进形成的LTE-V2X/LTE-eV2X技术以及基于5G NR平滑演进形成的NR-V2X技术。无线通信技术可将人、车、路、云等交通参与要素有机地联系在一起。一方面，可以支持车辆获得比单车智能更丰富的信息，比如解决非视距感知或易受恶劣环境影响的感知等问题；另一方面，能够支持构建智慧交通体系，通过车-路-云的信息融合，实现车辆优先级管理、交通优化控制等应用。

（2）云平台与大数据技术

智能网联汽车采集和传输的信息种类繁多、数量庞大，必须采用信息融合技术才能保障实时性和准确性。信息融合是指在一定原则下利用计算机技术对多源信息进行分析和综合以实现不同应用的分类任务而进行的处理过程，主要用于对多源传感器所获得的信息进行采集、传输、分析和综合运用，将不同数据源在时间和空间上的冗余或互补信息依据某种准则进行融合，产生出完整、准确、及时、有效的综合信息。信息融合最有效的方法是采用大数据技术。

（3）信息安全技术

智能网联汽车接入网络的同时，会引发信息安全等问题，因此，信息安全技术在车辆之间信息传播的过程中举足轻重。信息安全技术是指保证己方正常获取、传递、处理和利用信息，而不被无权享用的他方获取和利用己方信息的一系列技术的统称，主要由信息保密技术、信息确认技术和网络控制技术等三部分组成。分层密钥管理和身份认证技术是现阶段车联网解决信息安全的重要突破口。

### 1.4.3 基础支撑技术

基础支撑技术主要指支撑智能网联汽车发展的共性基础性技术，主要包括高精度地图与高精度定位技术、关于智能网联汽车的标准与法规建设和针对智能网联汽车的测试评价技术。

（1）高精度地图与高精度定位技术

对于智能网联汽车而言，确定自身在道路上的具体位置是实现智能辅助驾驶的基础。在地理位置信息的获取中，根据工作原理可将定位信息获取方法分为三大类。

1）以全球卫星导航系统（Global Navigation Satellite System，GNSS）为代表的基于信号的定位。

2）利用惯性导航和轮速传感器等，通过轨迹推算方式的定位。

3）以激光雷达、视觉传感器为环境感知传感器，采用同步定位与建图（SLAM）技术的基于地标的定位。

全球卫星导航定位系统（GNSS）具有全球性、全天候、实时性的优点，使得其在导航领域占据了重要地位。同时，该系统也存在不容忽视的缺点，比如自主性和可靠性差、易于受各种环境的影响等。惯性导航技术广泛地应用于各个领域，有着极强的独立性和可靠性。惯性导航在短时间内精度比较高，但受累积误差的影响，长时间工作精度较差，这也限制了惯性导航的应用。基于地标的定位技术则需要根据视觉或者激光雷达的感知数据，与数据库中的特征匹配，确定车辆本身的位姿。

由于各种定位系统具有一定的局限性，故而需要将各种定位导航技术相融合，实现高精度定位，以满足智能网联汽车的定位要求。

（2）标准与法规建设

尽管人们对智能网联汽车的发展做了详细的规划，可是它究竟会以怎样的形态和特征呈现在大家的面前仍受到很多不确定因素的影响。为了规范智能网联汽车的演进过程，使它沿着人类期望的方向发展，人类需要不断地制定各种标准和法规来规范和约束智能网联汽车的成长，使其逐步迭代并最终成为更安全、更舒适、更友好的新一代交通工具。

关于智能网联汽车的标准和法规也与智能网联汽车本身一样，正在不断地成长和完善，随着智能网联汽车功能的逐渐丰富和完备，各项智能网联汽车的标准和法规也在逐渐健全。

（3）测试评价技术

科学、完善的测试评价体系对于提高智能网联汽车的研发效率、健全技术标准和完善法律法规、推进产业创新发展是至关重要的。但智能网联汽车测试评价对象已从传统的人、车二元独立系统演变为人-车-环境-任务强耦合系统，测试场景及测试任务难以穷尽，评价维度纷繁复杂，传统汽车的测试评价技术已经不能满足智能网联汽车的测试需求。

按照智能网联汽车测试的真实性和可靠性要求，智能网联汽车测试评价内容可以分为虚拟仿真测试、封闭场地测试、开放道路测试和室内测试环境测试等四种方式。其中室内测试环境测试是本书提出的一种全新的测试理念，采用相对运动模拟绝对运动，将广阔的场地测试和道路测试迁移到实验室内部进行测试，同时在实验室内部可以任意地模拟测试环境，打造受人控制的智能网联汽车运行环境，拓展了智能网联汽车测试的有效时间。

## 1.5 智能网联汽车测试技术

科学、完善的测试方法和评价体系，可以支持智能网联汽车在开发阶段和认证阶段的测试和评估需要，为智能辅助驾驶系统的开发迭代提供技术手段，为智能网联汽车的上路认证提供试验数据支持。有效的测试方法与评价体系是支撑智能网联汽车技术发展的重要基础。

### 1.5.1 智能网联汽车测试的意义

智能网联汽车技术的进步与测试评价体系的发展是相辅相成的，测试与评价体系的建设与发展将有力推动智能网联汽车的落地和量产化。科学合理的测试评价体系可以全方位地检验智能网联汽车各方面的性能表现，在其产品的设计、研发、测试、评价与认证等各个环节发挥重要作用。

完善有效的测试技术是智能网联汽车技术进步的重要支撑，是验证系统功能有效性、可靠性的重要手段，是迭代优化系统不可或缺的基础条件。一方面，就车辆本身而言，智能网联汽车是一个多软件系统耦合的、高度集成的复杂系统，众多子系统集成后是否能够正常运行并达到预期功能和性能，需要经历系统的测试和确认；另一方面，就车辆运行环境而言，是复杂多样且充满不确定性的，即使车辆系统仍在一般的场景下能够良好运行，但在特定的场景下是否能够正确理解场景并执行安全驾驶动作需要经过反复测试和确认。由于汽车的高安全度属性，不充分的测试将带来无法控制的潜在风险，会对乘员、其他交通参与者和整个交通体系造成严重的损害。因此，建立健全测试技术是非常重要且必要的。

科学的评价体系是引导系统和功能设计、促进技术良性发展的重要方向。一方面，评价体系工程师、用户、监管部门等对其价值评判的提炼和系统的表达，体现了人们对智能网联汽车在安全性、舒适性、经济性、友好性等方面的需求、偏好和目标，在正确的评价体系引导下，才有可能开发出符合需求的智能网联汽车产品。另一方面，智能网联汽车的评价体系也为智能网联汽车产品功能和性能的综合展现提供一个统一的标准和平台，便于不同智能网联汽车的比较，对智能辅助驾驶系统开发形成有益的反馈。总之，评价体系的建立对智能网联汽车的发展有着正向促进推动作用，从而引导智能网联汽车的迭代和更新朝着正确的方向前进。

### 1.5.2 智能网联汽车测试与评价体系

在智能网联汽车技术发展过程中，完善的测试和评价体系是支撑研发的有力保障，是加速智能网联汽车落地的基础。

智能网联汽车的复杂性决定了其测试的复杂性。面对这样的复杂系统，需要建立完善的测试与评价体系，既要满足不同产品开发阶段的测试需求，又要尽可能降低人力、物力和财力投入，做到有的放矢，提高测试效率。

在对智能网联汽车进行测试时，应根据产品不同的研发阶段，采取分阶段多级测试的方法，以满足测试需求。测试技术的多级体系主要由基于虚拟仿真系统的测试、基于封闭试验场地的测试、基于开放道路的测试和基于室内测试环境的测试等环节组成。在实际测试过程中，需要针对智能网联汽车不同研发阶段的特点，匹配合适的测试方法。

本书主要介绍基于场景的测试方法与评价体系。首先，介绍智能网联汽车测试体系的构成，阐述各种测试方法的特点和适用范围。然后，再介绍智能网联汽车测试场景的搭建，以及场景搭建对智能网联汽车测试的影响。之后，介绍基于场景测试常用的设施和设备，讲述在测试过程中如何运用它们搭建各种测试场景，并采集有效的测试数据。接下来重点介绍各种典型测试场景的搭建过程、测试方法和测试要求，依次介绍针对环境感知系统的测试；针对无线通信系统的测试；针对信息辅助类 ADAS 功能的测试；针对信息控制类 ADAS 功能的测试和针对自动驾驶功能的测试。最后，介绍智能网联汽车的评价方法、详细讲述智能网联汽车测试报告撰写等方面的实务内容。通过学习本书可以建立起系统全面的智能网联汽车测试与评价体系。

## 复 习 题

一、选择题

1. 下列不属于环境感知传感器的是（　　）。

A. 加速度传感器　　B. 视觉传感器

C. 超声波传感器　　D. 激光雷达

2. 下列哪种信息是环境感知系统不能提供的（　　）。

A. 道路环境信息　　B. 障碍物位置信息

C. 动态目标运动状态　　D. 自车瞬时绝对速度信息

**二、简答题**

1. L1 级与 L2 级智能网联汽车的本质区别是什么？
2. 低级别自动驾驶和高级别自动驾驶有什么本质区别？
3. 智能网联汽车决策规划系统的任务是什么？
4. 智能网联汽车主动环境感知传感器和被动环境感知传感器分别是指哪些传感器？
5. 智能网联汽车的信息安全技术的定义是什么？主要包括哪些方面的内容？
6. 请概括地说明智能网联汽车的关键技术。
7. 智能网联汽车控制执行系统的任务是什么？
8. 学习智能网联汽车测试与评价技术有何意义？

# 第2章

# 智能网联汽车测试体系

智能网联汽车测试的任务是检验其功能是否达成，以及在达成各项预期功能的同时是否对其他系统造成伤害。目前，智能网联汽车测试通常分为虚拟仿真测试、封闭场地测试和开放道路测试等三种方式，其中虚拟仿真测试和封闭场地测试要在漫长的行车里程中选取有代表性的场景进行测试；开放道路测试则要求选择具有典型特征的运行环境进行测试。此外，在虚拟仿真测试与封闭场地测试之间，本书还将介绍一种智能网联汽车的室内测试环境，在实验室内部通过相对运动模拟绝对运动，再现封闭场地测试或开放道路测试的车辆与周边环境的运动关系，同时利用室内设施对环境较高的仿真模仿能力，按照人的意愿营造测试环境，使封闭场地测试不受环境、气候、光照等条件限制，缩小了封闭场地测试的面积，拓展了室内测试的项目，增加了有效的测试时间。

## 2.1　智能网联汽车虚拟仿真测试

虚拟仿真测试在智能网联汽车测试体系中占90%以上的份额，即绝大部分的测试都是在虚拟仿真环境下完成的。仅对一些关键场景、边界场景和危险场景实施封闭场地测试或开放道路测试，旨在对虚拟仿真测试加以修正、检验和补充。随着智能网联汽车开发流程的推进，在虚拟仿真测试过程中可以融入不同层级的实物对象。按照参与虚拟测试实物层级和参与程度的不同，虚拟仿真测试可以分为模型在环仿真测试、硬件在环仿真测试、整车在环仿真测试和驾驶员在环仿真测试等。

### 2.1.1　模型在环仿真测试

模型在环仿真测试是指通过行驶环境建模、车辆动力学建模、环境感知系统建模、场景库的建设、交通流仿真和数字仿真等技术模拟车辆行驶环境，整个测试完全在虚拟环境中完成的测试方法。这种测试方法可以显著提高智能网联汽车的测试速度，有效地解决在短时间完成大量测试项目的需求。由于模型在环测试的效率高、速度快、安全性强、覆盖范围广，所以在智能网联汽车测试体系中占据着越来越重要的地位，已经成为一种不可或缺的智能网联汽车测试方法。

（1）车辆动力学建模

车辆的动力学模型是整个模型在环仿真测试的主体，所有的环境感知模型、行驶环境模型和场景库建设都是围绕着车辆动力学模型搭建的，因此，车辆动力学模型的搭建对于整个测试是非常关键的。常用的车辆动力学模型按照自由度来划分包括二自由度模型、三自由度模型、七自由度模型和十四自由度模型等几种，动力学模型的自由度越高，描述车辆在各种受力情况下的运动就越精准，同时消耗的算力资源也越多。

在一些成熟的智能网联汽车模型在环仿真软件中，都采用模块化技术将各种车辆动力学模型封装在软件内部，比如 CarSim、PanoSim 等。用户只需按要求在相应的界面输入测试对象的结构和性能参数，一辆特定的测试车辆就会“凭空降生”，且能够按照用户的要求执行各种测试任务。

为了使测试车辆能够按照用户要求执行各种测试任务，往往还要增加一个控制执行模块。控制执行模块使测试对象的模型在仿真时能够按照不同控制算法和操纵逻辑操控车辆，体现出各种控制算法的差异，以便比较在相同的虚拟仿真环境下的控制效果。

（2）环境感知系统建模

环境感知能力是智能网联汽车区别于传统汽车的重要功能，随着运行环境的改变和车辆运行工况的迁移，环境感知能力也在不断变化，进而会直接影响到智能网联汽车的决策规划和控制执行层面。智能网联汽车的环境感知系统一般由视觉传感器、毫米波雷达、激光雷达和超声波传感器等传感设备组成，模型在环仿真系统需要根据各种传感器的环境感知原理及其受环境变化影响的机理搭建。

通常环境感知模型包括几何模型和物理模型两部分。其中几何模型是用来划分传感器感知目标范围的，比如毫米波雷达的感知范围是一个椭圆锥形，且随着目标在视场范围内的距离变化，其感知的效果也会发生变化。在可视视场范围内，如有遮挡毫米波传播的障碍物，则障碍物后方的目标即便在雷达的视场范围内，雷达也是不可见的，如图 2-1 所示。

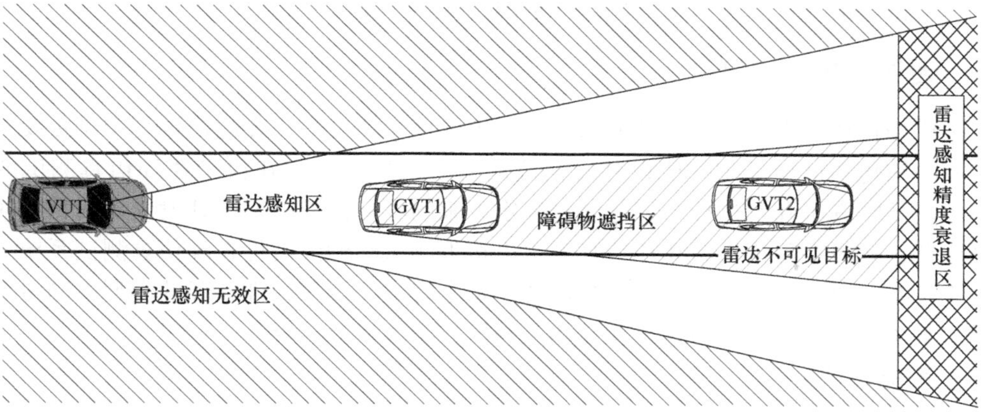


图 2-1　毫米波雷达感知范围的几何模型

物理模型则需要根据各类传感器感知目标的物理原理建模，比如视觉传感器模型要根据光线在介质中传播的特性搭建，并要模拟经过数组透镜镜头在图像传感器上形成电信号的过程，在这个过程中，成像质量容易受到光线强度及其传播途径的影响，如在大雾天气时摄像头成像质量会变差。

（3）行驶环境模型

虚拟仿真系统具有构建各种场景的便利条件，可为智能网联汽车的仿真测试提供多种测试环境。按照环境的属性不同，智能网联汽车的行驶环境可以划分为道路环境、交通环境和气象环境等几方面。

道路环境包括道路形状、路面材料、交通标志、交通标线、信号灯、行人和障碍物等，这些要素既有静止的也有不断移动和变化的，将直接影响和限制测试车辆的行驶轨迹和行驶状态。在虚拟仿真环境下设立这些环境要素就是检验测试对象对道路各种交通环境的响应能力。

交通环境主要是指道路上的交通流状态，既包括宏观交通流特征，如交通拥堵状态，又包括微观交通流特征，如测试车辆周围交通参与者的相对位置及运动状态等，最终使虚拟的交通环境营造出一个与真实交通环境无限接近的车辆运行环境。

气象环境包括天气状况、环境温度和光照条件等自然条件，这些因素都会在一定程度上影响智能网联汽车的运行效果。在虚拟仿真环境下必须能够模拟气象环境对智能网联汽车整车、环境感知系统、决策规划系统和控制执行系统的作用效果。比如环境温度对各种传感器和执行器模型精度和灵敏度的影响；光照条件对视觉传感器模型能见度的影响；天气状况对传感器模型及执行器模型感知能力和操控性能的影响。

（4）场景库的建设

每个测试场景都相当于给智能网联汽车出的一道“考题”，智能网联汽车需要通过有代表性测试场景的综合“考核”方能证明其功能的安全性，且测试场景的迅速搭建和快速更换是虚拟仿真测试的一个突出优势。仿真测试之所以能够成为智能网联汽车测试体系的主体，一个重要的原因就是仿真场景搭建相对容易，具有良好的可控和可监测性，可以实现测试场景的批量定制和精确控制。一般的仿真软件中都配置了场景库，场景库里预先存储了大量可以直接应用的智能网联汽车测试场景，用户还可以对这些测试场景进行个性化的修改，也可以根据任务的需求开发新的测试场景。由于用户的长期使用和积累，场景库不断地得到扩容，也使得虚拟仿真测试系统的场景库资源越来越丰富。

### 2.1.2 硬件在环仿真测试

由于模型在环仿真测试所有环节都是在虚拟环境中完成的，在建模过程中难免要对系统进行必要的简化和近似处理，所以其置信度受到了质疑。于是在模型在环仿真测试的基础上，用智能网联汽车开发过程中部分已经确定下来的零部件或前期的开发成果代替对应的虚拟仿真模型，构成一种比模型在环仿真测试更接近测试车辆的硬件在环仿真测试系统。这种测试方法具有系统实时性和需要负载模拟特性两个特征。按照硬件在环的类型不同可以分为环境感知系统在环、决策规划系统在环和控制执行系统在环三类。

（1）系统实时性

模型在环仿真测试是一种离线的仿真技术，仿真对象采用了软件系统的时钟，因此不具备实时性。离线仿真的一帧就是模型在环仿真积分器的一个步长，仿真运算和推进需要计算每一帧的状态值，当前帧的状态值是根据上一帧的状态值和当前状态计算得到的，依次迭代下去，直到仿真结束，所以仿真时间和物理时间是不一致的。虚拟仿真模型运行的时间取决于模型复杂度、积分器类型、积分步长和仿真对象性能等多方面因素。在智能网联汽车测试领域，一般虚拟仿真的时间要比实时操作时间短，所以模型在环仿真测试常被认为是一种高效率的测试方法。

硬件在环仿真测试使用了具备实时运算和处理能力的仿真平台，并运用实时操作系统，使用晶体振荡器的时序电路组成的物理时钟进行计算，其仿真测试时间等同于物理时间，是一个实时的仿真系统，不具有加速性。

（2）负载模拟特性

首先，这个负载是广义的负载，它表示在硬件在环仿真测试中除了“硬件”以外的设备，它能够接收“硬件”的输出，并将这个输出结果转化为仿真模型能够处理的信号，且使整个硬件在环仿真测试系统持续运行下去。比如整车动力系统的负载系统用测功机来模拟整车的行驶阻力，测功机一方面吸收整车动力系统输出的转矩和功率，另一方面又将其测得的转矩和功率信号传递给整车模型，以支持仿真系统继续运行下去；毫米波雷达的负载系统为特定的虚拟目标模拟器，通过一系列的信号变换，一方面接收毫米波雷达发出的毫米波信号，另一方面产生使毫米波雷达能够感知到虚拟目标运动的回波信号，毫米波雷达将“接收”到的回波信号传递给智能网联汽车控制算法模型和整车动力学模型，最终，使整个硬件在环仿真测试得以闭环。

（3）环境感知系统的硬件在环测试

智能网联汽车的环境感知系统主要包括视觉传感器、毫米波雷达、激光雷达、超声波传感器和 V2X 系统等传感和通信设备。为了提高硬件在环仿真测试的置信度，可以将环境感知系统的传感器直接纳入仿真测试系统。比如用真实的视觉传感器代替虚拟的视觉传感器仿真模型，视觉传感器的负载模拟系统采用根据测试场景自动生成的影像。仿真测试时要求视觉传感器对准实时播放影像的显示器，采集并转换获取的原始图像，再经过灰度化、边缘检测等处理获取需要的信息，并将其发送给智能网联汽车的控制算法模块，如图 2-2 所示。

系统结合车辆的动力学模型，判断此时车辆的运动状态和环境状态，决策转向盘转角和制动轮缸压力等控制信号。场景模型也会根据车辆的执行动作实时更新显示器影像，以响应车辆动力学模型与场景模型的交互关系，衔接整个硬件在环仿真测试系统完成闭环测试。

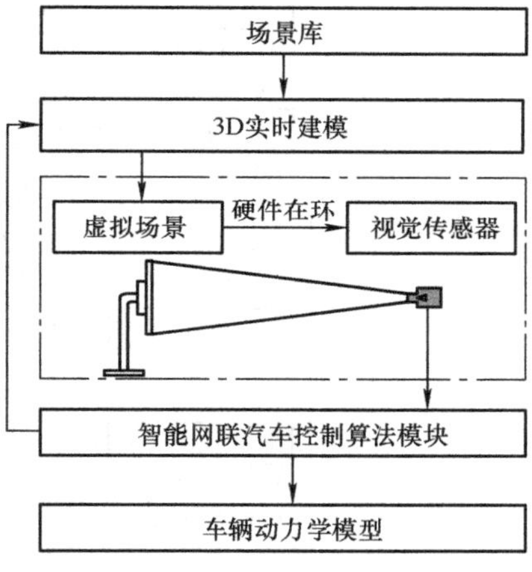


图 2-2　视觉传感器在环仿真测试方案

（4）决策规划系统的硬件在环测试

决策规划系统在环测试专指整车控制器在环仿真测试，它将真实的整车控制器作为虚拟仿真测试系统的一部分，采用专用的 CAN 通信接口和 I/O 接口将控制器与仿真模型连接，通过仿真模型来模拟控制器的控制对象，形成闭环的虚拟仿真测试系统。

（5）控制执行系统的硬件在环测试

控制执行系统在环仿真测试是在虚拟仿真测试系统中嵌入真实的执行机构，利用虚拟仿真模型模拟测试系统的其余部分，虚实结合共同构成完整的闭环仿真测试系统，目的在于提高仿真测试系统的置信度。控制执行系统的硬件在环仿真测试系统根据需求的不同分为信号级、功率级和机械级三个级别。信号级测试使用的信号均为小电流信号，信号仅具有控制功能，不具备大功率驱动性能。功率级测试使用的信号为大电流信号，并配备合适的电子负载板卡用于消耗测试过程产生的电流，在零部件供应商的测试和验证阶段广泛采用这个级别的测试。机械级测试需要将真实的系统组件纳入测试系统中，与虚拟的仿真模型共同构建硬件在环闭环测试环境。比如制动系统的机械级测试方案要求嵌入真实的电动助力器、主缸、电子稳定控制系统、压力调节单元、管路和制动器等元件，采用制动轮缸压力传感器作为负载模拟系统，并向虚拟仿真端输出压力信号，从压力信号到输出整车制动力的环节均采用虚拟模型仿真，最终，完成制动系统机械级的硬件在环仿真测试。

### 2.1.3 整车在环仿真测试

整车在环仿真测试是将虚拟交通环境产生的测试场景实时注入给真实物理世界中的测试车辆控制器，使其控制测试车辆产生相应的运动行为，并利用高速数据通信技术将测试车辆的运动状态实时地映射到虚拟测试场景中，实现测试车辆的数字孪生体与测试车辆并行执行，以动态更新虚拟测试场景，虚实结合完成对测试车辆智能辅助驾驶功能的检测和性能指标的测试，如图 2-3 所示。由于整车在环仿真测试系统中真实环节占比增加，更接近于真实的“人-车-环境-任务”系统，所以其置信度相对于硬件在环仿真测试进一步提升。按照整车轮胎接地方式不同，又可以分为封闭场地整车在环测试和转鼓平台整车在环测试两种。

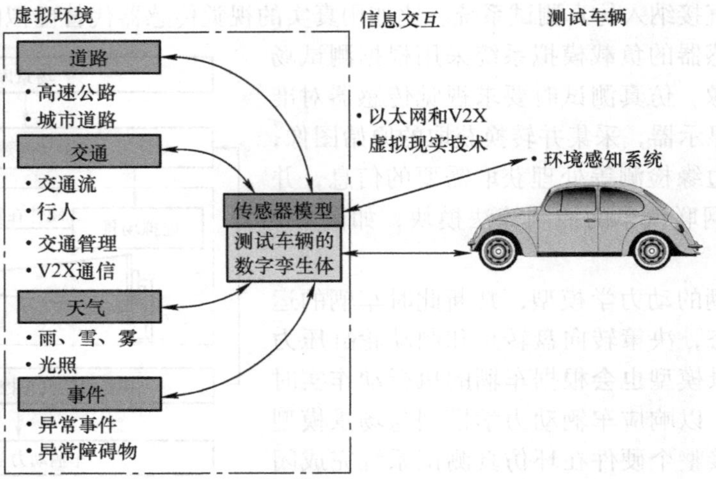


图 2-3 整车在环仿真测试系统的构成

(1) 封闭场地整车在环测试

封闭场地整车在环测试是指将测试车辆置于空旷场地运行，传感器模型利用虚拟现实技术从虚拟环境中探测目标信息并注入测试车辆的控制系统，同时测试车辆的运动状态信息也通过 CAN 总线技术传递给测试车辆的数字孪生体，并与虚拟的测试场景产生交互行为，实现虚拟场景与真实车辆的关联与同步。通过数字孪生体在虚拟测试场景中的表现和测试车辆对控制指令的响应，虚实结合完成对智能网联汽车性能的测试与评价。在封闭场地整车在环测试中，测试车辆轮胎与地面的接触关系以及测试车辆受到的各种约束关系等均为测试车辆在路面行驶时真实工况的反映。

(2) 转鼓平台整车在环测试

转鼓平台整车在环测试与封闭场地整车在环测试的原理相似，区别仅在于将测试车辆置于底盘测功机上，相比于封闭场地整车在环测试缺少了轮胎与地面的接触关系和来自地面的各种约束力。所以在转鼓平台整车在环测试中需要施加转矩来模拟道路载荷、行驶阻力、坡度阻力和旋转惯性力等，来重构轮胎与地面的接触关系。转鼓平台整车在环测试相对运动关系更真实，且测试车辆的位置始终保持静止，避免了由于车辆行驶造成的安全问题。

### 2.1.4 驾驶员在环仿真测试

驾驶员在环仿真测试主要以驾驶员操纵驾驶模拟器的形式实现驾驶员与软硬件仿真系统之间的信息交互，通过采集驾驶员行为数据并分析其行为特征完成对智能网联汽车操控性能的测试与评价。为了提升驾驶模拟器的真实度，需要从视觉、听觉、触觉和运动感觉等多方面模拟测试车辆的反馈，并将这些反馈信息以各种感官能直接察觉的方式传输给驾驶员的感官，以测试驾驶员在面临这种全方位的感官刺激下的响应。驾驶员在环测试具有可控的仿真测试环境和接近真实的仿真效果，能够为车辆极限工况测试以及驾驶员的生理极限反应等危险工况提供安全可靠的仿真测试环境。

## 2.2 智能网联汽车封闭场地测试

为了提升智能网联汽车测试的置信度，在虚拟仿真测试的基础上，还要对一些关键的、临界的和危险的场景进行封闭场地测试。封闭场地测试要求测试对象为真实的智能网联汽车，测试场景为采用实物或代替物搭建的真实场景，各种场景要素要对测试对象产生真实、有效的影响，所以封闭场地测试具有更真实、更可信和更有效的特点，当然需要支付的时间和成本也更多。

### 2.2.1 封闭场地测试概述

智能网联汽车的封闭场地测试是指在完全封闭和受控的场地上，采用实体或实物模型搭建测试场景，以真实的智能网联汽车作为测试对象，按照相关的法规和规程执行相应测试流程，运用专用的测试设备获取能够反映测试车辆的性能指标，进而通过这些指标来评价测试车辆的性能。

按照测试的性质，封闭场地测试可以分为关键场景测试、临界场景测试和危险场景测试三类。智能网联汽车绝大多数的常规功能仅需通过虚拟仿真测试就可以验证其基本性能。为了校验虚拟仿真结果的置信度，还需要对一些关键的场景进行封闭场地测试，通过与封闭场地测试结果的对比发现虚拟仿真测试的偏差，并对虚拟仿真测试结果进行修正。对于理论上存在的临界场景往往需要通过封闭场地测试才能予以确认，比如：理论上，当车辆的制动性能一定时，有效的自动紧急制动（AEB）制动距离是随着车辆的初始速度增加的，需要通过封闭场地测试才能找到一辆具体的智能网联汽车在各种初始车速下的最短 AEB 制动距离边界。对于一些危险场景更需要在封闭场地上利用模型和代替物搭建真实的场景，经过智能网联汽车的直接测试才能确定其可以安全运行。

封闭场地测试的关键技术是对测试场景的柔性构建，智能网联汽车的封闭测试场地拥有各种基础设施，柔性构建测试场景就是根据测试项目要求合理地调配和利用各种基础设施，营造出可以充分测试智能网联汽车功能的场景，包括测试道路的选取、路段的选择、道路基础设施的布置、交通标识的设立、交通信号灯通行相位的配时、交通参与者的运行轨迹和运动状态，以及气候、温度及光照条件的营造等。柔性构建的测试场景要满足测试的安全性、可控性、真实性、精确性，以及破坏性小和可恢复性强等方面的要求。

### 2.2.2 封闭场地测试的特点

智能网联汽车的封闭场地测试是在受控的封闭场地上，在保障安全的前提下，按照测试法规对真实的测试车辆按照一定的规程实施的测试，并通过测试结果评价测试车辆的功能和性能。测试过程中测试车辆面临的测试场景是真实可控的，因此封闭场地测试应具有以下几方面的特点。

(1) 测试相对安全

为了防止一切可能干扰测试流程因素的侵入，智能网联汽车测试场地在测试期间与外界的交通环境是隔绝的。测试规程在测试前要经过周密的仿真和预演，各种交通参与对象都受到了严格的控制，包括测试车辆、目标车辆和目标行人的行驶轨迹、运动状态等。除测试车辆以外，所有交通参与者都用代替物来模拟，比如假车、假人等。测试场地上还要配置受过严格训练的安全员和必要的急救设施，这些都将最大限度地保证测试项目安全、顺利的实施，即使发生测试车辆的倾翻或失控等事故也不至造成太严重的后果。

(2) 测试真实可信

封闭场地测试的测试对象为真实的智能网联汽车，测试场景为实物搭建的现实场景，相较于虚拟仿真测试的车辆动力学模型和虚拟环境模型具有更真实的运行效果。封闭场地测试中的场景要素在测试车辆视域下都是能够真实感知的对象，一旦发生剐蹭或碰撞也会产生相应的效果。动态要素的运动及变化状态，比如目标车辆的运动和交通信号灯的显示状态，均由专门的底层设备维持。智能网联汽车置身于封闭场地的测试场景与真实的交通环境差异不大。

(3) 可重复测试

封闭场地测试的测试场景是根据测试项目需求搭建的，当一个测试项目完成后，完全能够按照测试项目的需求重新再搭建一个相同的测试场景，让智能网联汽车在相同的测试环境中再次运行同一测试规程，确保了试验的可重复性。重复性测试不但可以很好地再现测试结果，还可以发现同一品牌车辆在不同阶段性能上的进步，也便于比较不同品牌车辆某项功能的差异。

(4) 便于精准化测试

智能网联汽车的测试要求获得精准的数据，以便挖掘测试车辆在细微之处显现的功能差异。而要精准地记录试验数据，除了需要精密的测试仪器设备外，确切的位置关系和时间关系也同等重要。封闭场地测试可以预先规划测试过程中运动要素的行动轨迹、在具体时刻的运动状态以及它们之间的运动关系，方便精确试验数据的获取，从而为精准化的测试提供了条件。

(5) 气候环境受控

气候环境因素的变化对于智能网联汽车功能的影响较大。在封闭场地测试中，可以根据测试项目的要求，利用场地的喷淋系统或造雪系统模拟测试要求的气象条件，以满足测试项目对气象条件的要求。

### 2.2.3 封闭场地测试环境的营造

为了满足封闭场地测试能够利用有限的场地覆盖更多的智能网联汽车测试项目的要求，

封闭的测试场地要拥有强大的环境营造能力。

（1）交通环境的营造

交通环境是智能网联汽车最重要的运行环境，智能网联汽车的很多测试都需要将测试车辆置于真实的交通环境中才能充分展现其各项功能的有效性，因此封闭的测试场地需要营造各种交通环境。比如前向碰撞预警测试需要在测试车辆前方布置一辆行驶速度较慢的目标车辆，测试车辆的车速明显高于前方目标车辆的车速，且测试车辆即将与前方目标车辆发生碰撞。为了确保测试的安全性，在这个场景的营造中，除了测试车辆是真实的车辆，其他交通参与者都采用没有碰撞危险的代替品代替，既保证了场景的真实性，又确保了测试的安全性。

（2）气候条件的营造

气候条件对智能网联汽车有效运行具有直接的影响，比如在大雾天气，智能网联汽车的视觉传感器对环境的感知能力就会严重下降，为了测试智能网联汽车面对这些恶劣天气时的功能有效性，封闭测试场地需要在自然气候条件不满足测试要求的情况下，利用一些专用设备和设施在一定程度上模拟测试项目要求的气候条件，以支持测试项目的顺利实施，并获得相应的测试数据和结论。

（3）定位精度的提升

智能网联汽车本身对定位精度有很高的要求，它要求精确地掌握自己所处的位置坐标，以便根据地图规划下一步的行驶方向和目标，全球导航卫星系统（GNSS）与其他定位技术的融合，可基本满足智能网联汽车的定位精度要求。智能网联汽车的测试需要更精准的测试车辆与参考目标定位信息，以便能够获得高精度的相对位置关系，并通过对时间的微分运算进一步获得相对速度和加速度，此时普通的 GNSS 已经不能满足定位精度的要求了。在封闭测试场地覆盖范围内可以通过差分基站与惯性导航相配合的方法将测试精度提升到厘米级，以满足测试对位置精度的要求。

### 2.2.4　封闭场地测试的分类

一般来说，正式的封闭场地测试要求在封闭园区进行，测试园区具有面积大、道路种类多和虚拟环境丰富等特点，能够满足众多测试项目的要求。但对于某些具体的功能测试往往只需选取一块符合测试要求的场地，利用可移动设备和设施临时搭建测试场景，也可以开展智能网联汽车测试。因此，根据测试场地类型不同，封闭场地测试可以分为封闭园区测试和临时场地测试两种。

（1）封闭园区测试

封闭的测试园区提供了接近真实道路的交通与通信环境，各种设施采用柔性化设计，力争让智能网联汽车能够在有限的场地上，尽可能多地经历不同的测试场景，通过专业的测试设备和定量化的评估手段，在无安全风险的条件下完成智能网联汽车基本功能的检测和性能指标的测试。

全球首例智能网联汽车封闭测试园区 M-City 于 2015 年在美国密歇根州开放，占地面积 13 万 $m^2$，最大限度地复现了真实的交通环境，包含不同路面材质的城市道路、乡村道路等多样化的道路结构形态。M-City 中涵盖了多种停车位、公交车站、桥梁、隧道等特殊测试场景。此外，园区还专门设计了用于测试智能网联汽车环境感知性能的场景，设立了不同材料和形状的建筑物、卫星信号遮挡路段和金属结构桥等，可以满足各种智能网联汽车测试的需求。自从 M-City 开放以来，各国相继开放了各具特色的封闭场地测试园区，比如瑞典的 AstaZero、英国的 Mira City Circuit、日本的 JARI 等。

| | | |
|---|---|---|
| 视频 2-1　封闭测试试验场 | 视频 2-2　车辆对行人紧急制动成功 | 视频 2-3　车辆对行人紧急制动失败 |

我国气候、地形、道路、交通环境复杂多样，因此，相关研究机构和测试场地运营部门在对典型道路交通场景和以往交通事故场景进行系统分析的基础上，开发了具有我国典型道路、环境、交通和气候特色的封闭测试园区，比如国家智能网联汽车（上海）试点示范区、国家智能网联汽车应用（北方）示范区、5G 车联网应用（浙江）示范区、长安大学的车联网与智能汽车试验场及乌镇智能网联汽车测试场（图 2-4）等。

图 2-4　乌镇智能网联汽车测试场（见彩插）

（2）临时场地测试

一般只有需要提交正式测试报告的智能网联汽车才需要让测试车辆在封闭园区测试。对于尚处在开发完善阶段的智能网联汽车，汽车制造商希望通过自测了解车辆现在的功能和性能指标或汽车制造商邀请第三方测试验证机构对车辆进行摸底测试的时候，往往没必要使用封闭园区有那么齐全功能的测试场地。此时只需选择一块符合测试要求的测试场地或一段测试路段，在测试时段不受其他交通参与者的干扰，利用便携式的仪器或设备临时搭建一个测试场景，即可进行智能网联汽车基本功能和性能指标的测试，如图 2-5 所示。

图 2-5　在临时场地进行的智能网联汽车测试（见彩插）

## 2.3　智能网联汽车的室内测试

虚拟仿真测试与封闭场地测试之间的跨度较大，很多在虚拟仿真测试阶段获得的数据和结论较难直接用于封闭场地测试，两种测试的衔接性较差。室内模拟测试是一种介于虚拟仿真测试和封闭场地测试之间的测试方法，把封闭场地测试“搬到”实验室内部，以相对运动代替绝对运动模拟车辆在真实道路上行驶的效果，通过直接测量测试车辆的各项性能指标评价其性能，使智能网联汽车测试评价体系更加完备。

### 2.3.1　室内测试环境的分类

室内测试环境与虚拟仿真系统整车在环仿真最大的不同就是测试环境全部由物理系统组成，包括其他交通参与者、交通设施、道路景观和环境因素等都由实物构成，整个测试评价过程无需借助于数字孪生和高速信号传输等可能造成延误和失真的技术，测试的可信度得到有效的提升。从宏观上看，整个试验环境是以测试车辆为中心，模拟测试车辆与周围交通环境的相对运动关系，通常这种相对运动是通过转鼓平台与周围目标相配合实现的，即周围目标都是以相对于测试车辆的相对速度运动的，通过测试车辆与周围目标的相对运动关系评价智能网联汽车的各项性能。按照转鼓平台能否实现与地面的相对运动，室内测试环境可分为固定式和可动式两类。

（1）转鼓平台固定室内测试环境

这种测试环境的转鼓平台的位置是不能移动的，因此智能网联汽车只能模拟纵向相对运动。它要求将装备了各种环境感知传感器，且具有智能驾驶功能的测试车辆置于转鼓平台上，测试车辆在转鼓平台上只能沿着纵向自由地“行驶”，利用多个机器人运动平台响应位置、速度的控制指令，以模拟周围交通参与者的相对运动情况，通过测试车辆的各项性能指标评价其功能的优劣。因为机器人运动平台实时再现了周围交通参与者与测试车辆的相对运动关系，且保证了测试车辆的环境感知传感器获得真实的场景信息，测试结果比较真实、可信，但是在该测试环境下搭建具有丰富交通要素场景的能力十分有限。图 2-6 所示为荷兰国家应用科学研究院（TNO）实验室研发的基于固定转鼓平台的室内测试环境。

| | | | | |
|---|---|---|---|---|
| 视频 2-4　转鼓试验台可动室内测试环境 | 视频 2-5　转鼓试验台可动室内测试环境 | 视频 2-6　转鼓试验台可动室内测试环境 | 视频 2-7　转鼓试验台可动室内测试环境 | 视频 2-8　转鼓试验台可动室内测试环境 |

（2）转鼓平台可动室内测试环境

这种测试环境也是以转鼓平台为基础，将测试车辆置于转鼓平台上，通过转鼓的转动抵消测试车辆车轮的转动，让测试车辆在相对位置静止的状态也能表现出在道路上“行驶”的性能。不同的是转鼓平台可动室内测试环境除了模拟车辆的纵向相对运动外，还可以模拟车辆的转向动作及横向偏移运动等相对于地面的运动状态，极大地丰富了交通场景的表现能力，便于更高效地模拟出更接近真实情况的测试场景。图 2-7 所示为我国自主研发的转鼓平台可动室内测试环境。

图 2-6　TNO 实验室的智能网联汽车室内测试环境（见彩插）

图 2-7　转鼓平台可动室内测试环境（见彩插）

通常描述在道路上行驶的车辆的运动状态至少需要 12 个自由度，分别是车辆的 3 个平动自由度：行驶方向平动、侧向平动和垂向平动；车辆的 3 个转动自由度：侧倾运动、横摆运动和俯仰运动；4 个车轮的旋转运动自由度；左右 2 个转向车轮的转向运动自由度。而可动室内测试环境的转鼓平台除了可用相对运动模拟真实的行驶方向平动外，其他运动自由度都可以表现出来，可认为是一个具有 11.5 个自由度的转鼓平台。因此，转鼓平台可动室内测试环境的运动关系还原度极高。

## 2.3.2　可动转鼓平台的运动层次关系

转鼓平台是测试车辆的承载体，也是室内测试环境的核心要素。为了实现转鼓平台与地面的相对运动，需要对传统的转鼓平台进行适当的改造。首先，要将测试车辆转向过程中的变量传递给转鼓平台，转鼓平台再根据这些变量的变化驱动相应执行部件，使测试车辆产生转向运动效果，进而在测试车辆纵向位置不变的情况下，逼真再现测试车辆在实际交通场景中的动力学性能。

可动转鼓平台的运动关系大致分为六个层次，每一层运动关系都嵌入到上一层更大的运动体系中。

第一层运动关系也是最基本的运动关系，由 4 个与测试车辆车轮相接触的转鼓组成，转鼓可以沿着各自的旋转轴独立自由转动，如图 2-8 所示。每一个转鼓都与一个独立的电机相连，实现转鼓的电力驱动与制动。理论上，转鼓最外缘的线速度与测试车辆轮胎接触点处的线速度是相等的。在驱动工况下，测试车辆的驱动轮是主动的，转鼓是从动的，依靠轮胎与转鼓之间的摩擦力传递动力，转鼓电机此时用作发电机，吸收测试车辆通过驱动轮释放的动能。在制动工况下，测试车辆的所有车轮都被施加制动力矩，此制动力矩产生的制动力不能超过轮胎与转鼓之间的摩擦力（附着力）。在紧急制动时，制动力矩必须足够大，以便在尽量短的时间内将高速旋转的转鼓停下来（相当于将高速行驶的车辆停下来）。此时的转鼓电机工作在驱动状态，模拟相对于测试车辆运动的路面，轮胎与转鼓之间的摩擦力是使转鼓电机停下来的阻力，使转鼓电机停下来的条件是轮胎与转鼓之间的制动力在制动过程中产生的摩擦功等于制动开始时测试车辆的动能。利用转鼓的转速计算其最外缘的线速度就可以获得测试车辆的行驶车速，该速度还将用于计算室内测试环境中其他参考目标的相对速度。

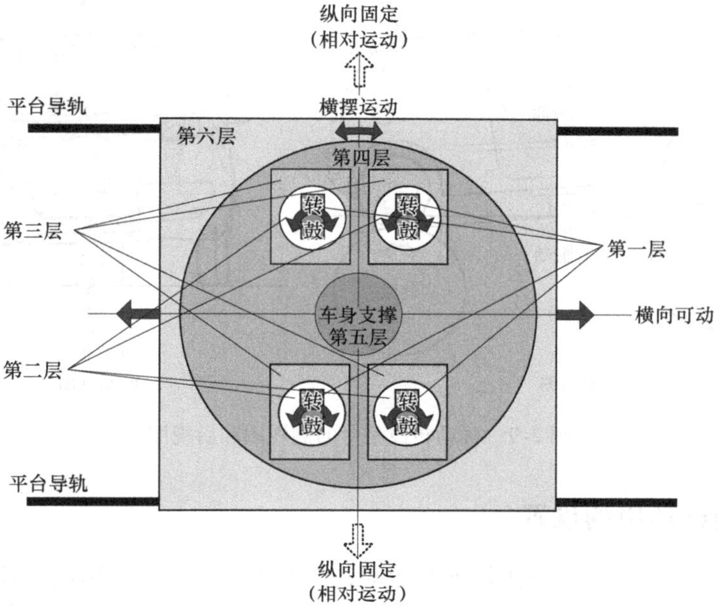


图 2-8　可动转鼓平台运动嵌套关系图（见彩插）

第二层运动关系是 4 个转鼓平台的横摆运动。4 个转鼓除了可以绕各自的旋转轴转动外，每一个用于固定转鼓的平台还可以绕垂直于平台的旋转轴独立地左右横摆，实现测试车辆转向轮的左右偏转，专门用于模拟测试车辆转向时的车轮偏航运动。转鼓电机固定平台的横摆运动根据转向盘指令输入，利用转向轮的随动控制，通过电机实现每一个转鼓平台横摆旋转运动，如图 2-8 所示。

第三层运动关系是用于转鼓相对于测试车辆车轮位置调整的，4 个转鼓的中心位置可以在一定的区间内任意调整和定位，以适应不同测试车辆的轴距和轮距等结构参数，如图 2-8 所示。

第四层运动关系是用于体现测试车辆车身横摆运动的。车身的横摆运动是由一个更大的电机通过驱动整个车身承载平台相对于转向平台中心转动实现的，如图 2-8 所示。这一层的运动与测试车辆的转向输入和车辆的行驶速度有关，忠实地反映了车辆系统动力学中汽车转向输入与车辆横摆角速度的关系。

第五层运动关系是体现车身重心支撑平台相对于转鼓平台的运动的，能模拟车身的垂直运动、侧倾运动和俯仰运动等，反映了测试车辆在各种外力作用下的动力学响应变化，如图 2-9所示。

第六层运动关系为转鼓平台整体沿导轨方向做平移运动，对应着测试车辆变道时产生的横向偏移运动，如图 2-8 所示。这一层的运动关系因为涉及巨大的质量（整车 + 整个可动转鼓平台的质量）在极短的时间内完成运动状态的突变（先是向一侧横向运动，随后又马上向另一侧横向运动），所以需要极大的作动力，这也是可动转鼓平台室内测试环境区别于以往的转鼓平台最大的不同。由于转鼓平台可以横向平移运动，测试车辆就能够主动地与各种目标物实现横向互动，使室内测试环境得以更真实地还原交通场景。

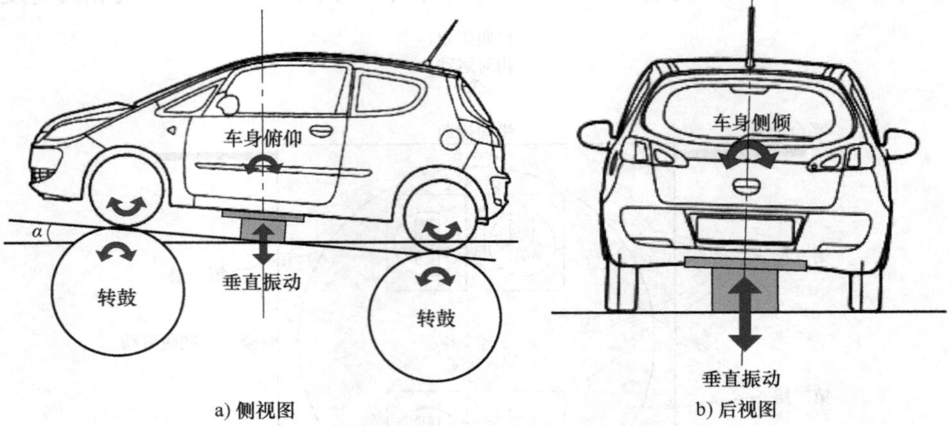


图 2-9　可动转鼓平台的侧视图和后视图

### 2.3.3　室内测试环境的设置

室内测试环境利用相对运动代替绝对运动，使原本应该在封闭场地或开放道路进行的测试项目可以转移到实验室内部，再通过室内气候环境模拟技术使测试可以摆脱自然条件的限制。室内测试环境除了要以转鼓平台为基础，还要对测试现场的目标参照物的相对速度、气候条件、测试设备和通信环境等进行设置，使室内测试环境与目标场景更接近。

（1）目标参照物相对速度的设置

室内测试环境要求将测试车辆固定在转鼓平台上，利用转鼓吸收测试车辆驱动轮转动的动能。理论上，转鼓外缘的线速度就可以认为是测试车辆的行驶车速。按照相对运动关系，测试车辆的理论行驶车速、目标参照物的真实速度与在室内测试环境下的相对速度应满足下式关系：

$$v_{obj} = v_{act} - v_{test} \tag{2-1}$$

式中　$v_{obj}$——目标参照物在室内测试环境下的相对速度；

$v_{act}$——目标参照物的真实速度；

$v_{test}$——测试车辆的理论行驶车速，$v_{test} = \omega_{drum}(t)r$，其中，$\omega_{drum}(t)$为随时间变化的转鼓速度，$r$为转鼓半径。

为了全面模拟测试车辆与目标参照物的相对运动关系，营造出室内测试环境逼真的相对运动关系，所有静止目标参照物和运动目标参照物都要以相对运动状态参与测试，相当于整个测试系统的所有目标参照物都在以测试车辆理论行驶车速 $v_{test}$ 运动，这样才能保证测试车辆在纵向位置坐标不变的情况下模拟出行驶的视觉效果。

按照式（2-1）所表示的相对运动速度关系，原本静止的目标物的速度将与测试车辆行驶速度大小相等，且随着测试车辆的运动速度快慢而变化，但行驶的方向是相反的。当测试车辆在转鼓平台上停止时，理论上静止的目标参照物也随之停止，如路灯、交通标识牌等均要采用这种控制方法。原本运动的目标参照物将以相对于测试车辆的相对速度运动，如其他车辆、行人和动物等，这些运动目标参照物的速度需要按照式（2-1）表达的那样，随着测试车辆的行驶速度和目标参照物实际速度实时变化。特别地，当目标参照物的运动方向与测试车辆行驶方向不一致时，则需要按照矢量计算目标参照物的相对速度。比如在室内测试环境中，有一个拟沿测试车辆行驶车道垂直方向横穿道路的行人，行人目标参照物在室内测试环境的实际行驶轨迹就是一条逐渐靠近测试车辆的斜线，且行人在室内测试环境的速度也因叠加了测试车辆的理论行驶车速而高于其实际行走速度，如图2-10所示。

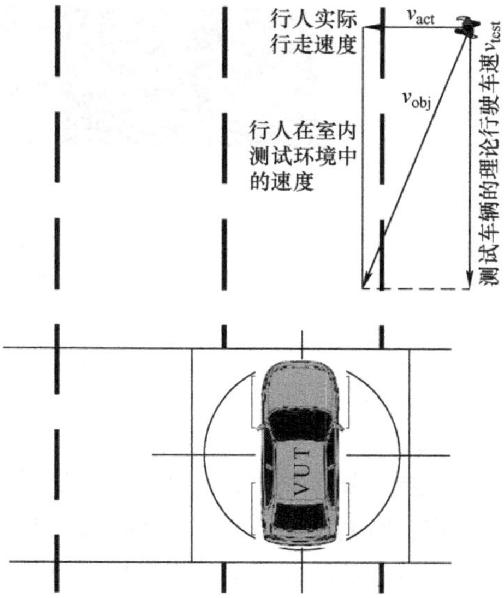

图2-10　室内测试环境中行人横穿道路场景

室内测试环境中目标参照物的运动由专用的移动平台（可以看作是一种自动导向车辆，AGV）拖曳。所有室内测试环境的移动平台都要接收由转鼓实时转速换算出来的测试车辆理论行驶车速信息，移动平台的控制器根据所承载的目标参照物预设的行驶轨迹和真实速度要求与测试车辆的理论行驶车速按照式（2-1）计算当前相对速度，并下达指令完成控制任务。

（2）气候条件的定制化设置

智能网联汽车的测试对气候环境有严格的要求，气候条件的变化将直接影响测试的一致性和有效性。比如测试环境的降雨对智能网联汽车环境感知系统乃至对决策规划系统和控制执行系统都有影响，测试时需要明确规定降雨量、雨滴粒度、雨滴密度及可见度等详细参数，一旦这些参数发生变化就将影响到测试的一致性和有效性。在露天场地，一般是通过自然降雨来满足上述要求的。首先降雨的时间充满了不确定性，其次降雨的参数很难与测试要求完全吻合，最后测试往往需要反复进行，要确保对车辆进行调试前后的测试条件完全一致才能比较调试的效果，这些要求在露天场地均难以实现。此外，昼夜光照条件和季节气温条件的调节、变化和维持等在露天环境下更加难以实现。

室内测试环境的优势在于可以按照智能网联汽车测试对气候条件的要求定制化地设置需要的气候环境。通过实验室内的给水喷洒系统、灯光照明系统、温度调节系统和空气调质系统等的交叉联合控制实现气候条件的定制化设置，既可以短时间内实现气候条件的灵活切换，又可以在相当长的一段时间内保持某种特定的气候状态不变，完全满足智能网联汽车测试气候条件的定制化要求。气候条件定制化设置使智能网联汽车的测试不再受季节、昼夜、温度等自然条件的限制，可以有效地延长测试的时间，对于缩短智能网联汽车测试验证周期意义重大。室内测试环境的气候条件定制化设置效果如图2-11所示。

（3）测试设备的固定安装

智能网联汽车测试时需要利用一系列测试设备测量和记录测试数据。这些测试设备有的需要安装于测试车辆内部，从内部测量和记录测试车辆的各项性能指标；有的需要架设在测试场地中，从外部测量和记录关键数据。在封闭场地测试中，这些外部测试设备通常是根据测试要求在每次测试之前临时架设的，因此架设测试设备前的位置选择定位十分关键，设备架设完成后还要对其进行必要的调试和设置。测试设备架设地点可能会影响到后续的数据分析，甚至由于测试设备架设位置选择不当，还会使数据产生较大的差异，对深入的数据分析

图 2-11　室内测试环境气候定制化设置效果（见彩插）

造成干扰。

在室内测试环境下，这些外部测试设备可以固定在相对稳定、可靠的位置上，测试设备安装后可能很长时间不用挪动。由于位置没有变动，所以不用每次测试都调试设备也可以使其长期保持最佳的技术状态，因而节省了架设设备和调试设备的时间，提高了测试验证的效率。

（4）无线通信环境的净化与设置

智能网联汽车相对于传统汽车还增加了 V2X 的无线通信功能，该功能被认为是环境感知系统的延伸，对智能网联汽车的决策规划系统和控制执行系统都将产生巨大的影响，因此对无线通信性能指标的测试也是智能网联汽车的重要测试项目。由于无线通信技术的广泛应用，开放空间往往充斥着电磁杂波，很难找到不被电磁波污染的“纯净”空间，因此智能网联汽车 V2X 功能测试还要面临着“净化”测试空间的问题。室内测试环境可以通过电磁波屏蔽技术将实验室内空间与外界隔绝，再模拟需要的无线信号，测试智能网联汽车 V2X 功能在“净化”的空间内对特定无线通信信号响应的性能。

## 2.3.4　室内测试环境的应用领域

室内测试环境介于封闭场地测试与虚拟仿真测试之间，特殊的属性和独特的工作机理决定了其可以在一些领域发挥独到作用。

（1）理论研究方面

智能网联汽车还存在很多的基础理论问题需要研究，比如环境感知系统与安全边界的关系问题。虽然理论研究可以支撑一些结论，但是任何理论研究只有经过系统、准确的科学试验，得到验证后才能成立。可是有些理论的验证是存在风险的，尤其是安全边界的探寻研究，而且对于智能网联汽车来说验证理论的试验条件在现实世界中很难满足，室内测试环境可以为智能网联汽车的基础理论研究提供一个满足条件的验证平台。一方面室内测试环境的试验条件完全可控，可以根据研究的需要任意设置试验的条件，直到满足试验验证的所有条件为止；另一方面室内测试环境采用相对运动代替绝对运动，极大地降低了运动速度，缩小了试验空间，在一定程度上保障了试验的安全性，使原本危险的试验和验证等研究环节可以在相对安全的环境下进行。

（2）产品开发方面

任何一款产品都要经过反复验证和不断完善才能最终趋于完美走向市场。智能网联汽车作为一种全新的产品所面临的挑战是传统车辆不曾经历的，其在开发阶段要经历的验证、调试和改进的流程更是难以计数的。在智能网联汽车产品开发阶段往往要经过长时间的反复调校才能使产品性能达到最佳状态。可是对于智能网联汽车的开发、验证和调校往往需要满足一定的气候、光照、交通和通信等条件，在现实世界中很难找到同时满足上述要求的场景，或者即便满足了，在瞬息万变的现实世界中这种状态也难以保持足够长的时间。等待合适场景的自然出现无疑会延长开发周期，将直接导致上市时间的拖延，错失占领市场的先机。室内测试环境可以提供一个定制化的开发环境，使室内测试环境摆脱自然规律的束缚，根据产品开发和验证的需要，高密度地重复某个过程或让某种自然现象保持特定的状态，以便长时间的反复验证和调校，直至产品达到预期性能指标。

（3）性能测试方面

智能网联汽车将会无限贴近和深入人类的生产和生活，如果智能网联汽车产品存在安全隐患，将会给人类带来潜在的危机，所以在智能网联汽车投入市场之前要进行充分的性能测试和安全验证，只有各项性能指标达到要求才能准许其进入市场。随着智能网联汽车技术的发展和完善，针对智能网联汽车的新车市场准入测试项目正在快速增加。另外，随着智能网联汽车使用年限的增加，一些敏感元件出现了退化，比如环境感知系统的传感器性能参数、定位参数以及技术状态出现了蠕变、跃迁等问题，严重地影响了智能网联汽车功能的正常发挥。为了及时发现类似的问题，智能网联汽车需要定期进行性能测试，及时发现问题并予以修正。随着智能网联汽车的快速普及，越来越多的拥有智能驾驶功能的新车涌入市场，上述两种类型的性能测试需要将会成倍增加。综上，智能网联汽车的市场准入测试和终端用户的例行测试将使测试工作量呈现出爆发式增加态势。室内测试环境可以在一定条件下提高智能网联汽车测试效率并延长有效测试时间，成为缓解测试压力的有效方案。

（4）事故鉴定方面

交通事故的鉴定经常要进行事故现场的还原与再现，用以分析事故的成因，划定交通事故责任和总结事故教训等，一般包括现场勘察、数据分析、仿真推演、交通事故模拟和真实场景再现等几种方法。由于关键参数难以准确设置，造成事故还原后与事实证据的吻合性差，因此仿真推演的真实性和可信度受到行业内外的广泛质疑。最有效的鉴定方法是交通事故模拟和真实场景再现。在事故现场或封闭试验场地让对标车辆沿着事故车辆的轨迹，以事故发生时的速度行驶，与同样按照规定行驶轨迹和速度行驶的参照车辆或参照物体构成事故再现场景，的确能够得到良好的效果，但是这种方法往往伴随着极大的危险性，且需要投入大量的人力和物力，所以一直难以推行。室内测试环境在有限的空间内将对标车辆置于转鼓平台上，利用相对运动的模型代替参考对象，提高了再现交通事故的安全性，而且还能营造出事故现场的气候条件、光照条件和周边环境，极大地降低了交通事故场景还原和再现的“代价”，对于查明交通事故的真正原因起到至关重要的作用，未来将会得到广泛应用。

### 2.3.5　室内测试环境的优势

室内测试环境与虚拟仿真测试系统的根本区别在于它完全基于真实的物理系统，测试过程不依赖任何虚拟场景和数据转换。相比于封闭场地测试，室内测试环境又具有气候环境可定制化设置、运行效率提高和场景安全可控等优势。

（1）可信度更高

室内测试环境有别于虚拟仿真范畴的整车在环仿真测试。整车在环仿真的测试场景基于虚拟场景，要使测试车辆的数字孪生体与虚拟测试场景进行交互，通过测试车辆及其数字孪生体的同步运行，二者虚实结合才能完成性能测试。室内测试环境的所有参考目标都由真实的物理系统构成，测试过程中测试车辆利用其环境感知系统观测周围相对运动的参考目标，通过对真实周边环境的观测和自身的运行状态，决策规划下一步的驾驶行为，进而控制相应的执行部件，使测试车辆产生相应的执行反馈，整个测试流程都在室内测试环境的物理系统中真实地运行，各项性能指标也是通过测试车辆在转鼓平台上的运行表现出来的，相比于虚拟仿真测试具有更高的可信度。

下面以超越前方慢速行驶车辆场景为例说明室内测试环境的横向偏移运动的具体执行情况。场景中包括 1 辆测试车辆，通过调整转鼓平台的第三层运动关系使 4 转鼓与测试车辆的轮胎正相对；3 辆目标车辆，其中目标车辆 1 为测试车辆前方行驶缓慢的车辆，另外两辆为以正常车速行驶的车辆，如图 2-12 所示。当测试车辆检测到周边环境符合超越前方慢速行驶车辆条件时就开始执行超车动作。首先，测试车辆开启左侧转向灯，然后再向左侧车道转向。转鼓平台第一层运动关系：4 个转鼓继续通过旋转运动抵消测试车辆驱动轮的转动，如图 2-12a 所示；第二层运动关系：随着转向盘的转动，转鼓平台开始对转向轮随动控制，转向轮带动转鼓平台偏转产生偏航效果；第四层运动关系：整车的横摆平台随后开始转动，响应车身的横摆运动，如图 2-12b 所示；第五层运动关系：车身重心支撑平台同时产生由于向左转弯引起的向右侧倾的运动；第六层运动关系：整车移动平台沿导轨向左平移运动，响应横向偏移变道动作。至此测试车辆已经在邻近车道上与目标车辆 1 并行，如图 2-12c 所示。接下来再按照上述过程向相反方向横向移动，使测试车辆回到初始车道上，如图 2-12d、e 所示。

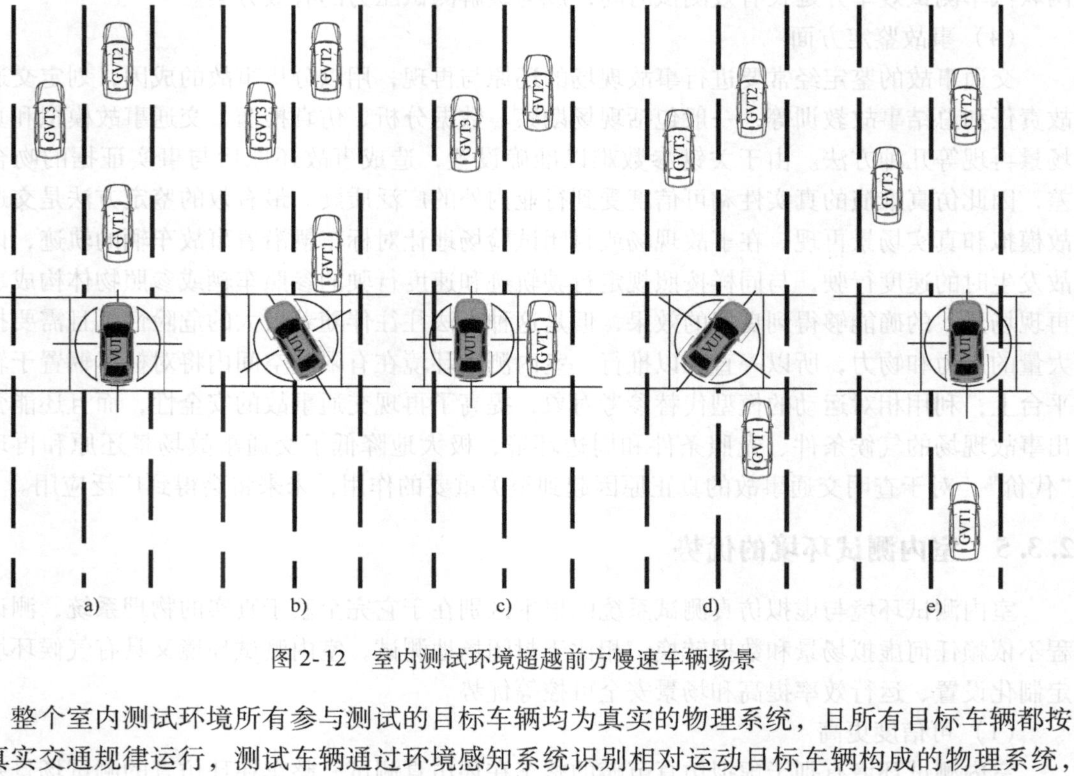


图 2-12　室内测试环境超越前方慢速车辆场景

整个室内测试环境所有参与测试的目标车辆均为真实的物理系统，且所有目标车辆都按照真实交通规律运行，测试车辆通过环境感知系统识别相对运动目标车辆构成的物理系统，最大限度地还原了真实的交通环境，所以测试过程具有更高的可信度。

（2）执行效率更高

智能网联汽车测试验证环节占据了整个开发周期相当长的时间，可以说测试验证周期的长短将直接决定新车的开发周期，足见测试验证效率对整车开发周期的影响。导致智能网联汽车测试验证执行效率低的主要因素是要等待适合测试自然环境的出现。室内测试环境的自然条件是可以定制化设置的，在实验室内部可以摆脱季节变化、昼夜更替和阴晴冷暖等自然条件的约束，任意设置测试需要的自然条件，延长了可以有效利用的时间，使测试执行效率提高。

（3）可控性更高

室内测试环境的所有运动部件、自然环境、通信环境以及测试车辆本身等都是可以控制的，有利于让智能网联汽车在有限的时间和空间经历更多的测试场景，有利于提高智能网联汽车测试验证的覆盖率。

（4）安全性更高

室内测试环境将测试车辆置于转鼓平台上，以相对运动代替绝对运动，降低了测试的速度，所有的运动和可变因素都是可以控制的。且测试过程中目标参照物全部由代替物充当，进一步提高了智能网联汽车测试和验证的安全性。

## 2.4　智能网联汽车的开放道路测试

开放道路是智能网联汽车最终要面对和终生服役的环境，只有在开放道路环境下充分证明能安全、可靠地运行的智能网联汽车才算真正成功。开放道路测试就是将通过虚拟仿真测试和封闭场地测试且安全性已经得到充分验证的智能网联汽车置于具有典型特征的真实交通环境中进行的验证性测试，它是智能网联汽车测试体系中的最后一个环节，也是智能网联汽车走向商业化应用之前必须执行的测试项目。

### 2.4.1　开放道路测试的特点

开放道路测试最大的特点是真实性。真实的交通环境是很复杂的，在时间和空间两个维度上都具有随机性，有些交通场景可能经过连续长时间的开放道路测试也未必能遇到，有些交通场景可能突如其来，事先没有明显的征兆，所以开放道路测试还具有测试效率低、可控性差和危险系数高等特点。

（1）场景覆盖率低、测试效率低

虽然在整个交通体系中各种复杂场景的数量很庞大，发生的概率也很高，但是在开放道路测试期间，测试车辆刚好经历典型场景的概率并不大，因此在测试中，多数时间和里程的测试都没有太大的价值。为了能尽量增加有效数据的积累，只能通过延长里程来弥补典型场景覆盖率低的缺憾。

（2）测试过程可控性差

开放道路测试所面临的是真实交通环境，其中充满了数量和交通行为均不可控的其他交通参与者，它们都有明确的交通目的和目标，都受明确且独立的“交通意图”支配，即参与测试的个体均处于不受控制状态，测试进程难以控制和驾驭，测试场景中充满了不确定性因素，测试结果不可预期。

（3）存在一定的风险

开放道路测试要将性能尚不完备的智能网联汽车置于真实的交通环境进行测试，此时的交通环境不受控制，且测试车辆的控制权将部分或全部交给智能网联汽车。一旦环境感知、决策规划和控制执行当中任意一个环节出现差错，都将导致严重的后果。更糟糕的是，发生事故后，其他交通参与者可能并不了解智能网联汽车，且对后续潜在的危险一无所知，未能保持一种谨慎的处置态度，错误的处置极有可能会酿成更严重的事故。

### 2.4.2 开放道路测试的条件

基于智能网联汽车开放道路测试的特殊性和危险性，在进行开放道路测试之前要确保测试主体、测试执行人员、测试车辆和测试环境都满足一定的条件。

（1）测试主体条件

智能网联汽车的开放道路测试必须由具备测试资质的独立法人单位作为测试的主体。一旦测试造成人身和财产损失，测试主体应具备足够的民事赔偿能力。测试主体应具备对测试车辆实施远程监控的能力，且在测试过程中应该严格遵守智能网联汽车测试评价规程。

（2）测试执行人员条件

测试执行人员包括智能网联汽车驾驶员、安全员和测试工程师等。测试执行人员需要与测试主体签订劳动合同或劳务合同，测试执行人员与测试主体应保持合法的雇佣关系。开放道路测试之前，测试主体需要对测试执行人员在测试法规、测试操作方法及应急处置能力等方面进行系统的培训。驾驶员和安全员应当获得与测试车型相对应的驾驶资质，且有3年以上的驾驶经验，还要保持最近3个记分周期内无扣满分记录。

（3）测试车辆条件

测试车辆的智能辅助驾驶功能应通过第三方检测机构的测试验证，且已经达到国家行业开放道路测试的相关标准。测试车辆应该具有智能辅助驾驶和人工驾驶两种操作模式，且能够安全快速、简单地转换操作模式，人工操作模式具有更高的优先级。测试过程中测试车辆需要按照交通法规悬挂智能网联汽车测试牌照，且测试车辆不得搭载与测试无关的人员或货物。

（4）测试环境条件

测试主体需要提前向拟开展开放道路测试路段所在地的省、市级政府相关主管部门提出申请，并提交相关申请材料。根据测试主体的申请，省、市级政府相关主管部门在辖区内选择若干典型路段用于智能网联汽车开放道路测试，并向全社会发布公告。

### 2.4.3 开放道路测试的注意事项

为了保障智能网联汽车的开放道路测试能够安全、合法且高效地进行，测试需要注意一些事项。

（1）遵守法律法规

开放道路测试首先要严格遵守我国的道路交通安全法律和法规，确保测试活动合法、合规。不同的行政区域可能根据当地的实际情况制定了具体的智能网联汽车开放道路测试法规，测试主体应该确保测试车辆严格遵循测试所在地的相关法规和政策。

（2）测试前充分准备

在开放道路测试开始前，需要有相应文件能证明测试车辆已经达到道路测试所需要的技术要求，同时测试车辆的车身上还应该用醒目的颜色标示“智能网联汽车测试”等字样，以提醒周边交通参与者注意。测试主体单位应向各级主管部门提交测试申请材料，获得智能网联汽车道路测试通知书后，凭此通知书方可申领智能网联汽车测试牌照，悬挂测试牌照的测试车辆才能进行测试。测试主体应在测试前完成对测试执行人员的全方位培训，要求测试过程中驾驶员或安全员应坐在测试车辆驾驶座位上，始终监控车辆的运行状态及周围环境，随时准备接管车辆。

（3）测试过程管理

测试主体单位应制定详细的测试方案，包括测试项目、测试规程、风险分析及应对措施等。测试过程中，一旦发现测试车辆处于不适合自动驾驶的状态或系统提示需要人工操作时，驾驶员或安全员应及时接管测试车辆的驾驶权，并采取相应的措施保证安全。开放道路测试期间，测试车辆应严格按照测试通知书载明的测试路段和时间段进行测试，不得擅自变更。在测试过程中，除测试路段外，不得使用智能辅助驾驶模式行驶，测试车辆从停放点到测试路段的转场过程应使用人工驾驶模式行驶。

## 复 习 题

**一、选择题**

1. 一般认为完整的智能网联汽车测试体系应该包括虚拟仿真测试、封闭场地测试和（　　）。

A. 整车在环测试　　B. 室内测试环境　　C. 开放道路测试　　D. 模型在环测试

2. 下列不属于智能网联汽车虚拟仿真测试范畴的方式是（　　）。

A. 室内测试环境　　B. 模型在环测试　　C. 整车在环测试　　D. 硬件在环测试

**二、判断题**

1. 室内测试环境有两个主要的优势：一是采用相对运动模拟绝对运动，缩小了实车测试对场地尺寸的要求，将一些只能在室外测试的项目移到室内；二是在室内可以任意模拟自然环境，使测试摆脱季节更替、昼夜光照和阴晴冷暖条件的限制。（　　）

2. 智能网联汽车的封闭场地测试是基于里程的测试方法，开放道路测试是基于场景的测试方法。（　　）

**三、简答题**

1. 智能网联汽车道路测试牌照与测试主体单位申领的临时行车牌照有什么区别和联系？

2. 室内测试环境与整车在环测试的主要区别是什么？

3. 参照图2-2所示说明视觉传感器的几何模型。

4. 室内测试环境的核心部件是可动转鼓平台。转鼓平台共有六层可以相对运动的结构关系，其中哪一层与测试车辆的运动没有关系？

5. 封闭场地测试和室内测试环境都能按需营造自然环境，二者有何区别？

6. 试列举几个可用于智能网联汽车测试的仿真软件各自的特点。如，CarSim、PanoSim、Matlab/Simulink、Prescan等。

7. 没有申领智能网联汽车道路测试牌照的车企就不能进行测试了吗？

# 第3章

# 智能网联汽车测试场景

在陆地研发船只的时候，需要界定船只在水上航行的性质，在船只研发期间及投入使用之前都要在相应的水域上进行严格的测试，以确保造出的船只能在水上安全航行；在地面上研发飞行器的时候，需要定义飞行器在天空中飞行的能力，在飞行器设计制造及服役前期都要在不同的空域反复试验，以确保造出的飞行器能在空中自由飞翔。类似的，在智能网联汽车开发前，需要赋予它在一定环境下的预期功能，在研发与应用的关键节点也要进行严格的测试和验证，以确保研发出来的智能网联汽车的预期功能安全可靠。由于智能网联汽车将“人-车-环境-任务”系统强耦合在一起，所以对于智能网联汽车的测试就需要营造一个与其预期功能对应的测试环境，本章就将介绍与该测试场景搭建有关的知识。

## 3.1 场景概述

目前，智能网联汽车测试方法主要分为基于里程的测试方法和基于场景的测试方法两大类。基于里程的测试方法就是让测试车辆在一定的环境中连续行驶一段里程，在这段测试里程中不预先设定拟测试的项目，根据在这段里程中测试车辆的具体表现评价其性能，更像是车辆正常行驶片段的截取；而基于场景的测试方法则要求测试车辆通过预先设定的测试场景，要求其完成某几项特定的任务目标，根据任务目标的完成情况评价测试车辆性能，更像是有针对性的考试。

从统计学的角度出发，要验证智能网联汽车比传统汽车更安全，理论上至少需要通过1.58亿km以上基于里程的测试，无论是时间还是成本都远远超出了可承受的范围。基于场景的测试方法可以将易发生危险的工况在场景集中罗列出来，专门考查智能网联汽车面对这些情况的表现，因而应用更灵活、测试效率更高，也更有针对性。经过测试场景的筛选，压缩了基于里程测试中大量的“无风险”里程，有助于智能网联汽车功能的快速迭代和完善。显然，在智能网联汽车整个开发流程中，场景测试将成为全面测试评估智能网联汽车性能指标的主要手段。

### 3.1.1 测试场景的定义

针对特定的测试目的而设计的场景被称为测试场景。测试场景可以帮助人们把指定的智能网联汽车置于精心设计的运行情形下进行测试和研究，从而考查测试车辆在相应场景下的表现和反应，进而得出相关的测试结论和评价结果，为智能网联汽车进一步的研发升级及应用推广提供依据。

事实上，关于智能网联汽车测试场景的确切描述一直很困难，时至今日，学术界尚未给出一个令所有学者都信服的定义清楚地界定智能网联汽车测试场景。一般认为智能网联汽车测试场景是智能网联汽车与其行驶环境各要素在一段时间内总体的动态描述，而行驶环境要素由期望测试的智能网联汽车功能决定。可以简单把测试比喻成一场考试，智能网联汽车是考生，各项测试法规是考试大纲，而测试场景既是考题也是考场，如图3-1所示。

场景一词的本义为舞台剧，被引入智能网联汽车测试领域，用于描述特定的行驶环境，以及被测车辆在测试场景下的任务执行情况。具体来讲，行驶环境描述了基本的交通环境情况和交通参与者的状态及其行为，能够呈现或反映现实世界中交通情景的发生环境以及发生过程；被测试车辆的目标及行为描述了在测试场景的行驶环境下需要完成的任务。以上两部分共同组成了一个特定的测试场景。在测试场景中，可以方便地对被测试车辆的特定功能在行驶环境下的表现进行考察和分析。

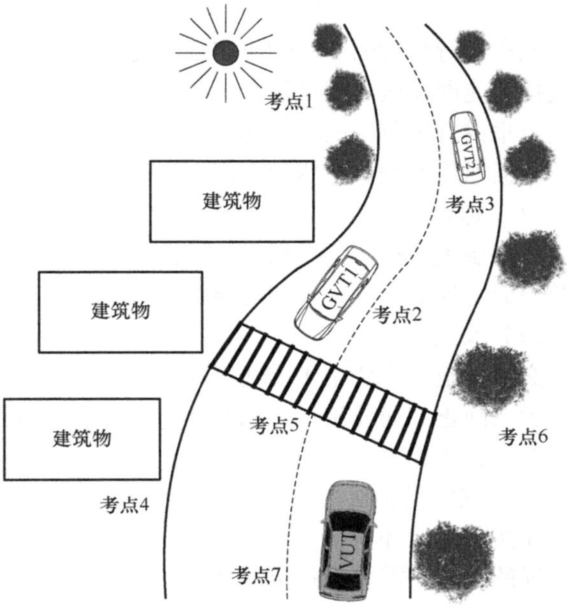

图3-1 智能网联汽车的测试场景

测试场景是专门用于对智能网联汽车特定的功能或性能进行测试、验证和评价的。搭建测试场景时必须有明确的测试目标，比如测试智能网联汽车某项功能或性能是否达到预期的指标要求等，而这些测试指标往往是通过被测车辆在测试场景中的具体表现体现出来的。

测试场景描述的是在一定的时间和空间范围内的交通环境及被测车辆的测试任务。测试场景中包含动态要素，其行为反映的是一个动态过程，有一定的时间跨度；测试场景中包含的所有要素都是被布置在一定空间尺度当中的，也有一定的空间跨度。测试场景的时间和空间尺度的大小是由测试任务决定的。对于时间尺度而言有长有短，如自动紧急制动场景，一般持续几秒钟；而对于交通拥堵辅助场景，则可能持续几分钟甚至几小时。对于空间尺度而言有大有小，如车道保持辅助场景，仅要求有一条车道就够了；而通过十字路口转弯场景，至少要求有两条双向四车道组成的十字路口。

另外，从不同角度来观察测试场景，得到的信息也是不同的。如果从研发人员或场景设计者的视角来看，获得的场景信息最为完整，也可以获得最全面、最真实的信息。他们拥有“上帝视角”，一般只有专业测试人员和场景设计人员才能拥有这样的视角。该视角用于评估测试场景搭建的水平和设计的水准。如果从被测试车辆的视角来看，获得的信息就会缺失很多，被测试车辆主要通过各种车载传感器、无线通信设备等获取周围行驶环境和其他交通参与者信息，这些信息相对于“上帝视角”的完整性是残缺的，且会存在一定误差。该视角是测试车辆在实际行驶环境中的视角，也是分析行驶环境和驾驶任务的重要视角。另外，从其他交通参与者的视角来看，测试场景也是不完整的。该视角可以发现被测试车辆的交通协调性问题。

最后，需要强调的是测试场景的参数应该源自一般交通场景，涵盖城市道路、高速公路和乡村土路等各种交通环境和各种交通状态。为了形成逼真的测试场景，这些交通场景数据要经过严格分析和筛选。

### 3.1.2 测试场景的层次架构

汽车运行环境的丰富性决定了智能网联汽车测试场景构成的复杂度，为了尽量全面细致地概括智能网联汽车测试场景，德国 PEGASUS 项目将测试场景划分为 5 个层次，试图利用分层穷举或有限分级的方式完整地描述智能网联汽车测试场景的构成。我国在此基础上又增加了数据通信和测试车辆两个层次，进一步丰富了场景的架构。

（1）道路层

道路层主要描述测试场景中道路的基本布局、拓扑结构、几何尺寸、道路线形、路面质量及平面边界信息等，比如道路的等级、车道数量、技术指标、通行标准和曲率坡度等。

（2）交通设施层

交通设施层主要用于描述附属于道路层的按照一定交通规则约束场景内的各类动态交通参与者的静止交通设施，比如交通标志牌、交通指示牌、交通信号灯、龙门架、高架障碍及凸起的道路边界等。

（3）临时设施层

在实际交通环境中，时常会出现道路维修、突发事件和临时交通管制等情况。当出现这些情况的时候，需要将指定的区域划分出来，限制其内部的交通行为。临时设施层就是描述临时搭建且短期内（大于 1 天）不移动或拆除的交通管制设施，比如锥形交通路标、隔离栅栏和临时交通标志牌等。

（4）目标层

目标层主要描述场景中各类可移动交通参与者（目标）及其交互行为，这一层的场景构成最大的特点是目标物可以移动和交互，有的目标移动规律性较强，比如乘用车、商用车和摩托车，而有的目标缺乏移动规律，比如自行车和行人等。

（5）气候环境层

气候环境层主要描述气候条件和环境条件及其变化对场景内基础设施及交通参与者的行为产生的影响，比如周边建筑群、沿途景观、气候条件、光照条件、阴影区域、降雨量、能见度、风速和温度等。

（6）数据通信层

数据通信层主要描述场景中 V2X 的通信条件，有无高精地图可供参考等特性，比如测试场景中智能网联汽车使用的通信波段有无杂波干扰、信号接收强度是否符合智能网联汽车的通信要求和高精地图信息的下载读取速率可否达到指导交通的标准等。

（7）测试车辆层

测试车辆层主要描述测试车辆本身的各种性能、指标和参数等对测试场景的影响，比如测试车辆的外观尺寸、颜色造型、整车质量及其分布、环境感知能力、传感器数量、动力性能、制动性能和操纵稳定性能等。

经过场景的分层描述，纷繁复杂的场景构成似乎可以沿着上述 7 个维度对其进行详细划分和描述了，但是有的维度是可以继续细分的，且在每个细分的维度上又是连续分布的，比如气候环境层，这既揭示了场景无限的本质，又对场景的完整描述明确了方向。

### 3.1.3 测试场景的特点

汽车行驶的环境千变万化，如果把所有汽车“经历”的所有场景都记录下来，那一定是世界上最丰富的画卷。然而，即便是把所有汽车的“经历”都记录下来，也未必能完全描述汽车将要面对的所有场景，因为，汽车所面临的世界正在飞速发展和变化，全人类正在不断创造新的场景。

总结起来汽车驾驶场景具有以下四个特点。

（1）无限丰富

汽车是一种陆路交通工具，可能行驶在诸多陆路交通环境当中，将面临各种地理和气候条件，也将应对多种多样的交通状况，还要面对形形色色的其他交通参与者，这些要素都具有无限集合的特征，而汽车的驾驶场景则是这些无限集合的无限种组合，如果再对这些场景元素赋予无限细分的参数属性，则进一步增加了汽车驾驶场景的无限丰富特点。

（2）极其复杂

汽车行驶的环境可以十分简单，也可以极其复杂，如图3-2所示。简单到在一条笔直的车道上只有一辆汽车在行驶；当然复杂的场景多种多样，如毗邻热闹喧嚣的商超、身处繁忙拥挤的道路、通过其他交通参与者占用的机动车道，都属于汽车可能会面临的行驶场景。造成场景极其复杂的原因既有交通参与者方面的因素，也有道路本身的因素，当然还有环境和气候等诸多方面的因素。

图3-2　复杂的汽车驾驶场景

（3）难以预测

汽车在路上行驶，没有人也没有办法准确地预测将会面临怎样的突发状况。其原因大致分为两方面：一方面，以当前的技术手段难以预测和避免各种交通意外事件的发生，而这些意外事件往往是一系列难以预料连锁反应的开始；另一方面，形形色色的交通参与者都按照自己的意愿行驶，尤其是当突发事件不期而遇时，他们大多按照本能“肆意”行驶，给其他交通参与者的正常行驶和正确判断造成极大的干扰，同时也进一步增加了汽车行驶场景的难以预测性。

（4）不可穷尽

汽车驾驶场景无限丰富、极其复杂且难以预测的特点共同决定了它的不可穷尽的特点，即汽车驾驶场景具有长尾性，如图3-3所示。汽车大多数时间行驶在典型的简单交通场景下，但是这些驾驶场景下发生交通事故的概率较低；随着驾驶场景的复杂度增加，在日常交通中占有的数量也在下降，但是这些场景发生事故的风险却在逐渐上升，这类场景就是关键交通场

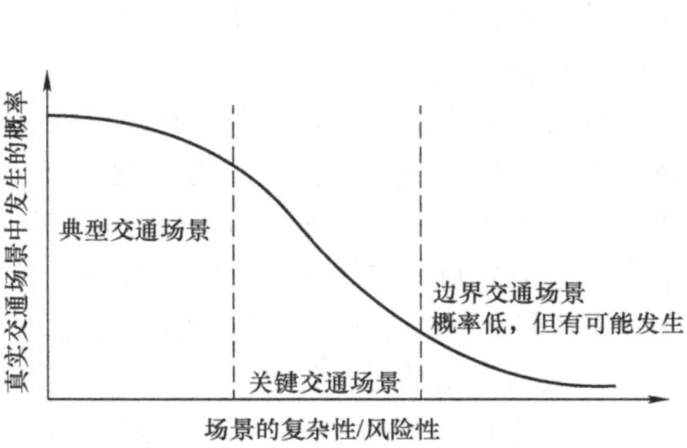


图3-3　汽车驾驶场景的分布

景；还有一类场景在日常的交通中鲜有发生，但的确存在发生的可能性，而且复杂度和风险性极高，称之为边界交通场景。随着科技水平和技术手段的进步，我们对该类场景的认识和发掘会越来越深入，但始终不能穷尽。

### 3.1.4 测试场景的要求

测试场景有别于真实的汽车驾驶场景，它是专门服务于一定的智能网联汽车测试项目而人工营造的，旨在通过有限的测试里程集中地发现在现实驾驶场景中很长时间才会暴露出来的问题。因此，在构建测试场景的时候就需要考虑能否达到测试的要求。

（1）测试现场的安全性

智能网联汽车要将汽车的控制权逐渐交给智能驾驶系统，在其开发过程中某些功能往往会出现达不到预期目标的情况，难免会产生一些始料未及的事故，所以在大规模使用之前要进行很充分的场景测试和验证试验，以确保将来在道路运行时拥有值得信赖的安全性。一方面，因为在对智能网联汽车测试的时候，对其功能和性能尚存在一定的疑虑，极有可能出现预期功能失灵、误作用或失控等危险工况，需要经过反复的调校和测试才能达到稳定的最佳效果。另一方面，对智能网联汽车的测试需要找到其安全运行的边界，有些测试势必会引发剐蹭、碰撞或失控等事故。因此，在搭建测试场景时要充分考虑各方面的安全性，既要考虑测试人员和测试设备的安全，又要顾及测试对象和其他交通参与者的安全，在测试场景的可控范围内，即便发生了事故也要确保测试人员、测试设备和测试对象、其他交通参与者以及测试场景内其他物品的安全。

通常测试场景中不允许存在与测试无关的干扰物体。其他交通参与者和基础设施在保障测试顺利实施的前提下，均采用代替物，如目标假车，目标假人等，以确保在发生剐蹭、碰撞等严重事故之后其本身不被破坏，同时也不会对测试人员、测试设备和测试对象造成关联性的破坏。

（2）统一的规范性

智能网联汽车测试场景要符合相应的标准和法规要求，关键参数要严格遵守相关标准，要求在不同场地搭建的测试场景在测试的时候能够保证测试车辆经历同样严格的测试。只有这样，同一测试车辆针对同样的测试场景，在不同状态下所做的测试结果才具有可比性，进而发现对测试车辆进行调校引起性能的细微变化，以便于通过调试使智能网联汽车的性能越来越卓越。对于不同的测试车辆，即便是在不同位置和时间进行相同测试场景下的测试，其结果也能比较在各项性能上存在的差异。

（3）广泛的代表性

测试场景应该能够代表汽车所有的行驶环境，即测试场景能够覆盖智能网联汽车操作设计域（ODD）的全域，就像要求考试题目能完全覆盖全部考试大纲要求的知识点一样。但是驾驶环境极其复杂、驾驶行为千差万别、气候环境瞬息万变等共同造成了人为搭建的测试场景难以完全复制真实的驾驶环境。目前，只能通过现有的技术手段生成一些危险和极限驾驶场景来尽量拓展测试场景的代表性和覆盖度。

（4）灵活多变的可控性

为了尽量丰富测试场地的用途，测试场景要具备在同一块场地可以满足多种测试项目要求的灵活可控性，而这种可控性的前提是测试场景由便于拆卸和组装的构成要素拼搭而成，这些要素包括各种基础设施、道路背景、照明设备、气候条件以及其他交通参与者等，都能够按照测试项目的需求临时更换，使测试场地快速从一种测试场景变换成另一种测试场景。除此之外，各种组成场景要素的详细参数可以控制成按照测试项目要求的状态，以满足测试项目对场景的要求。

（5）源于现实的真实性

所有的测试场景都应该来源于真实交通环境，从测试车辆和其他交通参与者到周边的基础设施，再到气候、环境和照明条件，甚至动态环境要素的参数和运动轨迹设置都应该源于对真实交通环境的高度概括和推演。在搭建场景时要尽量还原真实的交通环境，同时还要尽量排除非测试因素的干扰，比如与测试无关的车辆和行人等，甚至会造成干扰的物体的阴影都不允许在测试场景出现。

## 3.2　测试场景的分类

选择合适的场景分类方法进而明确场景要素是认识场景丰富性的基础，但是智能网联汽车测试场景的分类标准有很多，总结起来主要有6种分类方法。

### 3.2.1　按照测试场景来源分类

支持智能网联汽车测试场景构建的是海量的交通环境数据，按照这些数据来源可以将测试场景大致分为四类：自然驾驶场景、危险工况场景、标准法规测试场景和参数重组测试场景。其中自然驾驶场景可以视为充分测试场景，危险工况场景可以视为必要测试场景，标准法规测试场景可以视为基础测试场景，而参数重组测试场景则可以视为补充测试场景。

（1）自然驾驶场景

顾名思义，自然驾驶场景的构建数据来源于汽车真实的自然驾驶状态，是构建智能网联汽车测试场景中基础的数据来源，也是证明智能网联汽车有效性最充分、最直接的测试场景。

自然驾驶场景可以包含智能网联汽车所处的人-车-环境-任务等全方位信息，能够很好体现测试的随机性、复杂性及典型性特点。可以通过安装在车辆上的多种传感器，如行车记录仪、高清视觉传感器、毫米波雷达、超声波传感器和惯导系统等，采集和记录车辆数据、驾驶员行为和道路环境等多个维度的信息，分析真实的交通环境和驾驶行为特征，从而构建自然驾驶场景数据库。

（2）危险工况场景

自然驾驶场景能够覆盖大量的安全驾驶场景，但是由于事故发生的概率极低，所以使用自然驾驶场景对智能网联汽车进行安全测试需要大量的测试车辆、测试时间和测试成本，测试速度远远不能满足智能网联汽车发展的要求。危险工况测试是验证智能网联汽车有效性和安全性的一种必要场景测试，智能网联汽车在各种极端恶劣环境下进行操作，避免交通事故的发生，或在不可避免发生交通事故时尽量减小事故损失。

危险工况场景是智能网联汽车测试过程中进行智能驾驶控制策略验证的关键部分，测试智能网联汽车在危险情况下的避撞能力是整个安全测试的核心，目前，智能驾驶功能的矩阵测试方法都是基于危险工况场景进行的。

(3) 标准法规测试场景

标准法规测试场景是验证智能网联汽车各项功能有效性的一种基础测试场景，其通过现有的标准和法规等构建测试场景。ISO、i-VISTA、NHTSA、Euro NCAP 和 C-NCAP 等测试标准和法规对现有的多种智能网联汽车功能都做出了详细的测试规定，对场景中测试车辆及其他交通参与者的位置、速度、加速度、行驶轨迹、道路及周围环境等都提出了明确的要求，能有效贯通标准场景的自动化测试流程。本书后续章节针对智能网联汽车的很多功能测试都是源于上述的标准和法规的，如自动紧急制动（AEB）、前向碰撞预警（FCW）、车道偏离预警（LDW）、车道保持辅助（LKA）、自适应巡航（ACC）功能及盲区监测系统（BSD）等的测试规程均源自各种智能网联汽车测试标准和法规。

(4) 参数重组测试场景

由于场景具有无限、复杂的特点，所收集到的驾驶信息永远不能涵盖所有的驾驶情况，此时就需要采用参数重组的方式构建测试场景。参数重组场景具有无限性、扩展性、批量性、自动化的特点，通过对静态要素、动态要素以及驾驶员行为要素的不同排列组合及遍历取值，可以扩展参数重组场景的边界，使虚拟场景的数量成比例增长。

参数重组测试场景是指在经过对虚拟仿真测试场景中的各种要素进行参数化设置后，通过对完成虚拟仿真测试场景的随机生成或自动重组，进而补充大量未知工况的测试场景，有效覆盖智能驾驶功能测试的盲区。参数重组的虚拟仿真测试场景可以是自然驾驶场景、危险工况场景或标准法规场景。通过不同交通要素的参数设置可以重组标准和法规场景；使用参数随机生成算法可以重组自然驾驶场景；针对危险工况场景的重组，通过自动化测试寻找边缘场景，计算边缘场景的参数权重，扩大权重的危险因子参数范围，可以实现更多危险虚拟仿真测试场景的自动化生成。

### 3.2.2 按照测试场景抽象程度分类

智能网联汽车的研发需要经历 3 个阶段：概念提出阶段、系统开发阶段和测试定型阶段。随着智能网联汽车研发过程的逐渐深入，各项功能定义逐渐明确，与其安全性能指标的范围越来越小，测试场景逐渐由抽象的功能场景演化为逻辑场景，最终演变为具体场景。这 3 种场景的抽象等级和场景数量的关系如图 3-4 所示。

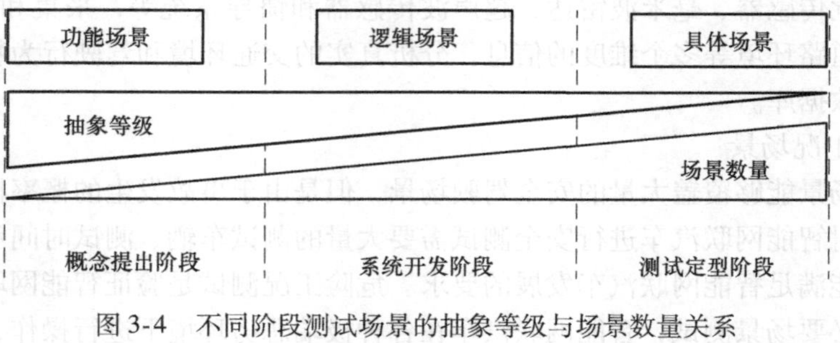


图 3-4　不同阶段测试场景的抽象等级与场景数量关系

(1) 功能场景

功能场景是通过语义描述的最抽象的操作场景，即通过语言符号来描述场景区域内的实体与实体之间的关系，一般用于概念提出阶段的项目定义、危害分析和风险评估。在测试中往往需要将功能场景转换为逻辑场景，并转化为可用于相应仿真环境的数据格式。

（2）逻辑场景

逻辑场景通过状态空间内变量参数范围来表述实体特征和实体之间的关系，是基于状态空间对功能场景的进一步详细描述。它适用于项目开发阶段生成测试场景的需要。对于每一个具有连续取值范围的逻辑场景都可以派生出任意数量的具体场景。

（3）具体场景

具体场景通过确定状态空间中每个参数的具体数值来明确描述实体与实体之间的关系。为了保证生成具体场景的测试效率，应选择有代表性的离散值进行组合，生成具体场景作为测试用例的基础。具体场景可以通过增加被测对象的预期行为表现和对相关测试设施的具体要求而直接转化为测试用例。

表3-1以跟车场景为例，具体说明功能场景、逻辑场景和具体场景的区别和联系。

**表3-1 功能场景、逻辑场景和具体场景对跟车场景的定义**

| 对象 | 功能场景 | 逻辑场景 | 具体场景 |
|---|---|---|---|
| 路网结构 | 三车道高速公路弯道，限速100km/h的交通标志 | 车道宽：3.5～3.75m<br>曲率半径：0.6～0.9m<br>交通标志位置：0～200m | 车道宽：3.5m<br>曲率半径：0.8m<br>交通标志位置：100m |
| 静止对象 | 无 | 无 | 无 |
| 运动对象 | 测试车辆行驶在中间车道，高速公路车流速度较快 | 拥堵长度：10～200m<br>车流速度：0～130km/h<br>测试车辆跟车距离：10～300m<br>测试车辆速度：80～130km/h | 拥堵长度：100m<br>车流速度：100km/h<br>测试车辆跟车距离：100m<br>测试车辆速度：110km/h |
| 环境 | 夏天、雨天 | 温度：10～40℃<br>雨滴粒度：20～100μm | 温度：20℃<br>雨滴粒度：40μm |

### 3.2.3 按照场景复杂度分类

根据驾驶任务的复杂度可以将场景具体细分为低速小范围场景、城市道路场景和高速公路场景。

（1）低速小范围场景

低速小范围场景主要是指智能网联汽车进入小范围区域，且重复运动轨迹的场景，速度一般低于30km/h，在实际应用中，驾驶速度往往在5km/h以下。低速小范围应用场景多发生在智能网联汽车使用自动泊车功能等情况下，此时驾驶员可以置身于汽车内部，也可以在汽车外部，智能网联汽车需要同时对其横向运动和纵向运动进行检测。

低速小范围场景的典型特征是速度较低，车辆的运动方向可以进行很大的调整，周围存在距离很近的行人和其他机动车辆，并且行人和机动车辆的运动趋势难以确认。低速小范围场景的另一个典型特征是智能网联汽车靠近静止物体（如墙壁、路桩等），传感器的感应距离接近其最近测试距离的极限。

低速小范围场景的主要测试项目包括自动泊车辅助、远距离泊车辅助和全自动泊车等。

（2）城市道路场景

城市道路场景具有较清晰的车道线及明确的交通指示标志，并且周围有其他交通参与者的干扰，行驶速度范围一般在10～60km/h，并且存在智能网联汽车与传统汽车混行的状态。

相比于低速小范围场景，城市道路场景的动态程度更高，并且交通密集，存在多种类型的道路使用者（两轮车、三轮车、动物等）或静态障碍物（垃圾桶、塑料袋、树枝等），驾驶任务也包括通过交通环岛、交叉路口等复杂的交通行为。同时，城市道路场景还可能与公共交通系统（公共汽车、有轨电车等）产生相互影响。因此，城市道路场景测试要求更高，对智能驾驶系统提出了新的挑战。

城市道路场景的测试项目包括巡航控制、横向和纵向联合控制及智能驾驶等内容。

（3）高速公路场景

高速公路场景主要包括车道、道路标志、护栏、标记等基础设施，同时交通流量从自由流动到交通拥堵之间的广泛区间变化。场景内的车辆最高车速可达130km/h以上，驾驶任务主要包括长途运输和快速运输。针对以上特征，智能网联汽车的高速公路场景测试主要包括沿车道巡航控制以及在拥堵条件下的跟车行驶能力、自动换道和超车能力、最小风险操作（将不符合设计操作域（ODD）条件的智能网联汽车停靠在应急车道上）能力、使用车载传感器和数字地图在高速公路出入口处自动驾驶能力等。

## 3.2.4 按照场景路面类型分类

道路是组成场景的基础要素，在智能网联汽车测试时测试车辆一定是在道路上行驶的，根据道路的类型及特征，道路可以分为结构化道路和非结构化道路，相应的测试场景就可以分为结构化道路场景和非结构化道路场景。

（1）结构化道路场景

结构化道路是指车道边缘规则、路面平坦、有明显的车道线及其他人工标记的行车道路，具有这类特征的道路有高速公路、城市干道、行政等级较高的公路等。这类道路具有清晰的道路标线，道路的背景环境比较单一，道路的几何特征也比较明显，同时颜色和形式也比较统一。因此，在结构化道路行驶的场景，智能网联汽车针对场景的检测可以简化为车道线或道路边界的检测。典型的结构化道路场景如图3-5所示。

图3-5 结构化道路场景（见彩插）

（2）非结构化道路场景

非结构化道路是指没有清晰的道路边缘或没有车道线或人工标记不齐全的道路，同时可能受到阴影和水迹等影响，道路区域与非道路区域难以区分，这类道路包括城市非主干道、乡村街道等结构化程度较低的道路。由于多变的道路类型，复杂的环境背景以及阴影、水迹和多变的天气等影响，智能网联汽车在行驶过程中对非结构化道路进行检测面临巨大的困难，在非结构化道路场景进行正确的路径规划面临巨大的挑战。常见的非结构化道路场景如图 3-6 所示。

图 3-6　非结构化道路场景（见彩插）

### 3.2.5　按照场景应用方式分类

目前，智能网联汽车广泛使用的测试方法主要包括虚拟仿真测试、封闭场地测试和开放道路测试等三种方法。根据三种测试方法需求的差异，将场景应用方式分为虚拟测试场景、封闭场地场景和开放道路场景。

（1）虚拟测试场景

虚拟测试场景主要是指模型在环测试、硬件在环测试和车辆在环测试等三种测试场景。基于数字虚拟的测试场景主要包含车辆动力学模型、三维静态虚拟场景、动态交通虚拟场景、车载环境传感模型和智能驾驶系统等五个部分，并支持在高效、高精度的数字仿真环境下对汽车动力学性能、汽车电控系统、智能驾驶功能、主动安全、环境传感与感知等技术和产品的研发、测试和验证。

虚拟仿真平台本着精确物理建模与高效数值仿真兼顾的原则，利用先进的虚拟现实技术逼真地建造及模拟汽车驾驶的各种环境和工况，包括对实时交通路况、道路纹理、车道线、交通标志与设施、气象等汽车行驶环境场景的建模与编辑。

（2）封闭场地场景

封闭场地场景是进行智能网联汽车实车验证的真实场景，在封闭的环境下采用假车、假人和各种代替物代替真实环境中的其他交通参与者。在封闭场地场景下，由于源自真实的交通环境，智能网联汽车面临的决策压力较小，很少遇到极端情况，一旦测试车辆出现问题，可以及时叫停测试试验，可广泛应用于智能网联汽车的研发、测试与评价领域。本书所介绍的测试场景多数为封闭场地场景。

（3）开放道路场景

开放道路场景是智能网联汽车进行安全测试的最终项目，要求在开放道路上的典型交通场景下行驶，受到较多其他因素干扰。同时，在开放道路中，车辆不能预先存储该地区的地图以及目的地的信息。因此，开放道路测试的目的是多样的，行驶环境是复杂的，路径信息是不足的，对参与测试的智能网联汽车的行驶能力是极大的考验。在开放道路测试时，需要充分考虑对周边环境的影响，以免对其他交通参与者造成伤害。开放道路测试对智能网联汽车的数据更新、技术改进、安全评价等方面具有重要作用。

### 3.2.6 按照测试场景应用层级分类

智能网联汽车的安全性可以被不同等级的汽车要素所影响。为了测试不同等级的汽车要素，可以将测试场景按汽车要素测试时的不同特性进行分类，这种基于汽车要素等级测试的场景分类方式称为测试场景的应用层级分类。

（1）组件级测试场景

与智能网联汽车性能密切相关的组件包括视觉传感器、毫米波雷达、激光雷达、超声波传感器和 V2X 设备等。不同的组件使用的侧重点也不同，相对应的测试场景也存在差异。对于不同的智能网联汽车组件，需要针对其特点及功能分别设置对应的测试场景。比如根据毫米波雷达的特点，可以在极限角度附近设置障碍物以判断其目标检测能力，在毫米波雷达前方设置不同数量的障碍物以判断其检测误差，不断改变前方障碍物的速度以判断其检测精度等。

（2）系统级测试场景

智能网联汽车主要包括环境感知系统、决策规划系统和控制执行系统。根据各类系统的影响因素，改变相应测试场景的要素参数，即可形成针对特定系统的测试场景，比如环境感知系统对天气状况、电磁干扰、环境遮蔽等情况的测试指标主要包括错检率、漏检率、测量准确率、测量稳定性和可靠性等。

（3）整车级测试场景

整车级测试场景主要包括针对智能网联汽车本身的测试以及驾驶员与智能网联汽车之间的人机交互能力的测试两方面。

对于智能网联汽车本身的测试，主要包括传统的车辆测试和智能辅助驾驶功能测试。传统的车辆测试已经十分规范，并不属于智能网联汽车所独有的测试项目，因此这些项目不是智能网联汽车所研究的重点。对于智能网联汽车来说，其整车的测试主要是针对智能辅助驾驶能力的测试，主要包括自适应巡航、自动紧急制动、自动紧急转向、自动泊车等功能，本书后续的测试用例主要是基于整车智能辅助驾驶能力的测试。

除了智能网联汽车自身能力的测试，驾驶员对智能网联汽车的影响也十分重要，驾驶员的驾驶行为可以分为加速、减速和转向等行为。驾驶员在行驶过程中将面临复杂的环境，现实环境中道路、行人、气候、光照等环境因素对驾驶行为的影响显著，因此不同的驾驶场景会影响或决定测试车辆与驾驶员之间的人机交互状态，从而对智能辅助驾驶过程产生明显影响。此时的测试场景应根据驾驶员在不同场景下的反应判断智能网联汽车的人机交互功能定义是否正确。

## 3.3 测试场景要素

建立通用的场景库模型对于智能网联汽车的验证测试是非常必要的。由于场景具有无限丰富、极其复杂、难以预测和不可穷尽的特点，所以选择一个通用的、被业界广泛认可的场景分类方式并对场景要素进行整合是建立场景库的关键。不同企业之间的场景要素分析方式各有不同，本书通过测试车辆、静态环境、动态环境、交通参与者和气候等五个维度对场景要素进行总结。

### 3.3.1　测试车辆要素

测试车辆要素信息主要包括车辆的重量信息、几何信息、性能信息、位置状态信息、运动状态信息和驾驶任务信息。其中运动状态信息反映测试车辆当前的运动状态，包括加速、减速、直行、掉头、左转、右转、向左变道以及向右变道等。驾驶任务是指完成车辆驾驶所需的环境感知、决策规划和控制执行，反映车辆在接下来的一段时间内的驾驶目的，比如控制车辆横向运动、纵向运动、目标和事件探测与响应、行驶规划、控制车辆的灯光及信号等，以使车辆能从容应对各种交通标志和标线、交通信号灯、前方行驶车辆、障碍物、避让行人和非机动车辆等。

智能网联汽车的驾驶任务与行驶过程中的目标区域息息相关。若不考虑智能网联汽车行驶过程中的驾驶任务，则测试车辆需要计算传感器所收集到的所有场景要素信息，这对整个智能网联汽车的决策规划是巨大的负担。如图3-7所示，若测试车辆直行穿过十字路口，则测试车辆旁边的自行车虽距离测试车辆较近，但不会影响测试车辆的行驶过程，此时自行车的位置和运动信息就可被决策控制系统忽视，减少计算量；反之，当测试车辆要右转时，自行车则变成了智能网联汽车决策规划和控制执行所必须考虑的场景要素。

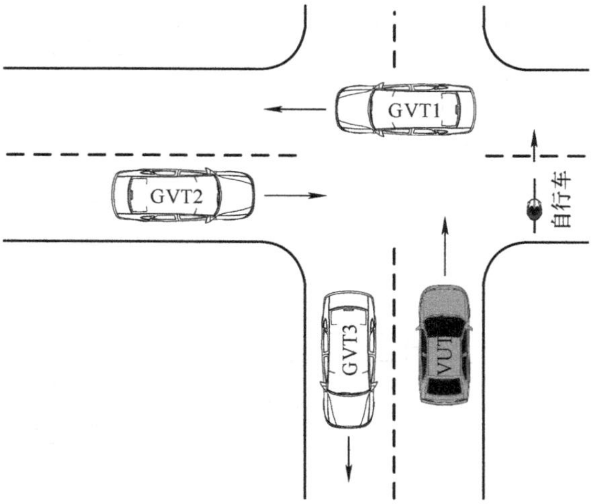

图3-7　驾驶任务对场景要素的影响

### 3.3.2　静态环境要素

静态环境要素是指测试场景中不运动的物体，且通过视觉可以感受到的区域场景，如道路类型、交通设施、地理信息等。各种静态要素对智能网联汽车的关键技术提出了不同的要求，比如障碍物可用于测试智能网联汽车障碍物检测技术的水平，评价测试车辆的避障能力；道路标线可用于测试智能网联汽车的机器视觉水平，评价测试车辆的车道检测及跟踪能力。

为了清晰地描述道路交通场景静态要素的构成，定义元要素为道路交通场景静态要素中级别最小的个体，在某种程度上它是能够影响智能网联汽车行为的一种刺激实体，比如警告标志和禁止标线等。静态要素由元要素直接构成或由低一级不同的静态要素类直接构成，比如道路和道路交通标志等。所有的元要素和要素类的集合构成了道路交通场景静态要素，某些元要素和要素类有机组合在一起，便形成了某种具体的静态环境场景。

静态环境要素由道路、交通设施、周围景观和障碍物四个一级要素类构成。一级要素类下还分二级要素类、三级要素类或直接由元要素构成，如图3-8所示。

道路是静态环境要素的核心，起到限制车辆的行驶及规范驾驶行为的作用，包括道路类型、道路结构、曲率半径、纵向坡度、侧向坡度、附着系数、车道数、车道线类型以及道路限速区间等信息。

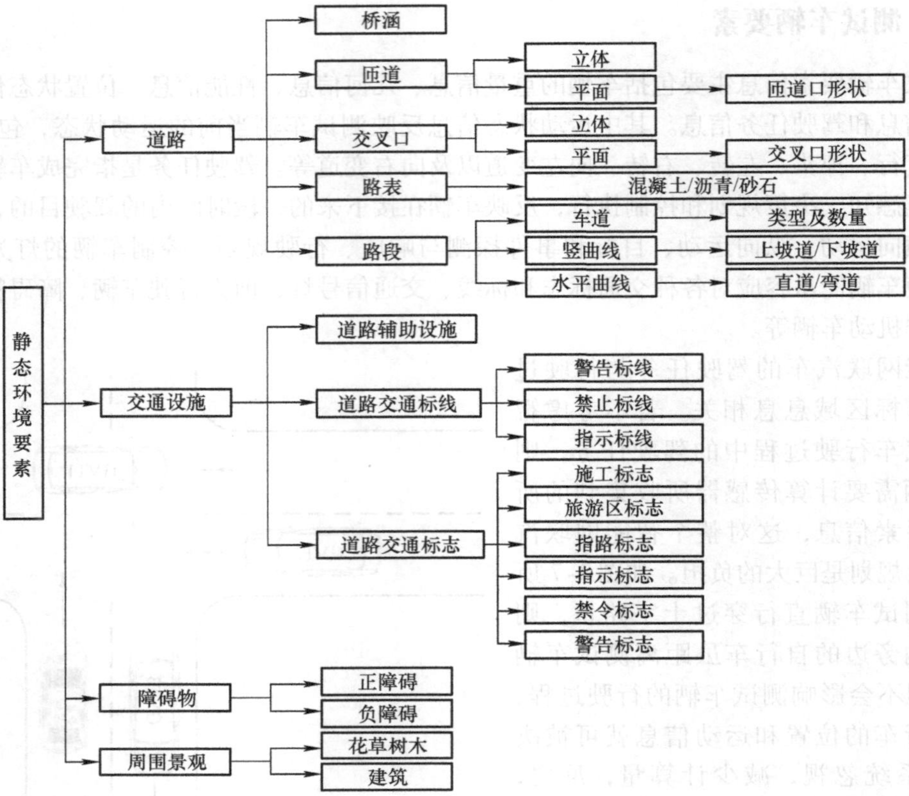


图 3-8　静态环境要素的划分

## 3.3.3　动态环境要素

动态环境要素是指在车辆动态驾驶任务中处于动态变化的要素。动态环境要素包括动态指示设施及通信环境信息。动态指示设施包含交通信号、可变交通标志和交通警察的手势等；通信环境信息主要为车辆之间的通信状况。

动态环境要素在仿真环境中的逼真程度主要体现在三维驾驶场景的质量与用户的交互作用过程方面，动态要素的真实性决定了仿真结构的可信度。

图 3-9　视觉传感器采集到的交通信号灯（见彩插）

交通信号灯的检测与识别是智能驾驶与辅助驾驶必不可少的一部分，其识别精度直接关乎智能网联汽车的安全性能。一般而言，在实际的道路场景中采集的交通信号灯图像具有复杂的背景，而供识别的信号灯区域只占很小的一部分，如图 3-9 所示。

### 3.3.4 交通参与者要素

交通参与者信息描述的是智能网联汽车测试场景中对测试车辆的决策规划造成影响的对象信息。一般交通参与者包括三类：其他车辆、行人和动物。

车辆分为机动车和非机动车，机动车包括两轮摩托车、三轮摩托车、轿车、客车、货车等；非机动车包括自行车、电动助力车、人力三轮车、手推车等。对于其他车辆，其位置、纵向运动、横向运动、车辆形状等都是场景中的关键组成要素；对于行人，其位置、速度、方向、外貌特征等也会对智能网联汽车产生较大的影响；对于动物，在全封闭的高速公路上很少出现此种交通参与者，而在乡间小道或者人烟稀少的偏远地区就会有小动物或野生动物出没，它们在道路上的突然出现会对车辆的安全产生很大的影响。

在一般驾驶场景中，车辆是最主要的交通参与者，车辆运动状态的不同直接影响到驾驶场景的特性。车辆在运动过程中的加速、减速、转弯和制动直接影响到驾驶场景的转变。此外，这里的车辆指的是道路上行驶的一切车辆，包括公交车和商用车等大型车辆。除了车辆以外，在智能网联汽车行驶过程中，当周边出现高于500mm的行人或动物时，测试车辆应能够识别到行人或动物信息，并通过行人或动物识别系统提供决策规划信息，促使测试车辆进行转向或制动等操作，以保护行人或动物免于遭受碰撞。

### 3.3.5 气候要素

气候要素包括驾驶场景中的环境温度、光照条件、天气情况等信息。环境温度会影响智能网联汽车各种元器件使用精度；光照条件会影响场景信息采集过程中的能见度，尤其是影响各类视觉传感器的感知能力；天气情况包括晴、阴、多云、雨、雪、雾、冰雹、霾等，对传感器的工作精度和工作范围有很大的影响。以激光雷达为例，其发射的激光一般在晴朗的天气里衰减较小，传播距离较远，而在大雨、浓烟、浓雾等恶劣天气条件下，衰减急剧加大，传播距离锐减，研究表明，波长为10.6μm的激光在恶劣天气的衰减率是晴天的6倍。

## 3.4 场景与测试的要素

测试场景是智能网联汽车测试的核心和源头，关于智能网联汽车的测试大多数都是在特定的场景下开展的，这就要求在测试之前按照测试项目的要求搭建场景，也可称之为测试场景的搭建。

### 3.4.1 基于场景的测试

本书介绍的智能网联汽车测试都是基于场景的测试，这些测试场景往往都是根据测试项目的要求在测试之前搭建的，可以说搭建测试场景是实施智能网联汽车测试工作的一部分，测试项目在实施的同时也是完成测试场景“搭建”的过程。测试场景的搭建首先要以测试场地为背景，一般的测试场地是满足测试要求的一段道路；场景还要求以测试车辆为中心，在测试场地上布置其他场景要素，其他要素与测试车辆的位置、运动和状态关系要满足测试要求；最后，测试场景的搭建目标是达成测试目的，没有达成测试目标的测试场景是失败的，必须重新“搭建”，即有些场景要素或要素参数不符合测试项目的要求，需要重新把控场景搭建的细节再次搭建。

（1）基于场景的仿真测试

基于场景的仿真测试就是将精确的测试对象物理模型置于虚拟仿真平台搭建的测试场景中，通过模型与场景执行一系列的“互动”完成测试项目，发现一些环境感知、决策规划和控制执行情况与预期效果存在的差异，并查找出原因所在，进而为改善智能网联汽车功能指出方向。仿真测试的难点在于搭建精确的测试对象，即智能网联汽车的物理模型，同时兼顾仿真系统的高效运行。而测试场景的搭建则是虚拟仿真测试的优势所在，可以按照测试项目的要求任意搭建测试场景，随意更改要素参数、运动轨迹以及运行状态等。而且由于仿真测试的时间和成本均较低，所以遍历各种要素参数空间时可以设置更小的步长，以便发现智能网联汽车在参数空间内更多、更细微的变化规律。可以在智能网联汽车落地之前实施仿真测试，也可以在智能网联汽车落地之后进行仿真测试。

（2）基于场景的场地测试

基于场景的场地测试要求智能网联汽车已经落地，以测试车辆为中心开展测试场景搭建的各项活动，所有测试要素必须是真实存在的，当然有些存在风险的可以用一些代替物替代。场地测试的测试车辆已经真实存在了，主要工作量集中在围绕测试车辆的测试场景搭建上，主要的难度也都集中在如何设置各场景要素的位置参数、运动参数和状态参数及其变化规律方面。由于场地测试的测试车辆和测试要素都是实物系统，存在较大的惯性，所以有的时候设置的运动参数未必能够实现，预期的变化规律也未必能够如愿达成。因此，经常会出现测试场景未达标的“失败”情况，必须重新设置要素参数，重新搭建场景，再次实施测试项目。基于场地测试难度大的客观事实，所以场地测试在整个参数空间中的遍历步长相对于仿真测试也要长一些，这也是场地测试和仿真测试在智能网联汽车开发过程中所占有的数量不同的原因所在。所以，场地测试参数设置在整个参数空间的一些关键点上，用于测试整车性能是否达标和验证仿真测试结果的真实性。

## 3.4.2 仿真测试场景的基本要求

仿真测试由于测试效率高、成本低，已经成为智能网联汽车测试的主要手段和方法。仿真测试最大的优势在于可以在虚拟的环境下快速、自由、低成本地搭建理想的测试场景。但是并非所有的虚拟场景都能成为测试场景，要成为测试场景首先要满足以下 4 个基本条件。

（1）模拟真实的交通环境

虽然仿真测试是在虚拟环境下进行的，但是测试场景的时空关系仍然要符合现实世界的约束关系。比如，测试场景的地面附着系数应该随着路面材料、天气状况及车辆的运动状态等变化，所有运动场景要素的运动与受力应严格遵守动力学的约束关系，所有交通参与者的运动都应该符合真实的交通规律。只有与这样的无限接近真实的测试场景交互，虚拟测试的对象才能输出有价值的仿真测试结果。

（2）易于设置要素的状态

仿真测试的优势在于效率高、成本低，而真正体现该优势的方面在于虚拟仿真测试的场景易于搭建，因此构成场景的要素的运行状态易于设置才是场景好搭建的关键。在仿真软件中各种场景要素的运行状态，比如交通参与者的速度、位置和运动轨迹等，再比如气候条件的雨滴大小、密集程度等，都应该是容易设置的，最好能够按照一定的变化规律自动更新，直接遍历整个状态空间。

（3）详细记录测试数据

任何测试都需要记录数据，测试数据记录得越详细，对于后续数据分析和测试过程还原就越有利。仿真测试虚拟环境中的每一个要素在每一步仿真场景的相应输出都是由数据驱动的，只要将其按照一定的规则和视角记录下来就可以形成完整的测试记录。因此，只要算力资源足够，尽量多地布置一些数据采集点，同时尽量使仿真的步长根据需要调小一些，以便采集到更多的细节数据。

（4）能模拟危险边界场景

虚拟仿真测试的价值还在于它能以极小的代价，运用数值模拟仿真技术营造出一些在现实世界中难以达成的极限工况和危险场景。在这些场景下，测试对象与虚拟场景要素进行交互，使我们能在虚拟的环境下探讨测试车辆面临极限工况和危险场景的表现，从而在免于搭建如此危险边界场景的情况下，就可以近似地获得一场痛苦灾难的来龙去脉，有利于通过技术迭代提升测试车辆应对类似场景的能力。

仿真软件一般都将最具挑战性的整车模型搭建好了，使用的时候只要匹配相应的参数即可完成测试车辆的创建。仿真测试的场景往往要求用户根据测试项目的要求自己搭建，只要满足上述要求即可创建一个测试场景。

### 3.4.3 仿真测试场景的用例

目前，应用于智能网联汽车测试的仿真软件有很多，比如 CarSim、PerScan、PanoSim、CarMarker 和 MATLAB 的自动驾驶工具箱，这些软件都有强大的场景搭建能力。本书以 MATLAB 自动驾驶工具箱为例介绍在虚拟的环境下搭建仿真测试场景。

在 MATLAB 仿真环境下主要采用 3 种方法构建智能网联汽车的测试场景：编程法、图形化界面法和场景库调用法。

编程法要通过在脚本文件上用专有函数详细刻画场景内的场面，比较繁琐，容易出现差错，但是能够详细地描述测试场景的每一处细节，适合于有较深编程造诣的人员。

图形化界面法可以在设定的虚拟测试场地内任意绘制道路，设置道路的各种属性，各种交通参与者都可以通过图形界面添加和设置，直至搭建出满足测试要求的场景，适合于有一定测试经验的从业人员，根据测试需要搭建理想的测试场景。

场景库调用法适用于采用典型测试场景测试智能网联汽车性能的情况。在 MATLAB 的自动驾驶工具箱中预先搭建好了一些常用测试场景，只需按要求调用就可以对智能网联汽车进行测试。在仿真前还可以根据测试的具体要求调整测试场景的参数、更改测试车辆和其他交通参与者的行驶轨迹等，极大方便了仿真测试。这种方法适合于初学者对智能网联汽车在典型测试场景下进行快速的仿真测试。图 3-10 所示为从 MATLAB 自动驾驶工具箱场景库中调用的测试车辆在十字路口干线掉头，目标车辆直行，两车行车轨迹相重合的测试场景。

### 3.4.4 封闭测试场景的搭建

封闭测试场景的基本要求在 3.1 节已经介绍过了，这里只介绍封闭测试场景搭建的一般步骤。

（1）选择合适的测试场地

封闭测试场景要求有一块测试场地，测试场地往往需要有满足测试要求的车道，有的测试要求仅有一条直车道，也有的测试不要求有车道。测试场地为智能网联汽车测试提供了测试的基础，所有的测试活动都将基于测试场地开展。一般地，测试场地要满足平整，坡度和倾斜度在一定的范围内，路面不能有积水，场地的风速不应过大，不应有与测试无关的任何干扰物品等要求。

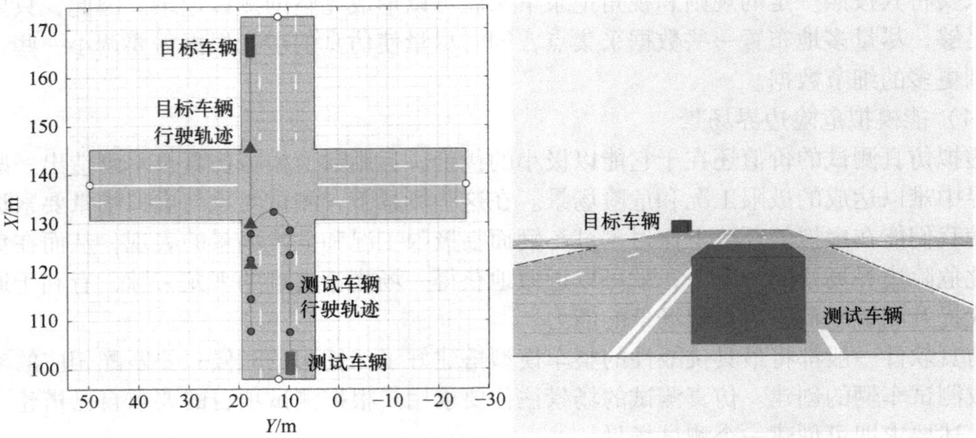


a) 场景俯视图　　b) 场景透视图

图 3-10　MATLAB 场景库中的测试场景

（2）确定静态要素的位置

在测试开始前先要确定好测试的核心区域，进入核心测试区域前测试车辆需要加速至测试车速，核心区域要按照测试场景的要求设置必要的静态要素，以检验智能网联汽车的环境感知能力或为测试车辆提供必要的参考信息等，比如车道限速标志牌、人行横道、障碍物等。

（3）设置动态要素及触发状态

有的测试项目要求智能网联汽车能够感知测试场景的动态要素的状态，并根据动态要素的状态改变和调整执行方案。因此在测试场地的核心区域要设置相应的动态要素，并根据测试要求配合测试车辆的位置或状态实时调整动态要素的状态，比如交通信号灯的状态和交通警察指挥手势等。

（4）设置其他交通参与者的状态

封闭场地测试中，往往要求有其他交通参与者共同参与测试，要求测试车辆与其他交通参与者遭遇时的状态刚好达到某一阈值。比如，在不加以干涉的情况下，测试车辆与横穿马路的行人（假人）将在测试车辆前保险杠 50% 的位置垂直相撞的场景，需要精确地根据测试车辆的车速和进入测试核心区域的时间设置参与测试行人（假人）的行驶轨迹、行驶速度和触发时间等。如果某一指标未达成，导致测试场景未达到预期效果，则视为测试场景搭建失效。

（5）安装记录数据的设备

封闭场地测试需要记录整个测试过程的数据乃至影像，以便后续对测试过程进行分析和整理。数据包括两部分：一部分要在测试车辆内部记录，比如惯导和 DGPS 差分设备（移动部分）等，这些设备需要在准备测试车辆时一同安装并进行调试；另一部分要在测试车辆外部记录，比如视频记录设备和 DGPS 差分设备（固定部分）等，这些设备需要在测试前安装并调试合格。

### 3.4.5　封闭测试场景的用例

下面通过构建在交叉路口智能网联汽车利用 V2X 实现碰撞预警功能的测试场景来介绍封闭测试场景的搭建过程。

（1）场景描述及功能要求

测试车辆拟直行通过无信号灯的交叉路口，目标车辆分别从左或右侧驶向路口，当测试车辆与目标车辆有碰撞危险时，测试车辆的交叉路口碰撞预警功能将被触发，预警时机应确保驾驶员收到预警后有足够的时间采取措施，避免与目标车辆发生碰撞。

（2）测试步骤

1）测试车辆与目标车辆（假车）沿车道中心直行驶向交叉路口。目标车辆（假车）可能从左侧驶向交叉路口，也可能从右侧驶向交叉路口。测试车辆和目标车辆（假车）由静止加速到目标车速，并保持稳定车速行驶。测试场景应满足测试车辆与目标车辆（假车）到达碰撞点的时间 TTC 的差值在 0.5s 以内，如图 3-11 所示。

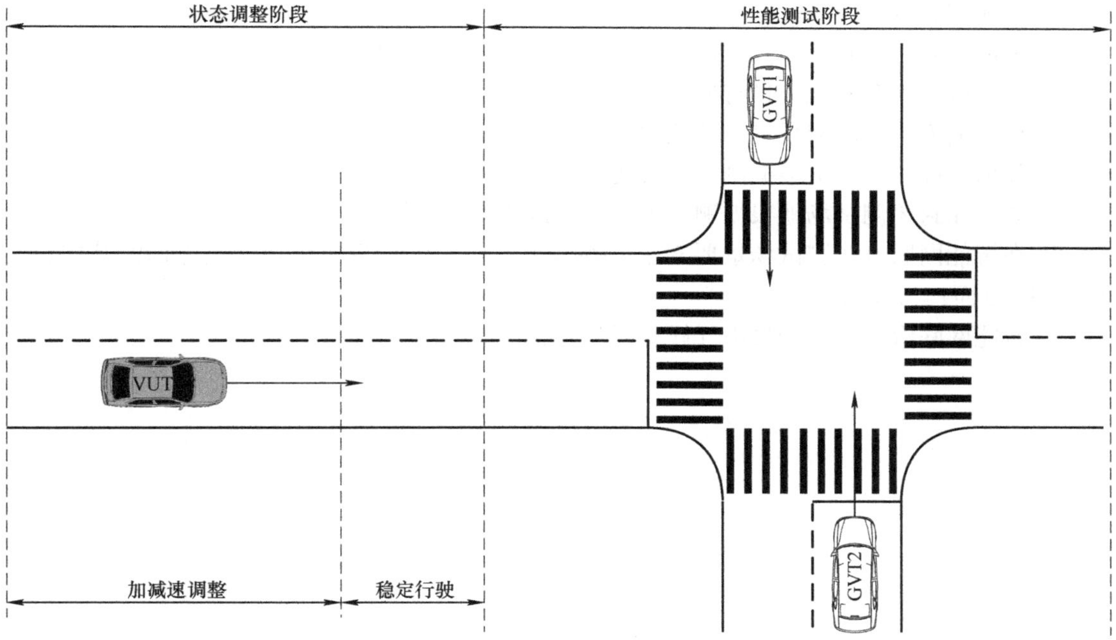


图 3-11　交叉路口碰撞预警功能测试场景

2）数据采集系统应在测试车辆与目标车辆（假车）进入性能测试阶段之前采集数据，测试车辆进入性能测试阶段，持续采集数据，驾驶员应保持注意力高度集中，确保试验安全。

3）测试车辆的交叉路口碰撞预警功能触发报警或达到最晚报警时机仍未触发报警，则测试结束。

（3）通过性条件

测试车辆只有满足表 3-2 中的两个测试用例的指标才算交叉路口碰撞预警功能通过测试。

表 3-2 交叉路口碰撞预警功能测试场景通过指标

| 测试用例 | 测试参数 | | | | 通过性指标 | | 预警时刻 TTC | |
|---|---|---|---|---|---|---|---|---|
| | 测试车辆速度/(km/h) | 目标车辆速度/(km/h) | 目标车辆位置 | 目标车辆行驶方向 | 最晚预警距离/m | 最早预警距离/m | 最晚TTC/s | 最早TTC/s |
| 1 | 20 | 20 | 左侧 | 直行 | 10.51 | 17.29 | 1.89 | 3.11 |
| 2 | 30 | 20 | 右侧 | 直行 | 15.73 | 27.65 | 1.89 | 3.32 |

# 复 习 题

## 一、判断题

搭建测试场景时可以没有明确的测试目标。 ( )

## 二、简答题

1. 简述基于里程的测试方法和基于场景的测试方法的区别。
2. 智能网联汽车的测试标准为什么要统一？
3. 智能网联汽车测试场景可以分为哪几个层次？分别有何特点？
4. 智能网联汽车测试场景有哪些特点？
5. 请举例说明智能网联汽车按照抽象程度分为几类？
6. 如何在虚拟环境下根据测试项目要求搭建测试场景？
7. 如何在封闭测试场地根据测试项目要求搭建测试场景？
8. 在智能网联汽车测试场景要素中，测试车辆要素信息主要包括哪些方面？其中最复杂的是哪方面？为什么？
9. 智能网联汽车测试场景中气候要素具有怎样的特点？

# 第4章
# 智能网联汽车测试设施及设备

对智能网联汽车的性能进行测试，可以有仿真测试、封闭场地测试（包括室内测试环境测试）和开放道路测试等方法。本书主要介绍封闭场地测试。封闭场地测试要求尽可能排除所有对智能网联汽车性能造成干扰的因素，并保障测试过程的绝对安全。因此，除了要针对测试项目专门搭建测试场景外，还要有专用的测试设施和设备的支持，并遵守相应的测试规程，才能在确保测试人员和测试车辆安全的前提下，获得相应的测试数据，进而评价智能网联汽车的性能。本章将集中介绍智能网联汽车测试中常用的设施和设备，以及在场景测试过程中使用这些设施和设备时应该注意的事项。

## 4.1　测试场景的模拟

针对智能网联汽车的测试有很多种，其中包括常规测试，也包括危险和便捷场景的测试。在这些测试中，智能网联汽车的性能及其稳定性尚未可知，难免在测试的过程中发生一些意外，比如碰撞事故和车辆失控等，为了保障测试人员、测试车辆及测试场地内的其他设施和设备的安全，在测试场地中广泛使用各类模拟设施代替实际交通环境中的实物设施。

### 4.1.1　测试场景的构成

测试场景中除了最关键的测试车辆外，还包括各种静态要素、动态要素、交通参与者要素和气候环境要素等。

其中静态要素中主要包括环境要素，比如各种道路设施、交通基础设施、障碍物和一些周围景观等。封闭测试场地要建成必要的基础道路设施，比如道路、桥涵、匝道及交叉路口等，要能够根据测试项目的需要在测试场地上选取，这部分要素要依托测试场地的基础建设，也可以根据测试项目的要求在不影响测试效果和测试结果的前提下临时搭建而成。测试场景中的交通基础设施，比如各类道路辅助设施、交通警示标识和标志等既可以建设成为一些半永久的标志，也可以在道路设施基础上临时搭建添加。其他静态要素设施均可根据测试项目的要求临时搭建。

测试场景中的动态要素，比如交通信号灯和交通警察的指挥手势，都可以在场景搭建过程中，根据测试场景的需要而设立，并按照测试要求调整各种动态要素的相位和动态。

测试场景中的交通参与者要素是最复杂的，在测试过程中极易与测试车辆发生碰撞和干扰，是测试过程中最容易受到伤害的对象，因此，常用一些目标物来代替这些交通参与者要素。

测试场景中的气候和环境要素需要根据测试项目的要求，利用测试场地的各种应用设施来营造。比如，测试项目要求营造降雪气候条件，测试场地就需要配备造雪设备，如图 4-1

所示，以保证测试车辆所经过的车道受到降雪的影响，路面附着条件、能见度和环境温度等全方位的“感受”都应该符合降雪的气候条件，而且雪量和粒度等参数都能因测试需求而变化。除此之外，测试车辆和其他交通参与者也应该在气候条件的影响下产生正确的反应。

图 4-1　造雪设备

另外，光照条件也是影响智能网联汽车测试的主要因素，比如测试场景需要营造无光照的夜间行车环境，以测试环境感知系统在该环境下正确识别障碍物以及测试车辆避开障碍物行车的能力。有些气候和环境条件可以结合测试场地的自然环境，再配合一定的设备设施就能营造出来，但是有些气候和环境条件则很难营造。

视频 4-1　假车搭建

## 4.1.2　目标车辆

目标车辆是场景测试中的背景车辆，属于测试场景中的其他交通参与者，其特点是运动速度较快、运动距离长、运行轨迹多数场景处于车道中间、在测试中极易与测试车辆发生碰撞。因此，为了保护测试车辆，同时也为了减少每次碰撞的损失，广泛使用目标物（假车）代替目标车辆，如图4-2 所示。

图 4-2　乘用车目标物（假车）（见彩插）

目标车辆通常由汽车目标物和高速移动平台两部分组成。

（1）汽车目标物

根据测试项目的要求，汽车目标物可以分为乘用车目标物（图 4-2）、客车目标物和货车目标物等，其中最常见的是乘用车目标物。

国际上通用的乘用车目标物是以 Ford Fiesta 两厢轿车的外形尺寸为基准制造的，这种车辆的外形最具代表性。乘用车目标物由目标结构和可选的目标载体组成，能够全面地模拟真实车辆在智能网联汽车所有环境感知传感器的反应，即在测试场中，智能网联汽车的各种环境感知设备面对目标物（假车）与面对真实车辆的响应是一样的，此外，目标物还能接收 DGPS 差分基站的信号。

乘用车目标物全部由轻质柔软的泡沫结构组装而成，即便与测试车辆发生碰撞，也不会对测试车辆及周边的测试人员造成伤害，而且目标物本身也可以通过重新组装而快速复原，可以反复使用。

视频 4-2　高速移动平台搭建

（2）高速移动平台

高速移动平台主要用于搭载测试用的汽车目标物，如图 4-3 所示，使目标物能够按照测试要求实现目标车辆的高速运动。高速移动平台由遥控底盘、数据传输模块和远程控制器等三部分组成。

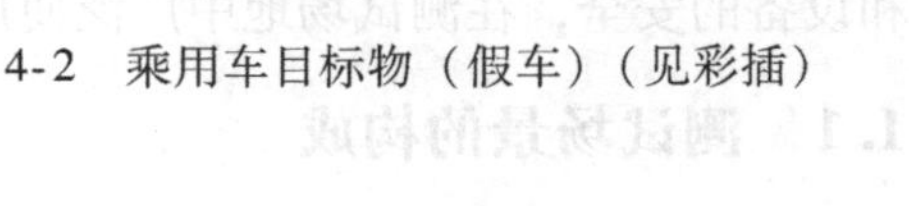

图 4-3　高速移动平台

整个遥控底盘通过电池供电。驱动电机分别驱动车轮为底盘提供行走的动力，转向电机驱动转向轮实现底盘的方向控制，使底盘能够以预定的速度按照程序设定的轨迹引导目标物按照测试要求运动。

控制器通过导航系统提供高速移动平台的位置，实现精确的路径跟踪控制。为了满足测试要求，导航系统要达到毫秒级的同步要求，以满足重复测试和近距离测试的需求。对高速移动平台的基本要求见表4-1。

视频4-3 高速平台基站搭建

**表4-1 高速移动平台的主要参数要求**

| 参数名称 | 要求 |
|---|---|
| 最大轴负荷 | >20000kg |
| 最高速度 | >100km/h |
| 最大加速度 | >0.13m/s$^2$ |
| 最大减速度 | >0.7m/s$^2$ |
| 最大横向加速度 | >0.5m/s$^2$ |
| 底盘总重 | <350kg |
| 最大离地高度 | <25mm |
| 路径跟踪精度 | <2cm |
| 防护等级 | IP65 |

### 4.1.3 弱势交通参与者

封闭场地测试中的弱势交通参与者的构成比较复杂，包括成年行人、儿童行人、成人骑行自行车、儿童骑行自行车、动物、电动两轮车、踏板摩托车、跨骑式摩托车、电动轮椅和人力三轮车等。弱势交通参与者的共同特征包括运动速度较慢、运动范围较小、运动较随意（其运动受到的约束较少）以及弱势交通参与者比车辆目标更容易受到伤害。在测试中，为了确保测试人员的人身安全，所有的弱势交通参与者都必须使用代替物。弱势交通参与者也包括两部分，一部分是具有弱势交通参与者形貌与运动特征的代替物，另一部分是拖动代替物的低速移动平台。

（1）弱势交通参与者代替物

如前所述，弱势交通参与者的构成较复杂，因此，弱势交通参与者的代替物的种类也划分得比较详细。其区别主要体现在，不同的弱势交通参与者在智能网联汽车环境感知传感器视域下的响应特征不一样，如成人代替物的身高、反射面积和运动速度一般比儿童目标更高、更大和更快。为了使代替物的行为更接近行人目标的行为，代替物以一定的速度行进时脊柱倾斜角度、踝关节和膝关节的多普勒频响特性与行人以相同速度行走时的特性要求严格对应。

为了增加代替物在黑暗环境下边界区分难度，假人目标物统一穿着黑色上衣和蓝色牛仔裤，如图4-4所示。

衣物材料由防裂、防水材料制成；皮肤表面材料由不反光的彩色纹理材料制成；衣服和皮肤在850~910nm波长范围内的红外反射率在40%~60%之间，头发在同样波段下的红外反射率在20%~60%之间，恰好与人类在智能网联汽车传感器下的反射属性相当。在不同测试标准下，各类假人目标物的参数略有差异，如代表欧洲人体的目标物尺寸略大于亚洲人体。

除了假人目标物之外，封闭场地测试还要用到很多其他弱势交通参与者，如自行车、跨骑式摩托车、踏板摩托车和动物等，如图4-5所示。

视频4-4　假人组装和拆解演示

（2）低速移动平台

低速移动平台是搭载假人等弱势交通参与者的专用测试设施。低速移动平台可以由电池驱动，也可以由齿形带驱动。两种驱动形式都可以通过程序控制其运动规律，不同的是，电池驱动的低速运动平台能跟踪更复杂的运动轨迹，其运动轨迹与测试车辆的关系更符合测试项目的要求。对低速移动平台的基本要求见表4-2。

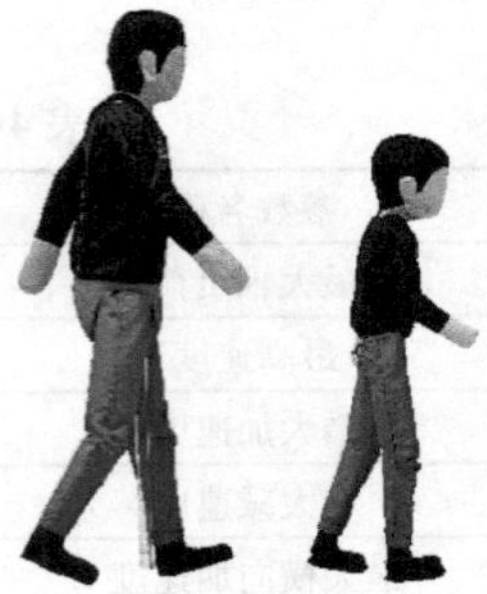

图4-4　假人目标物（见彩插）

图4-5　其他弱势交通参与者目标物（见彩插）

**表4-2　低速移动平台的主要参数要求**

| 参数名称 | 要求 |
|---|---|
| 最大负荷 | >20000kg |
| 最高速度 | >20km/h |
| 最大纵向加速度 | >4m/s² |
| 耐候性 | 全封闭，防护等级IP65 |

低速移动平台一般要与弱势交通参与者目标物共同参与测试，在其中心位置一般留有固定弱势交通参与者代替物的接口，以便根据测试需要安装各种代替物。为了避免产生雷达回波和不干扰测试车辆行驶，低速移动平台要有超低的轮廓，同时要设计成浅斜坡形，如图4-6所示。

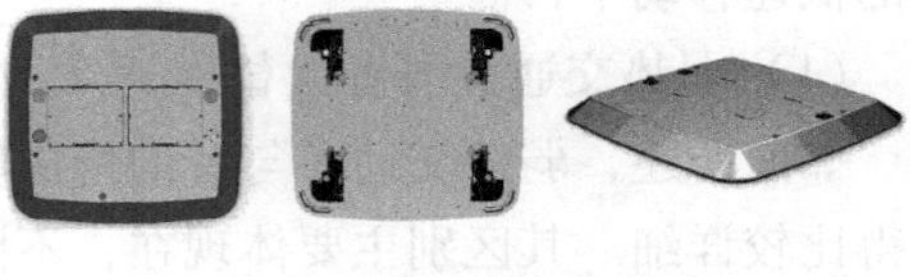

图4-6　低速移动平台

视频4-5　低速移动平台组装

视频4-6　低速平台基站搭建

### 4.1.4　交通基础设施

道路交通基础设施包括各类道路辅助设施、道路交通标线和道路交通标志等。封闭场地测试需要将各类交通基础设施配备齐全，以测试智能网联汽车在某些特殊场景下，面对相应基础设施的响应，比如面对限速标志的响应。为了提高测试场地的使用效率，同时提高交通基础设施在测试场地的利用率，一般将这些交通基础设施设计成具备可拆卸、可组装的属性。

（1）道路辅助设施

在道路用地范围内，道路主体工程之外的所有设施都属于道路辅助设施，包括道路安全设施、防护设施、管理设施、监控设施、通信设施、服务设施及绿化工程等。在封闭的测试场地内经常用到的道路辅助设施包括信号灯、栏杆、隔离带、路灯和绿化植物等。一般符合要求的测试试验场地都应配备可拆卸、可组装的辅助设施。当需要某些辅助设施的时候可以方便地安装，进而实现某种功能；当不需要的时候该设备可以方便地还原。

（2）道路交通标线

道路交通标线是在路面上用线条、箭头、文字、立面标记、凸起路标和轮廓标等表达引导、限制、警告等交通信息的标识，如图4-7所示，主要分为指示标线、禁止标线和警告标线三种。其中指示标线用于指示车行道、行车方向、路面边缘、人行道等，包括导向箭头、直行箭头、左转箭头、右转箭头以及车道边缘线等；禁止标线用于告示道路交通的遵行、禁止、限制等特殊规定，包括禁止停车标线、禁止超车标线、禁止左转或右转标线等；警告标线用于提醒道路上的特殊情况，以提高警觉，包括急转弯标线、窄路标线、交叉口标线等。此外，还有用于规范车辆各行其道、确保道路交通安全的标线，包括停车标线、人行横道标线、分合流标线和路面标记等。在封闭测试场地的车道上有些标线是不必划出的，可以根据测试项目的需要，临时设置或粘贴各种交通标线，用于测试智能网联汽车在相应场景下的响应性能。测试完毕，临时设置或粘贴的交通标线可以方便地移除，并不妨碍测试场地用于其他场景的测试。

图4-7　道路交通标线（见彩插）

（3）道路交通标志

道路交通标志一般以标志牌上显示图案或文字的形式向交通参与者提供丰富的交通信息，行车过程中必须密切关注这些交通信息。交通标志分为主标志和辅助标志两种（图4-8）：主标志可以向交通参与者表达警告、禁令、指示和指路等4种信息，利用标志牌的外观形状、图案配色和显示内容的组合共同表达具体信息内容；辅助标志往往不能单独使用，一般作为主标志的注释和补充，在主标志的下方与其一同使用。辅助标志的内容一般包括时间、车辆种类、区域距离、警告理由和禁令理由等5种附加信息。

封闭测试场地应该配备齐全的道路交通标志，以应对各种测试项目对道路交通标志的要求。在封闭测试场地上，道路交通标志往往以标志牌的形式出现。标志牌通常安装在标志杆上，标志牌可以根据测试的需要进行更换、添加或去除，而且标志杆也可以方便地安装和无

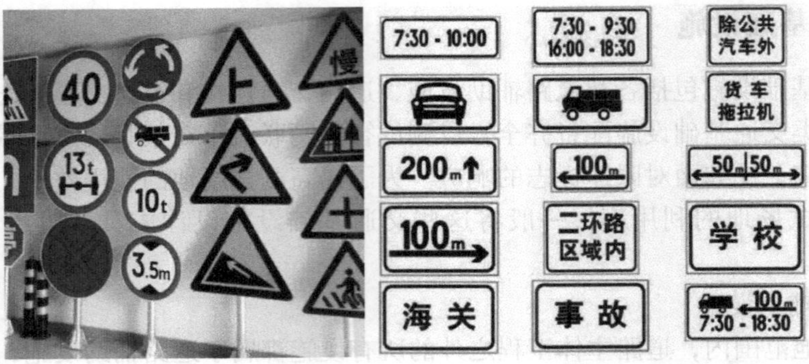


a) 主标志　　b) 辅助标志

图 4-8　道路交通标志（见彩插）

痕地拆除，在拆除标志杆的测试场地上可以进行其他项目的测试，且不受影响。

### 4.1.5　景物景观设施

汽车行驶过程中沿途要经过繁复的各类景观，这些景观或多或少地会对驾驶员的驾驶行为产生影响，有时甚至会引发一些严重的交通事故。因此，在封闭测试场地上要布置一些景物和景观，以模拟测试车辆的真实交通环境。这些景物和景观设施要求能够触发测试车辆环境感知系统的响应，能够根据测试项目的要求快速搭建和拆除，以提高测试场地的利用效率。

景物景观是在道路用地范围之外的自然景观、建筑物和花草树木等，在封闭测试场地中可以利用建筑物和花草树木的模型或景观的喷绘物代替，以方便对其设立和拆除。

### 4.1.6　空间通信设施

智能网联汽车在行驶过程中要不断地接收和发射无线信号，其中包括地理定位信息、交通环境信息、公共广播信息和临时发布的道路信息等。在封闭测试场地环境下应该具有屏蔽测试空间内所有已经存在通信信号的功能，以使测试场地免除被各种杂波信号的干扰，还应该具备在测试范围内模拟任意通信信号的能力，以使测试场地的通信信号能按照测试项目要求的规律供给与变化。比如，具有无线通信功能的交通信号等，按照测试项目要求的变化规律调整各条道路的通行相位权，以测试智能网联汽车面对不同交通信号时的响应。

## 4.2　测试仪器

智能网联汽车测试需要获得测试车辆和其他交通参与者的横向和纵向位置的精度不低于 0.03m，纵向和横向速度的精度不低于 0.1km/h，纵向加速度的精度不低于 $0.1\mathrm{m/s^2}$，航向角的精度不低于 0.1°，横摆角速度的精度不低于 0.1°/s，测试车辆的转向盘转角的精度不低于 1.0°/s。测试时人类驾驶员难以满足上述控制精度的要求，驾驶机器人可以代替人类驾驶员满足上述速度和转矩控制精度的要求。测试中，测试车辆和其他交通参与者的位置和行驶轨迹精度则需要在差分基站和惯导的共同协作下实现。

### 4.2.1　驾驶机器人

智能网联汽车的测试流程对车辆的行驶速度、加速度和行驶轨迹等均有严格的精度要求，且在多次测试中要保证操作的重复性，人类驾驶员很难满足如此严格的要求。另外，测试经常要触及汽车运行的极限，以便探测并明确智能网联汽车的功能边界所在，因此，难免有一些危险工况。采用驾驶机器人既可以满足操控精度的要求，又可以确保良好的试验重复性，还可以规避危险工况的人身安全问题，所以，智能网联汽车测试广泛采用驾驶机器人代替人类驾驶员。

（1）驾驶机器人的种类

驾驶机器人按照具体的操控对象可以细分为转向机器人、加速机器人、制动机器人、离合器操纵机器人和换档机器人等。智能网联汽车是汽车先进技术的代表，一般都应用自动变速器，因此，本章只介绍转向机器人、加速机器人和制动机器人。

转向机器人如图4-9所示，可以在控制器加载的数据驱动下，精确地控制转向盘转角和转矩等输出量，操纵测试车辆按照预期行驶路径行驶。转向机器人可以在不考虑反馈修正信号的条件下，通过转向盘实现斜坡输入、阶跃输入和正弦输入，还可以在考虑反馈修正信号的条件下，实现路径跟踪控制、转向盘转矩控制、侧向加速度控制和偏航率控制等，可以满足瞬态驾驶行为、动态抗翻滚测试、转向系统评估、耐久性测试和误作用测试等的操作要求。转向机器人既可以作为路径跟踪系统应用于一般车辆，也可以当作无人驾驶系统用于自动驾驶汽车。

制动机器人和加速机器人统称为踏板机器人，如图4-10所示，区别仅在于它们分别作用在制动踏板或加速踏板上。踏板机器人既可以在不考虑反馈信号的条件下，对制动踏板或加速踏板实施踏板行程控制或踏板力控制，也可以在考虑反馈信号的条件下实现车速的跟踪控制、定速控制和加减速控制等，从而实现测试车辆速度或动力需求的精准化操控，在保障测试过程中人身安全的前提下，也确保了测试的重复性和精确性的严苛要求。

图4-9　安装在测试车辆中的转向机器人（见彩插）

图4-10　安装在测试车辆中的踏板机器人（见彩插）

（2）常用的驾驶机器人

从20世纪80年代以来，国际上逐渐出现了很多测试仪器公司和零部件供应商主营驾驶机器人，如日本的Horiba公司、英国的Froude Consine公司和Anthony Best Dynamics（ABD）公司、德国的STAHLE和WITT公司、美国的LBECO公司和奥地利的4active System公司等，这些公司的驾驶机器人在控制软件、控制参数、硬件安装及工作性能等方面都有各自的特点，转向机器人的性能参数见表4-3。

**表4-3　转向机器人参数**

| 性能 | 参数（标准工况） | 参数（紧急工况） |
| --- | --- | --- |
| 操作负载 | 10N·m（720°/s） | 60N·m（1280°/s） |
| 最高转速 | 750°/s | 1700°/s |
| 最大转矩 | 30N·m | 75N·m |

加速踏板机器人的性能参数见表4-4。

**表4-4　加速踏板机器人参数**

| 性能 | 参数 |
| --- | --- |
| 角行程 | 90° |
| 操纵转矩 | 15N·m（标准），30N·m（紧急） |
| 操纵速度 | 330°/s |

制动踏板机器人的性能参数见表4-5。

**表4-5　制动踏板机器人参数**

| 性能 | 参数（标准工况） | 参数（紧急工况） |
| --- | --- | --- |
| 行程 | 150mm | 150mm |
| 踏板力 | 350N | 1800N |
| 操作速度 | 0.4m/s | 2.1m/s |

各测试仪器公司和零部件供应商的驾驶机器人性能参数略有差异，他们分别在各自所擅长的领域充分发挥着自身的特长，以迎合各自目标客户的偏好，并在市场上抢占一席之地。

国内关于驾驶机器人的研究从20世纪90年代就已经开始了，主要集中于各大整车生产商、高等院校和科研机构中，但均未商业化，也未批量生产或对外销售。

（3）驾驶机器人的安装与调试

驾驶机器人的安装与调试直接影响后续的测试精度和功能发挥。如果驾驶机器人安装和调试不当，可能会导致测试指令不能顺畅执行，试验结果不能被完整记录，甚至测试不能顺利实施等严重后果。因此，驾驶机器人的安装调试在长期使用过程中是十分重要的。

驾驶机器人的安装与调试流程一般较为繁琐，为了减轻测试人员的学习和操作负担，一般的测试仪器公司和零部件供应商在研发驾驶机器人的时候都特别注重简化安装固定流程和软件调试工作。

1）转向机器人的安装。转向机器人是通过电机驱动转向盘的。安装转向机器人时，首先，安装电机支架，电机支架需要牢靠地固定在车身上。然后，将转向电机的外壳与电机支架固定在一起。最后，安装转向机器人的适配器，转向电机的输出端与适配器同心，要求适配器转动中心与转向盘的转动中心始终保持在同一条轴线上。

2）踏板机器人的安装。踏板机器人也是通过电机驱动连杆推动加速踏板或制动踏板的。安装踏板机器人时，首先，安装电机托盘，安装的时候要确保电机托盘贴紧测试车辆的地板，这样才能使其承受来自加速踏板和制动踏板通过连杆传递过来的反作用力。然后，将踏板机器人的驱动电机安装在托盘上。最后，安装踏板驱动连杆，安装前调节两根连杆的长度，安装后的连杆不能有残余应力，且尽量保持制动踏板连杆与加速踏板连杆相平行，连杆的末端通过螺栓与踏板连接，这样踏板机器人的转动就可以通过连杆推动加速踏板或制动踏板了，如图4-10所示。

安装驾驶机器人后，测试车辆的内部空间不能对测试人员的各种测试操作产生任何干扰，否则需要重新调整驾驶机器人的安装位置。

驾驶机器人安装妥当后，还要对驾驶机器人的软件逐项进行设置，设置内容包括驾驶机器人的初始化标定、测试车辆结构性能信息输入和测试场景信息录入等。最后，驾驶机器人还要与差分基站和惯导建立数据连接，实时获得测试车辆的位置、速度和行驶方向等信息。

### 4.2.2 差分基站

智能网联汽车测试时，需要实时确定测试车辆和参考目标所在的精确位置。定位精度要求达到厘米级，用以判定在特定的场景下测试车辆是否按照规划路径行驶，是否在关键位置做出正确决策，以及是否在正确位置达到期望的运行状态等。目前，可以直接获得的全球导航卫星系统（GNSS）服务包括美国的全球定位系统（GPS）、俄罗斯的格洛纳斯卫星导航系统（GLONASS）、欧洲的伽利略卫星导航系统（Galileo）和中国的北斗卫星导航系统（BDS）。这些导航系统的最高精度也只能达到分米级，而且要同时满足很多苛刻的条件，根本无法满足智能网联汽车测试对定位精度的要求。智能网联汽车场地测试中，广泛采用差分定位技术提高定位精度，在差分基站的帮助下，测试车辆的定位精度可以达到厘米级以内，完全满足对测试车辆的定位精度要求。

（1）差分基站的工作原理

GNSS通过地面接收设备接收来自卫星的定位信息，计算同一时刻地面接收设备与多颗卫星之间的伪距离，采用空间距离后方交会的方法来解算地面接收设备的三维坐标，如图4-11所示。

$$R_i = \sqrt{(X_i - X_0)^2 + (Y_i - Y_0)^2 + (Z_i - Z_0)^2} \tag{4-1}$$

$$R_i = Ct_i \tag{4-2}$$

式中 $R_i$——各GNSS导航卫星到汽车的伪距离（m）；

$C$——无线电波传播的速度，大约为$2.99 \times 10^8$m/s；

$t_i$——无线电波从卫星传播到汽车的时间（s）；

$(X_0, Y_0, Z_0)$——汽车所在位置坐标；

$(X_i, Y_i, Z_i)$——三颗卫星所在位置坐标，$i=1, 2, 3$。

理论上，通过解算式（4-1）和式（4-2）就可以获得汽车所在位置的绝对坐标（$X_0$，$Y_0$，$Z_0$）。但是，由于受卫星星历误差、卫星时钟误差、无线电波干扰误差和地面接收设备误差等因素的影响，使得直接解算出来的汽车位置坐标存在较大的误差，解算值与真实值差异较大，影响了汽车的定位精度。

为了提高GNSS的定位精度，可以采用差分定位技术进一步精确车辆的定位。实际上，

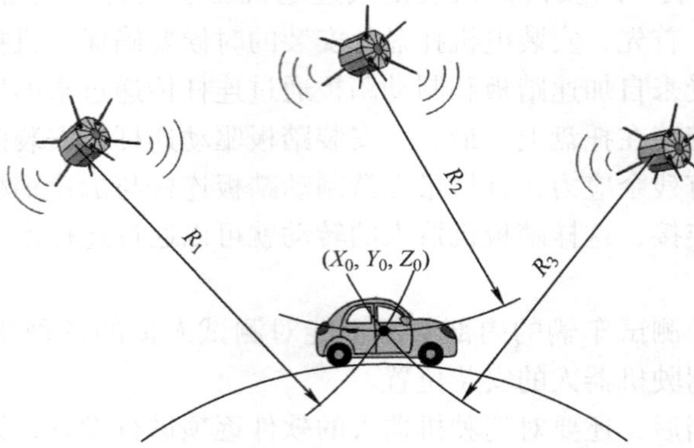


图 4-11　GNSS 卫星定位原理图

差分定位技术是把一台卫星定位信号接收机放在坐标已经精确测定的位置上，构成基准站。基准站的卫星接收机通过接收到的卫星信号，将利用卫星定位信号解算的位置与该精确坐标位置的真实值做差值形成公共误差校正量，通过无线数据传输设备将该校正量传送给基准站覆盖范围内的各移动基站的卫星信号接收机。移动基站的接收机利用自身捕获的卫星信号进行解算定位，同时辅以固定基准站传来的校正量信息，对移动基站解算出来的定位信息加以修正，最终，移动基站也能得到厘米级的定位精度，如图 4-12 所示。

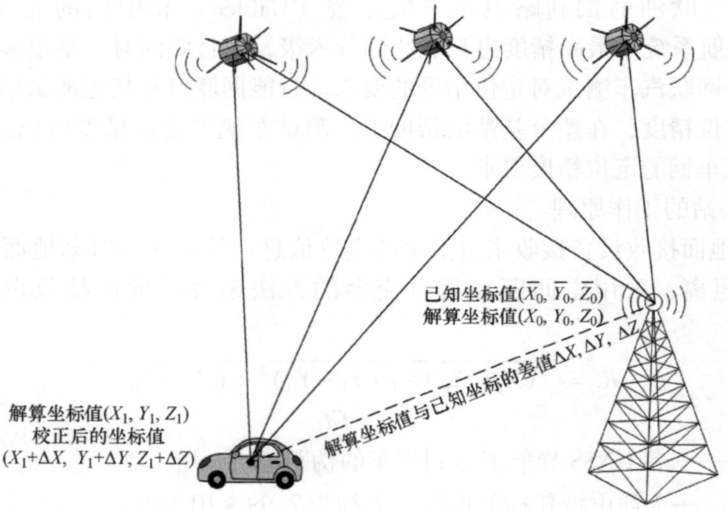


图 4-12　差分定位技术的原理

按照差分定位技术的原理不同，大致可分为位置差分、伪距离差分和载波相位差分 3 类，当前，载波相位差分技术的差分精度最高，因此，该技术已经成为当前最流行的差分定位技术。

载波相位差分也称为实时动态差分（Real-Time-Kinematic，RTK），是一种基于卫星载波相位观测值的实时动态定位技术。该技术理论成熟，应用广泛，并且精度高，可在全球和全天候条件下使用。通过架设基准站，并将基准站的数据与流动站进行差分解算，可以使流动站获得精确的定位信息，从而得到比一般 GNSS 更为精准的定位信息。RTK 差分定位技术实现高精度定位通常需要以下五个步骤。

1）RTK 基准站接收 GNSS 卫星导航信号并测量信号的时间延误及相位等信息。

2）RTK 基准站将接收到的 GNSS 卫星导航定位信息与基准站的已知位置信息进行比较，计算差分修正量。

3）RTK 基准站将差分修正量通过无线电信号传输给移动设备（车辆上的接收器）。

4）车辆上的移动接收器接收到基准站发送的差分修正量之后，与其接收到的 GNSS 卫星导航定位信号进行解算，利用基准站传输过来的差分修正数据对其接收到的 GNSS 卫星导航定位信号（初始信号）进行修正。

5）车辆上的移动接收器根据修正后的信号计算其定位信息，将自身的定位精度提高到厘米级。

（2）常用的差分基站

为了提高测试车辆的定位精度，智能网联汽车场地测试要架设专用的差分定位基站。通常该差分基站的有效覆盖半径只有 2km 左右，只服务于某个专门的场地测试系统。RT Base S 为测试中最常用的差分基站，大致由差分基站控制器、差分信号接收天线和差分信号发射天线三部分组成，如图 4-13 所示。

图 4-13　RTK 基准站（见彩插）

RT Base S 是一个独立的、便携式防雨 GNSS 基准站，测试时通过快速搭建即可满足厘米级的定位精度要求，其校正信息可以通过广播或 WiFi 向其有效覆盖半径的移动设备广播，其性能参数见表 4-6。

**表 4-6　RT Base S 基准站的性能参数**

| 性能 | 参数 |
|---|---|
| 防护等级 | IP65 |
| 最高精度 | 1cm 以内 |
| 有效工作范围 | 2km 以内 |
| 输出数据格式 | RTCA、RTCA2、RTCM、RTCMv3、CMR、CMR + |
| 输出界面 | RS232 串口、以太网 |
| 工作温度 | -10 ~ 50℃ |
| 电压等级 | 12V@2.5A（最高） |
| 持续工作（带电）时间 | 24h 以上 |

（3）差分基站的配置与调试

差分基站在工作前需要按规定对其进行基本的设置。安装差分基站的位置要求远离电磁干扰区，并远离高大建筑物、树木和水体等地段。如果附近有上述特征的实体要确保差分基站与其距离不小于 200m。设置差分基站的步骤如下：

1）确保差分基站的电池电量充分。

2）选择一个稳定、合适的位置安装 GNSS 的天线。

3）连接所有的电缆并为系统供电。

4）配置整个系统，建立差分基站与移动基站的连接。

5）下载并将测试数据转化为目标格式。

### 4.2.3 惯性导航系统

惯性导航系统（INS）简称为惯导，是一种利用惯性传感器测量载体的角速度和加速度信息，并结合给定的初始条件实时推算载体的速度、位置和姿态等参数的自主式导航系统，其本身主要采用加速度计和陀螺仪来测量载体的各种参数。在智能网联汽车测试系统中，其载体默认为测试车辆，它除了具有陀螺仪和加速度计功能外，还可以作为差分定位系统中的移动基站，接收来自 GNSS 卫星的位置信息，同时还接收差分基准站传输过来的当地定位修正量信息。利用这两方面的信息，惯导能够解算出测试车辆所在点的精确坐标信息。在测试车辆精确定位信息的基础上，再综合惯导本身的速度、加速度以及姿态测试能力，即可获得测试车辆在测试场地的运动轨迹、运动速度、横向加速度、纵向加速度以及车辆姿态等复杂信息。

（1）加速度计功能

顾名思义，加速度计是用来感知载体（这里专指测试车辆）的加速度的。加速度计的基本工作原理是牛顿第二定律，通过观测质量块在惯性力作用下的位移来测量测试车辆的加速度。加速度计内部有一个检测质量块，当测试车辆处于加速运动状态时，这个检测质量块会受到一个惯性力的作用。通过测量这个惯性力的大小和方向，在已知检测质量块的质量的前提下，利用惯性力系统中质量、惯性力和加速度之间的关系很容易就可以解算出测试车辆在惯性空间中的加速度。在实际应用中，加速度计会将检测质量块的位移转换为电信号输出，而这个电信号包含了加速度的大小和方向等信息。

（2）陀螺仪功能

惯导的陀螺仪用于将加速度计的测量轴稳定在导航坐标系中，同时感知测试车辆的航向角和姿态变化。陀螺仪的工作原理是角动量守恒定律，当陀螺仪的转子以高速旋转时，它会由于定轴性使旋转轴保持在一个固定的方向上。在没有外力矩作用的条件下，转子的角动量不会改变，因此其旋转轴的方向也会保持不变，即角动量守恒。当测试车辆转弯或姿态变化时，陀螺仪的转子会受到一个与车辆姿态变化方向相反的力矩，这个力矩会使陀螺仪的转子产生一个与该转动方向相反的进动，也就是陀螺仪的进动性。通过测量这个进动量就可以计算测试车辆相对于惯性空间的转动角速度，进而可以得到测试车辆的姿态和转角等信息。现在的惯导中往往不再采用传统的绕线陀螺，取而代之的是静电陀螺、激光陀螺、光纤陀螺和微机械陀螺等。其中，激光陀螺测量动态范围宽、线性度好、性能稳定，具有良好的温度稳定性和重复性，在高精度的应用领域中一直占据着主导位置。

（3）移动基站功能

在智能网联汽车上往往都配备了惯导系统，其主要作用是辅助 GNSS 实现车辆的精准定位与导航功能。当车辆处于隧道或涵洞等卫星信号较弱的区域时，通过惯导系统的加速度计和陀螺仪，根据最后的有效卫星接收信号和车辆的行驶速度等信息推算出当前车辆的位置信息，以满足智能网联汽车在特殊情况下的定位与导航需求。

在智能网联汽车测试领域，要在测试车辆上另外安装一套惯导系统。这套惯导系统除了具有普通加速度计和陀螺仪的功能外，还具有移动基站功能，与差分基站共同完成测试车辆的高精度定位功能。这就要求智能网联汽车测试系统的惯导同时能够接收 GNSS 的卫星定位信号和接收差分基站广播的定位校正信息，使惯导时刻能够获得厘米级的定位精度。这样根据加速度计感知测试车辆的加速度，陀螺仪感知测试车辆的角速度，再通过微分运算就可以解算出测试车辆的速度和航向角等信息，辅以精确定位信息就可以进一步解算出测试车辆的运行轨迹信息。

（4）惯导的安装与标定

惯导主要是用来收集测试车辆实时位置、方向和动态测量数据的，既可以获得测试车辆在场地上的行驶轨迹，同时还可以获得测试车辆的姿态信息，比如横摆、俯仰和侧倾等各种参数，在这些数据的基础上还可以通过数值运算进一步获得测试车辆运行的动态数据，并根据测试要求把这些数据传输给驾驶机器人。这些工作性能对惯导系统的安装精度提出了严格的要求。惯导单元一般都要求连接到安装杆上。惯导的控制面板应该朝向车顶方向，安装杆的位置尽可能靠近测试车辆的前端座椅中间的位置（即惯导的安装位置应尽量靠近测试车辆的重心位置）如图 4-14 所示。

图 4-14　惯导在测试车辆内部的安装情况（见彩插）

惯导在测试之前要利用指定的软件进行标定设置，标定的内容包括选择测试数据读取到的地址和设备的 ID 号、惯导的安装方向、惯导主天线位置信息（当惯导无需与驾驶机器人通信时 GNSS 天线应使用单天线；当惯导需要与驾驶机器人通信时 GNSS 天线应使用双天线，且主、从天线沿车辆纵向布置，纵向距离要大于 0.5m）、惯导的安装位置相对于重心的校正信息以及惯导输出位移的校正信息。

视频 4-7　ADMA 惯导安装

视频 4-8　ADMA 惯导调试

## 4.3　场地测试试验组织

智能网联汽车的场地测试主要指的是封闭场地测试，是智能网联汽车整个测试体系中衔接虚拟仿真测试与开放道路测试的过渡性和验证性测试，是一个非常关键的测试环节。与传统的汽车场地测试相似，智能网联汽车测试的试验过程也要满足严格的规程，以达到安全、高效率测试的目的。

### 4.3.1 测试仪器的准备

对智能网联汽车测试就是让测试车辆在规定的场地和场景下按照测试方案执行特定的任务，在测试车辆运行期间利用精准的测试设备记录下测试过程中尽量多的细节，以备后续回放、计算、分析和评价时使用。测试设备包括各种操作辅助设备、定位精度提升设备和运行轨迹记录设备。比如本章介绍的驾驶机器人就属于操作辅助设备，能够代替人类驾驶员排除各项干扰，严格地按照测试方案的要求执行各种操作指令，使得不同车辆的同一测试和同一车辆的不同测试能够在统一的标准下进行比较，便于发现车辆之间或不同测试之间的差异；又比如本章介绍的差分定位基站就属于定位精度提升设备，在差分基站的帮助下原本定位精度最多只能达到分米级的 GNSS，在测试场地范围内的定位精度可以提升到厘米级，满足了智能网联汽车测试的定位精度要求；再比如本章介绍的惯导系统就属于运行轨迹记录设备，在差分基站的帮助下惯导系统通过内部的加速度计和陀螺仪完整记录下了测试车辆在试验场地的运行轨迹。

通过数据的解算和分析还可以进一步得到速度、加速度和方位角等信息。为了满足测试和评价精准性的要求，惯导系统的这些记录数据也有一系列精度要求。

惯导系统数据采集和储存的频率至少要达到 100Hz 以上。测试车辆及目标车辆的车速精度要求在 ±0.1km/h 以内，横向和纵向位置精度要求在 ±0.03m 以内，纵向加速度精度要求在 $\pm 0.1\text{m/s}^2$ 以内，偏航角精度要求在 ±0.1°以内，横摆角速度精度要求在 0.1°以内。

除了惯导系统能够精确地记录测试车辆的行驶轨迹外，高速摄像机也可以记录测试过程，成为测试过程重要的辅助记录和分析参考资料。高速摄像机能够提高单位时间的摄制图像的帧率，并提升画面的质量，有利于捕捉到更多的细节。

### 4.3.2 测试结束后的善后

智能网联汽车测试结束后还有很多善后工作，包括提取试验数据、复原测试车辆的初始状态、拆除各种测试设备和仪器及其安装固定附属装置、将测试设备和仪器关闭并恢复其原始状态等。按照测试结束方式可以分为正常结束（即测试试验获得圆满成功）和非正常结束（由于某种原因使测试试验被迫终止）两种情况。

（1）测试获得圆满成功

当测试试验获得圆满成功时需要正常终止的测试，首先，要将测试车辆安全地停下来。如果采用驾驶机器人驾驶测试车辆，在试验前应该设置驾驶机器人在测试结束时停驶测试车辆的指令，待测试车辆完全停稳后测试人员应该对其进行中断动力的操作。如果测试车辆由称职且负责的驾驶员操作，当达成试验目标时，驾驶员就会按照相关规定处置好测试车辆。然后再停止其他交通参与者，如目标车辆、假人或其他弱势交通参与者的代替物。这些交通参与者的运动轨迹和运动状态往往是事先设计好的，测试结束后关闭相应的开关，再将其收回即可。接下来要核准测试数据和测试录像，以便及时发现问题。如果发现问题要及时补做测试；如果测试达到要求就将数据和影像资料下载存储。最后，将测试中用到的设备和仪器以及安装固定设施恢复并回收。

（2）测试被迫终止

当测试由于受到某些突发事件影响而被迫终止时，首先，还是要将测试车辆安全地停下来，避免造成进一步危害。如果采用驾驶机器人驾驶测试车辆，这时机器人往往还照常执行测试车辆的操作指令，需要人为向其发出中断执行指令才能停止。测试车辆停驶后，在确保安全的前提下测试人员要尽快中断测试车辆的动力系统。如果测试车辆由称职且负责的驾驶员操作，当出现突发事件苗头或造成伤害较小时，驾驶员就会将测试车辆停驶，避免严重的伤害事故。当驾驶员未能察觉突发事件或未能对事件做出及时正确的响应时，驾驶员和测试车辆一同被困于事故现场，测试现场的测试人员应当优先抢救测试车辆内部的驾驶员，兼顾营救测试车辆，然后再考虑抢救安装在测试车辆上的仪器、设备及相关数据的提取。最后，停止其他交通参与者，并做好试验的其他善后工作。事后再通过试验数据和影像记录资料查找测试失败的原因。

# 复　习　题

**简答题**

1. 试列举一些在封闭测试场地内难以营造的气候条件的例子，通常遇到这种测试需求应该怎样处理？

2. 智能网联汽车封闭测试场地中对道路辅助设施的要求包括哪些？

3. 在交通标志线中，车道中线包括哪几种形式？分别代表什么要求？测试场地上是否都有相应的标志线？

4. 什么是惯导？它能测量哪些参数？在智能网联汽车测试系统中起到怎样的作用？

5. 简述差分基站的工作原理。

6. 通常驾驶机器人分为哪几类？应用于智能驾驶汽车的驾驶机器人又分为几类？

7. 惯性导航系统的安装和调试的注意事项都包括哪些方面？

8. 在智能网联汽车测试领域，对假人代替物的要求有哪些？

9. 智能网联汽车测试对测试车辆和其他交通参与者的精度要求包括哪些方面？在实际测试中如何达到这样的精度？

10. 当智能网联汽车测试结束后，测试现场的善后工作包括哪些内容？

# 第5章

# 智能网联汽车环境感知功能测试

智能网联汽车的环境感知系统由视觉传感器、毫米波雷达、激光雷达和超声波传感器等组成。它们各有擅长的感知对象和目标，当然也各自存在着不同的缺点。它们相互弥补、相互配合才能更完整、更全面地感知车辆所处的交通环境。

环境感知是智能网联汽车的基础功能，通过安装在智能网联汽车上的传感器获取道路、车辆、行人、交通标志和交通信号灯等信息。只有环境感知系统准确地感知并识别了车辆周围的环境，智能网联汽车才能做出正确决策规划，进而发出及时的控制执行指令，引导车辆安全行驶。虽然各种环境感知系统和关键零部件可以进行单独的测试和检验，但是只有将它们置于整车环境中，进行场景测试才能获得更客观、更真实的运行效果。

## 5.1 视觉传感器感知功能及其测试

### 5.1.1 视觉传感器的感知原理

视觉传感器是智能辅助驾驶技术的核心部件之一，它属于被动式传感器。其基本工作原理就是将物体反射的光线通过镜头生成光学图像，再将图像投射到感光元件上，感光元件将光学图像转换成电信号，电信号再经过模数转换，转换成数字信号，数字信号经过数字处理芯片加工处理后，还原成彩色空间信息，最后，输出到相应的显示或存储设备，形成人们看到的图像。

智能网联汽车搭载的视觉传感器可以监测车内和车外环境，分别对车内乘员的身体状态和周边的交通环境进行识别和监控。本书主要讨论针对车外环境感知的情况。目前，各种智能网联汽车视觉传感器的数量不统一，且安装位置也有所差异，一般包括前置视觉传感器、后置视觉传感器、车侧视觉传感器和环绕视觉传感器等。视觉传感器与其他环境感知传感器最大的不同是易受环境可见度的影响，在雨、雪、雾天气获得信息的能力将迅速下降，在黑暗条件下视觉传感器将彻底失去信息采集能力。

### 5.1.2 视觉传感器感知信息的特点

与其他环境感知传感器相比，视觉传感器具有以下几个方面的特点，这也是视觉传感器在环境感知系统中不可取代的原因。

1）视觉传感器获得的信息极为丰富，尤其是彩色图像和几何外形，不仅包含视野内目标的距离信息，而且还包括其颜色、纹理、深度和形状等信息。

2）在视野范围内可同时实现车道线、车辆、行人、交通标志、交通信号灯的检测，可以同时获取大量信息。视觉传感器可以同时检测和跟踪多个目标。当多辆智能网联汽车同时工作时不会产生相互干扰的现象。

3）来自视觉传感器的视觉信息是实时的场景图像，提供的信息不依赖于先验知识，具有较强的环境适应能力。

4）视觉传感器与机器学习、深度学习等人工智能技术相结合，经过一定数量的样本训练，可以总结常见物体的特征，将不同特征的识别对象进行分类识别。

5）视觉传感器是无源传感器，其感知信息有赖于自然光线的强度和对比度。感知对象及环境中如出现反光、虚拟影像等都会对视觉传感器的感知信息产生干扰。

另外，对视觉传感器镜头的各种遮挡（包括部分遮挡、全部遮挡以及透明物遮挡和不透明物遮挡等）也会影响视觉传感器的感知效果。

### 5.1.3　视觉传感器的典型应用

（1）交通标志识别

交通标志作为重要的道路交通安全附属设施，可以为车辆提供各种引导和约束信息。车辆通过实时获取交通标志信息，可以保障行车更安全。

目前，世界各地的交通标志标准存在明显的差异，我国的交通标志分为主标志和辅助标志两大类。主标志又分为警告标志、禁止标志、指示标志和指路标志等4种。其中，警告标志、禁止标志和指示标志是最重要也是最常见的交通标志，直接关系到道路交通的通畅与安全，更与汽车的行车路径规划直接相关。为了引起车辆的注意，交通标志都具有鲜明的颜色特征。我国的警告标志、禁止标志和指示标志共计131种，这些交通标志由红、黄、蓝、黑和白5种颜色组成，如图5-1所示。

a) 警告标志　b) 禁止标志　c) 指示标志

图5-1　典型的交通标志（见彩插）

利用视觉传感器识别交通标志要经历原始图像采集、图像预处理、图像分割识别、图像特征提取和交通标志识别等5个过程。

交通标志识别的方法主要包括基于颜色信息识别、基于形状特征识别、基于显著性识别、基于特征提取和机器学习的识别等。

以基于形状特征识别为例说明交通标志识别的过程。该识别方法利用交通标志大都有规则的形状的基本特性，如圆形、矩形、正三角形、倒三角形和正八边形等。各种形状分别对应着几类特殊的交通标志，然后，再通过颜色进行识别。通常都以颜色分割做粗识别，排除大部分的背景干扰，再提取二值图像各连通域的轮廓，进行轮廓分析，进而确定交通标志候选区域的内容识别。

（2）车道识别

车道识别功能可以通过视觉传感器识别出车道线，提供车辆在当前车道中的位置，帮助智能网联汽车提高行驶安全性。

利用视觉传感器进行车道识别要经过原始图像采集、图像灰度化、图像滤波、图像二值化和车道线提取等5个步骤。

车道线的识别方法主要是结合道路图像的一些特征，比如颜色、梯度和纹理等，从所获得的图像中识别出车道边界或车道标识线，这种识别方法适合于边界特征明显的道路。车道识别过程一般分为两个阶段：第一阶段为特征提取，主要是利用图像预处理技术、边缘识别技术提取属于车道线的像素集合，并利用相位技术确定车道线像素的方向；第二阶段是特征聚合，即把车道线像素聚合为车道线，包括利用车道线宽度恒定约束进行车道线的局部聚合，再利用车道线平滑性约束和车道线交于消隐点约束进行车道线的聚合。

车道线识别算法中的特征主要可以分为灰度特征和彩色特征。两种特征识别方法都是利用道路边界和车道标识线的特征完成对道路边界和车道标识线的识别。目前，应用较多的是基于灰度特征的识别方法。

（3）行人识别

行人是道路交通的主体和主要参与者，由于其行为具有非常大的随意性，因此，行人在交通事故中很容易受到伤害。行人识别的目的是能够及时准确地识别出车辆周边的行人，并根据不同危险级别提供不同的预警提示或自动操作，以避免伤害行人的交通事故。

行人识别是通过特征提取实现的，而特征提取则是利用数学的方法和图像处理技术从原始图像中提取表征人体信息的特征。该过程伴随着分类器训练和识别的全过程，直接关系到行人识别系统的性能。因此，行人识别特征的提取是行人识别技术的关键。在实际环境中，由于行人自身的姿态不同、服饰各异和背景复杂等原因，行人特征提取比较困难。因此，要选取稳健性较好的行人特征进行识别。目前，主要根据局部梯度大小和方向的分布、图像局部的灰度值变化、人体局部轮廓特征和人体的颜色特征等，利用特征分类、运动特性、形状模型小波变换、支持向量机和神经网络的方法实现行人识别。

（4）车辆识别

前方车辆识别是判断安全距离的前提。车辆识别的准确性不仅决定了测距的准确性，而且决定了能否及时预防一些潜在的交通事故。

车辆识别算法用于确定车辆视觉传感器采集到的图像序列中是否存在车辆，并获得大小、位置、行驶速度和方向等基本信息。视觉传感器跟踪车辆在道路上运动时，所获取道路图像中车辆的大小、位置和亮度等是在不断变化的。根据车辆识别的结果，对车辆的大小、位置和亮度的变化进行跟踪。由于车辆识别时需要对所有图像进行搜索，因此算法耗时较多。而跟踪算法可以在一定的时间和空间条件约束下进行搜索，还可以借助一些先验知识，所以计算量较小，一般可以满足预警系统的实时性要求。

目前，用于识别前方运动车辆的方法主要有基于特征的识别方法、基于机器学习的识别方法、基于光流法的识别方法和基于模型的识别方法等。其中基于特征的识别方法最常使用，行驶在前方车辆的颜色、轮廓和对称性等特征都可以用来将车辆与周围背景区别开来。因此，基于特征的车辆识别方法有使用阴影特征的方法、边缘特征的方法、对称特征的方法、位置特征的方法和尾灯特征的方法等。

### 5.1.4 视觉传感器感知功能的测试

在智能网联汽车功能检测项目中，有些项目直接与视觉传感器感知功能相关，这些功能直接由视觉传感器感知信号触发，对应功能的有效执行足以证明包括视觉传感器感知在内的所有功能都能正常运行。

（1）限速标志识别及响应测试

1）测试场景。

测试道路为至少含有一条车道的长直车道，并于该路段设置限速标志牌，测试车辆以高于限速标志牌规定的车速驶向该标志牌，如图5-2所示。

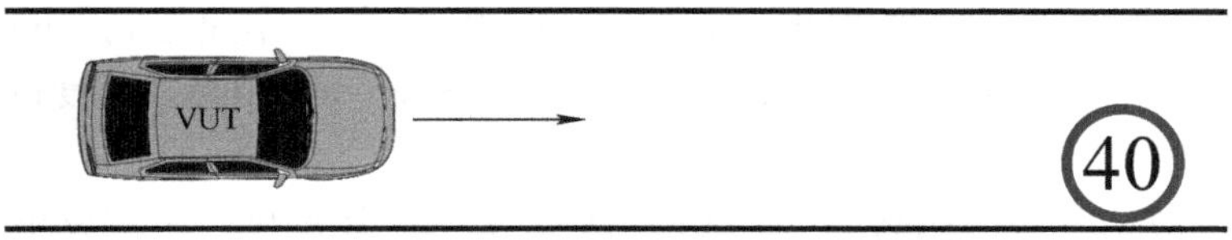


图5-2　限速标志识别及响应测试场景

2）测试方法。

测试车辆在智能辅助驾驶模式下，在距离限速标志100m前达到限速标志规定速度的1.2倍，并匀速沿车道中间驶向限速标志。

3）测试要求。

测试车辆到达限速标志牌，车速应不高于限速标志牌规定的车速。

（2）停车让行标志标线识别及响应测试

1）测试场景。

测试道路为至少含有一条车道的长直车道，并于该路段设置停车让行标志牌和停车线，测试车辆匀速驶向停车让行线，如图5-3所示。

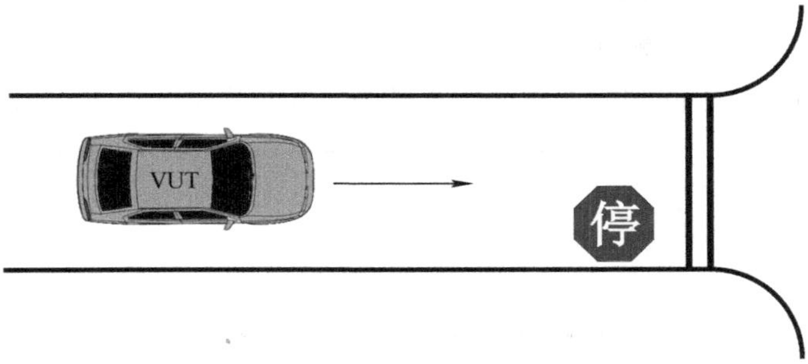


图5-3　停车让行标志标线识别及响应测试场景

2）测试方法。

测试车辆在智能辅助驾驶模式下，在距离停车让行线100m前，车速达到30km/h，并匀速沿车道中间驶向停车让行线。测试中，停车让行线前无车辆或行人等。

3）测试要求。

① 测试车辆应在停车让行线前停车。

② 测试车辆的停止时间应不超过3s。

（3）车道线识别及响应测试

1）测试场景。

测试道路为一条长直道和半径不大于500m弯道的组合，弯道长度应大于100m，两侧车道线应为白色虚线或实线，如图5-4所示。

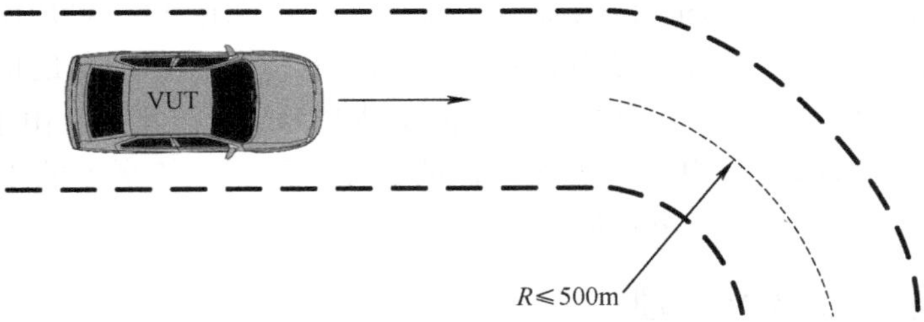


图5-4　车道线识别及响应测试场景

2）测试方法。

测试车辆在智能辅助驾驶模式下，在进入弯道 100m 前，车速达到 30km/h，并匀速沿车道中间行驶；如果最高智能辅助驾驶速度 $V_{max}$ 高于 60km/h，则测试速度设置为 60km/h。

3）测试要求。

① 测试车辆应始终保持在测试车道线内行驶，方向控制准确，不偏离正确的行驶方向。

② 测试车辆的车轮不得碰轧车道边线内侧。

③ 测试车辆应平顺地驶入弯道，且无明显晃动。

（4）人行横道线识别及响应测试

1）测试场景。

测试道路为至少包含两条车道的长直道，并在路段内设置人行横道线，测试车辆沿测试道路驶向人行横道线，如图 5-5 所示。

2）测试方法。

测试车辆在智能辅助驾驶模式下，在距离停止线 100m 前，车速达到 40km/h，并匀速沿车道中间驶向停止线。测试中，人行横道线上无行人或非机动车等。

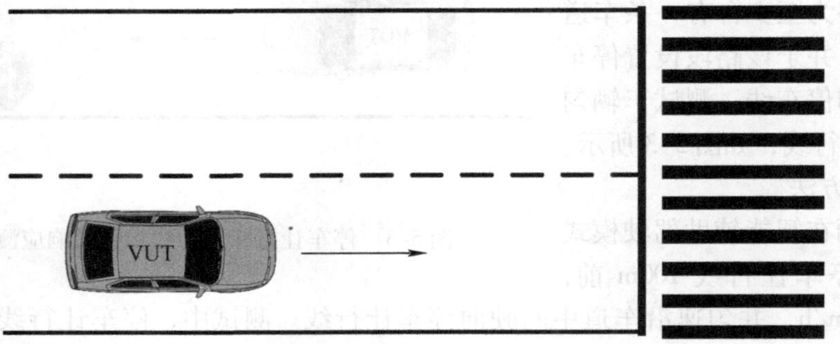


图 5-5　人行横道线识别及响应测试场景

3）测试要求。

① 测试车辆应能减速慢行通过人行横道线。

② 测试车辆允许短时间停于停止线前方，但停止时间不能超过 3s。

## 5.2　毫米波雷达感知功能及其测试

毫米波是指波长在 1～10mm 的电磁波，对应的频率范围在 30～300GHz。其中，智能网联汽车所采用的毫米波雷达主流频段为 24GHz 和 77GHz。虽然 24GHz 的电磁波波长已经超出了毫米波的范围，但是习惯上还是把该波段的雷达视为毫米波雷达。由于它的电磁波长较长，探测范围较宽，所以较适用于近距离目标的探测。77GHz 的毫米波雷达的电磁波长较短，穿透能力更强，适用于远距离目标的探测。

### 5.2.1　毫米波雷达的工作原理

毫米波雷达通过发射天线向外发射毫米波，接收天线接收来自目标的反射信号，经信号处理器处理后可快速准确地获取周围环境的信息，比如测试车辆与其他目标的相对距离、相对速度、方位角等，如图 5-6 所示。

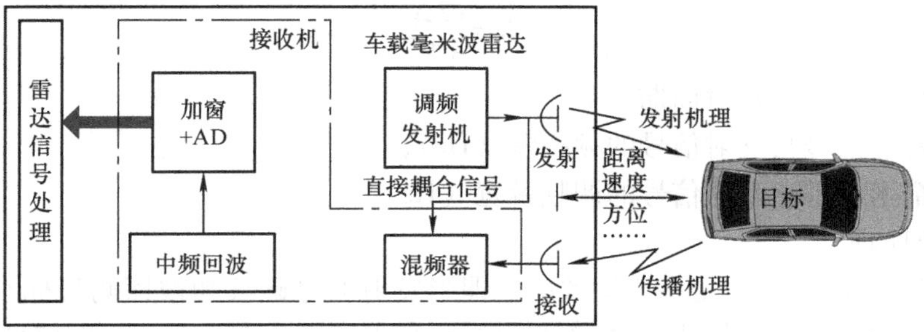


图 5-6 毫米波雷达的工作原理

目前，毫米波雷达可分为脉冲式毫米波雷达和调频连续式毫米波雷达。智能网联汽车采用的车载毫米波雷达主要是调频连续式毫米波雷达。

常用的车载调频连续式毫米波雷达通过信号发射源向探测目标发射频率线性周期变换的电磁波信号，分析发射信号与从探测目标反射信号之间的频率差值，然后利用多普勒效应就能够精确测算出探测目标相对于毫米波雷达的速度等信息。

（1）测距原理

调频连续式毫米波雷达通过采集发射与接收频率相同的三角波信号之间的微小时间差序列，再经过雷达混频器计算出目标的相对距离和速度信息，然后进行三角变换得到相对距离 $R$，如图 5-7 所示。

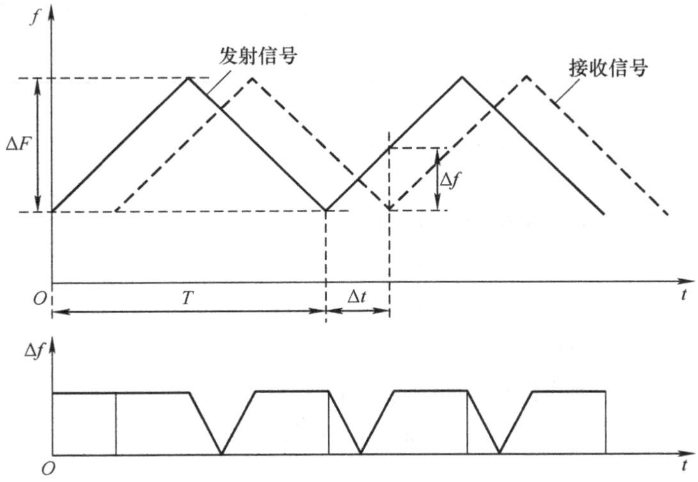


图 5-7 毫米波雷达的测距原理

当目标处于静止状态时，发射信号与接收信号之间除了存在一个滞后的时间 $\Delta t$ 之外，其他特性均相同，滞后时间 $\Delta t$ 与相对距离 $R$ 的关系为

$$\Delta t=\frac{2R}{c} \tag{5-1}$$

式中 $\Delta t$——毫米波雷达接收信号与发射信号的迟滞时间（s）；

$c$——毫米波在空气中传播的速度，参考值为 $2.99\times10^{8}$ m/s；

$R$——探测目标与毫米波雷达的相对距离（m）。

目标与毫米波雷达的距离 $R$ 可以进一步表示为

$$R=\frac{cT\Delta f}{4\Delta F} \tag{5-2}$$

式中 $T$——毫米波信号发射周期（s）；

$\Delta f$——发射信号与反射信号的频率差（Hz）；

$\Delta F$——毫米波雷达发射信号的调频带宽（Hz）。

（2）测速原理

毫米波雷达的测速原理是多普勒效应，即当发射的电磁波和被探测目标有相对移动时，回波的频率和发射频率有所不同。当探测目标与毫米波雷达靠近时，反射信号的频率将高于雷达发射信号的频率；反之，当探测目标与毫米波雷达远离时，反射信号的频率将低于雷达发射信号的频率。这种由多普勒效应引起的频率变化称为多普勒频移，它与相对运动速度成正比，与振动频率成反比。因此，通过检测这个频率差就可以推算出探测目标相对于毫米波雷达的移动速度，如图 5-8 所示。

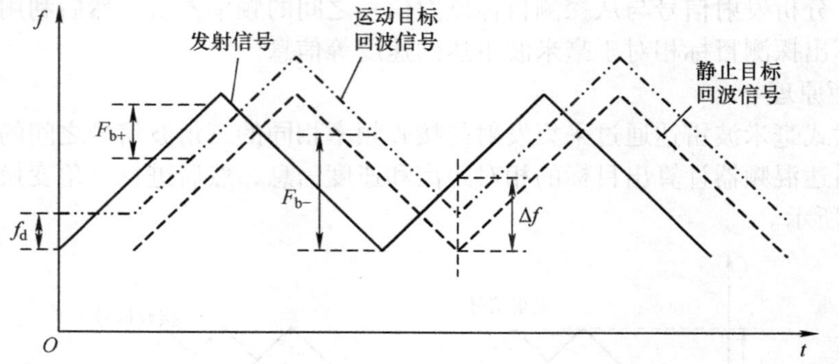


图 5-8　毫米波雷达的测速原理

毫米波信号的发射和反射频率可以分别表示为

$$F_{b+}=\Delta f-f_d$$
$$F_{b-}=\Delta f+f_d \tag{5-3}$$

式中 $f_d$——多普勒频移（Hz）。

则探测目标与雷达之间的相对运动速度可以表示为

$$v=\lambda(F_{b-}-F_{b+}) \tag{5-4}$$

式中 $\lambda$——毫米波的波长（m）；

$v$——探测目标与毫米波雷达之间的相对速度（m/s）。

其中 $\lambda$ 可表示为

$$\lambda=\frac{c}{4f_0} \tag{5-5}$$

式中 $f_0$——连续线性周期变化发射的毫米波中心频率（Hz）。

（3）方位角的测试原理

毫米波雷达发射出毫米波后，遇到探测目标被反射回来，再通过毫米波雷达内部呈阵列形安装的多个接收天线，接收到同一探测目标反射回来的若干毫米波信号具有相位差，通过这个相位差就可以计算出探测目标相对于毫米波雷达的方位角，如图 5-9 所示。

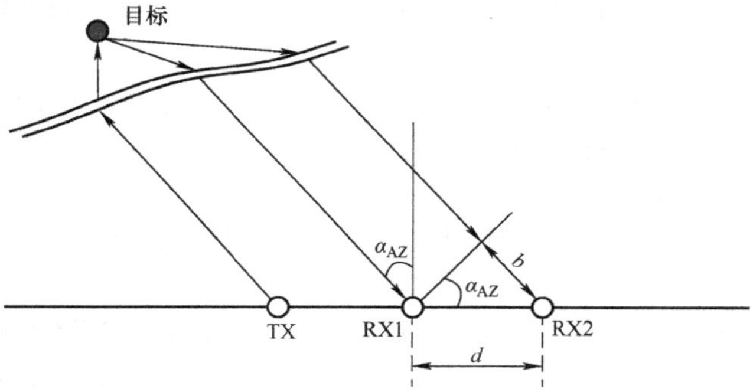


图 5-9 毫米波雷达的方位角测试原理

方位角 $\alpha_{AZ}$ 是通过毫米波雷达发射天线 TX 向目标发射毫米波信号，接收天线 RX1 和 RX2 之间的水平距离 $d$，以及两根毫米波雷达天线所收到的反射回波相位差 $b$，然后通过三角函数计算得到的。

$$\alpha_{AZ} = \arcsin \frac{b}{d} \tag{5-6}$$

式中 $\alpha_{AZ}$——探测目标相对于毫米波雷达的方位角（rad）；

$d$——两根相邻接收天线的水平距离（m）；

$b$——两根相邻接收天线的相位差（m）。

### 5.2.2 毫米波雷达的特点

毫米波的波长介于微波和厘米波之间，因此，毫米波雷达兼有微波雷达和厘米波雷达的特点。

（1）天线口径小、波束窄

跟踪和引导精度高，易于进行低仰角的目标跟踪，抗地面多径和杂波干扰能力强。对近空目标有较高的横向分辨能力。对区域成像和目标监视具备较高的角度分辨率。窄波束的抗干扰能力强，天线的增益高，能够检测较小的目标，比如电线、电线杆和子弹等。

（2）带宽范围较大

具有较高的信息速率，易采用窄脉冲或宽带调频信号获得目标的细节结构特征。具有较宽的扩谱能力，减少多径、杂波并且抗干扰能力较强。不易受到相邻频率的雷达的干扰。具有较高的远距离分辨能力，以得到精确的目标跟踪和识别能力。

（3）多普勒频率高

对速度较慢的目标和振动目标具有良好的检测和识别能力，易于利用目标的多普勒频率特性识别目标特征。

（4）响应速度快

毫米波是电磁波的一种，其传播速度为光速，并且毫米波调制简单，配合高速信号处理系统，可以快速地测量目标的距离、速度和方位角等信息。

（5）环境适应性强

毫米波具有较强的穿透能力且不受光照条件的影响，在雨、雪、雾、霾等恶劣天气或在黑夜、强光等条件下依然可以正常工作，而且不受目标颜色和温度的影响。

（6）抗干扰能力强

毫米波雷达工作在高频段，而周围的噪声和干扰信号一般处于中低频段，基本上不会影响毫米波雷达的正常运行，因此，毫米波雷达具有天然的抗低频干扰特性。

（7）探测距离远

毫米波雷达探测距离可以达到200m 以上，能满足智能网联汽车探测远处目标的要求。

（8）存在盲区

毫米波雷达覆盖区域呈扇形，有盲点区域，处于毫米波雷达盲区的目标无法被侦测到。

另外，作为车用环境感知设备，毫米波雷达无法识别交通标志和交通信号灯。

### 5.2.3　毫米波雷达的典型应用

与其他环境感知传感器相比，毫米波雷达的检测特性具有不可比拟的优势，见表 5-1。

**表 5-1　各种环境感知传感器的检测特性**

| 检测特性 | 毫米波雷达 | 视觉传感器 | 激光雷达 | 超声波传感器 |
|---|---|---|---|---|
| 天气适应性 | √ | × | × | × |
| 白昼适应性 | √ | × | √ | √ |
| 测距能力（10～50m） | √ | √ | √ | × |
| 测距能力（50～100m） | √ | × | √ | × |
| 分辨率（距离） | √ | √ | √ | √ |
| 测速能力 | √ | × | × | × |
| 分辨率（速度） | √ | × | × | × |
| 测角能力 | √ | × | × | √ |
| 分辨率（角度） | √ | √ | × | × |

毫米波雷达一般与视觉传感器配合使用，二者在性能上相互弥补，探测的信息相互融合后能够获得更全面、更真实的周边环境信息。

此外，毫米波雷达在光照条件较差的环境下，比如在光线不足或光线过度条件下、浓雾或降雨等恶劣天气条件下的行人、车辆及障碍物识别方面也发挥着不可替代的作用。

### 5.2.4　毫米波雷达的功能测试

如前所述，毫米波雷达是一种有源传感器，首先，需要向探测目标发射电磁波，然后，遇到探测目标电磁波反射回来，再由毫米波雷达的阵列天线接收到，最后，经过信号处理和计算得到探测目标的信息。毫米波雷达接收的是从探测目标返回的一系列点云信息，有别于客观世界中探测的整体目标，因此，会出现一定的偏差和信息丢失现象。需要通过功能测试来验证毫米波雷达是否能够实现预期的识别功能。

另外，为了将视觉传感器的障碍物识别功能屏蔽，达到专门测试毫米波雷达功能的目的，可将测试场景的光线调整至视觉传感器正常工作范围之外，或在有大雾、浓烟等可见度非常低的条件下进行测试试验。

（1）障碍物识别及响应测试

1）测试场景。

测试道路至少包含一条车道的长直道，在光线或照明条件不佳的条件下，车道中间分别放置锥形交通路标（推荐尺寸：50cm×35cm）或隔离栏（推荐尺寸：70cm×200cm），测试车辆匀速驶向前方障碍物，如图 5-10 所示。

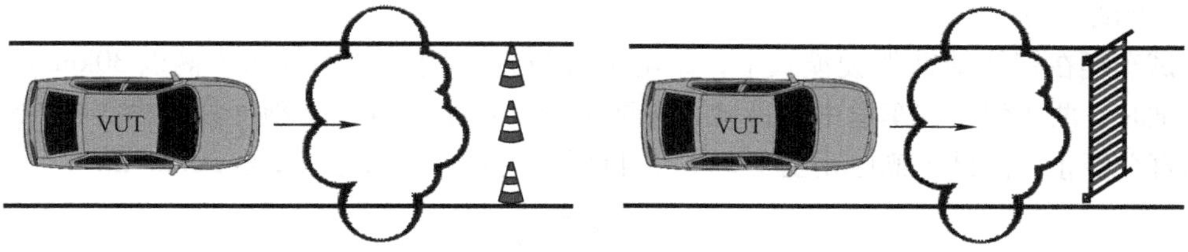


a) 锥形交通路标　　b) 隔离栏

图 5-10　障碍物识别及响应测试场景

2）测试方法。

测试车辆在智能辅助驾驶模式下，在距离前方障碍物 100m 前达到 30km/h 的车速，并匀速沿车道中间驶向前方障碍物。障碍物为测试道路内垂直于道路方向并排分开放置的 3 个锥形交通路标或 1 个隔离栏。两种场景应分别进行测试。

3）测试要求。

测试车辆应能通过制动、转向或组合方式避免与障碍物发生碰撞。

（2）行人识别及响应测试

1）测试场景。

测试道路为至少包含两条车道的长直道，中间车道线为白色虚线。测试车辆沿车道中间匀速行驶，在光线或照明条件不佳的条件下，行人（假人）于车辆正前方沿车道中间向前行走，如图 5-11 所示。

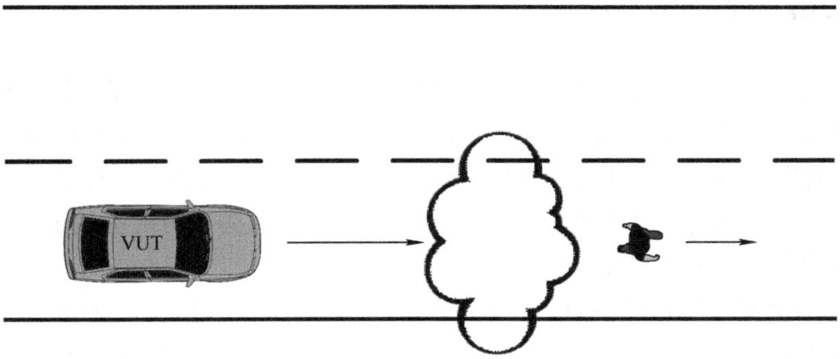


图 5-11　行人识别及响应测试场景

2）测试方法。

测试车辆在智能辅助驾驶模式下，在距离行人 100m 前达到 30km/h 的车速，并匀速沿车道中间驶向行人。行人的行进方向为沿车道直行，行人被拖曳的速度为 5km/h。

3）测试要求。

测试车辆应能通过制动、转向或二者组合的方式避让行人。

（3）停-走跟车测试

1）测试场景。

测试道路为至少一条两侧车道线均为实线的长直道。在光线或照明条件不佳的条件下，测试车辆稳定跟随目标车辆（假车）行驶，目标车辆制动直至停止一定时间后，目标车辆起步加速，如图 5-12 所示。

2）测试方法。

测试车辆在智能辅助驾驶模式下，跟随前方目标车辆行驶，目标车辆以 30km/h 匀速行驶。测试时，两车保持在车道中间行驶，测试车辆稳定跟随目标车辆行驶至少 3s 后，目标车辆减速直至停止。测试车辆停止至少 3s 后，目标车辆起步并加速恢复至 30km/h。

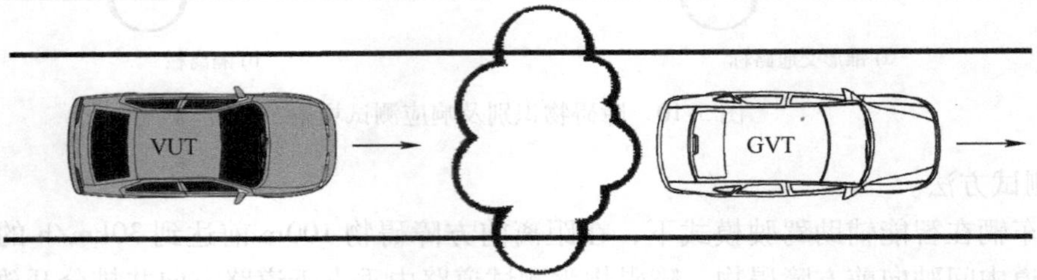


图 5-12　停-走跟车测试场景

3）测试要求。

① 当目标车辆减速至停止后，测试车辆应能跟随目标车辆停止，并不与目标车辆发生碰撞。

② 当目标车辆重新起动时，测试车辆应在 5s 内随其重新起步。

③ 测试车辆重新起步后，应能稳定跟随目标车辆行驶。

## 5.3　激光雷达感知功能

激光雷达是通过发射激光束并捕获目标物反射回来的激光束来测量探测目标的位置、速度等特征量的雷达系统。它向目标发射探测信号（激光束），然后将从目标反射回来的信号（目标回波）与发射信号进行比较，并作适当处理后，就可获得探测目标的有关信息，比如距离、速度、高度、姿态、方位角甚至形状参数等。与其他类型的雷达相比，激光雷达具有分辨率高、隐藏性好、抗干扰能力强等优势。

激光雷达根据安装位置的不同，分为两大类：一类安装在智能网联汽车的四周，其激光线束一般少于 8 线；另一类安装在车顶，其激光线束一般不少于 16 线，可进行水平 360°的扫描。激光雷达主要用于制作高精度地图，并进行行人和车辆等障碍物的识别，以确认车辆可行驶的道路空间。

### 5.3.1　激光雷达的工作原理

激光雷达的工作原理与毫米波雷达相似，包括测距原理和测速原理。激光雷达测距的基本原理是通过测算激光发射信号与激光回波信号的返回时间差，再根据激光在空气中的飞行速度计算出探测目标的距离。首先，激光雷达发出激光束，激光束碰到障碍物后被反射回来，被激光接收系统感知并进行处理，从而得知激光从发射至被反射回来并接收之间的时间，即激光的飞行时间，根据飞行时间可以计算出探测目标的距离，如图 5-13 所示。

根据所发射激光信号的形式不同，激光测距方式可分为脉冲法激光测距和相位法激光测距两大类。

激光雷达测速的方法也有两大类：一类是基于激光雷达的测距原理，以一定的时间间隔连续测量探测目标的距离，用两次测量的距离差值除以时间间隔就可以得到探测目标的速度值了，速度的方向根据距离差值的正负可以确定；另一种测速的方法是利用多普勒效应产生的多普勒频移。

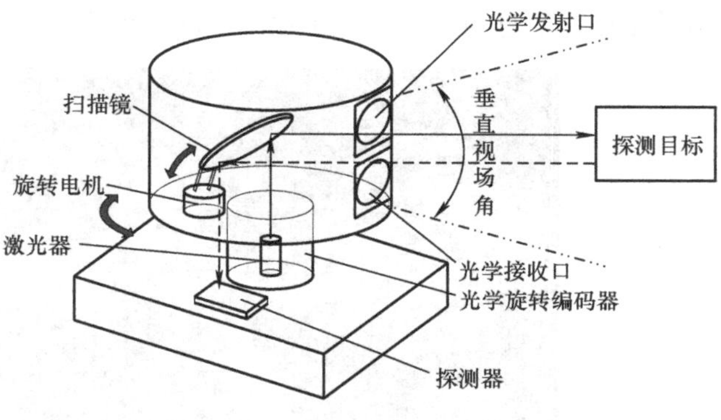

图 5-13　激光雷达的工作原理

## 5.3.2　激光雷达的特点

激光雷达以激光作为载波，可以用振幅、频率和相位作为载体来搭载信息，因此，激光雷达有以下优于其他类型雷达的特点。

（1）分辨率高

激光雷达可以获得极高的角度、距离和速度分辨率。通常激光雷达的角分辨率不低于 0.1mrad，也就是说，可以分辨 3km 距离上相距 0.3m 的两个探测目标，并可同时跟踪多个探测目标；距离分辨率可达 0.1m；速度分辨率能达到 10m/s 以内。

（2）探测范围广

因为激光束发散角小，能量集中，所以激光雷达的有效探测距离可达 300m 以上。

（3）信息量丰富

激光雷达可直接获取探测目标的距离、速度、方位角和反射强度等信息，能够生成探测目标的多维度图像，如图 5-14 所示。

图 5-14　激光雷达成像效果图（见彩插）

（4）全天候工作

激光雷达是主动探测设备，不依赖外界光照条件或探测目标本身的辐射特性，它能够自己发射激光束，通过探测发射光束的回波信号来获取目标的信息。

但是激光雷达体积较大，成本较高，容易受到大气条件以及工作环境烟尘的影响，且不具备识别交通标志和交通信号的能力。

## 5.3.3　激光雷达的典型应用

激光雷达最主要的功能就是能够生成动态的高精度电子地图。智能网联汽车围绕高精度电子地图所衍生的典型应用主要有以下 4 个方面。

（1）高精度电子地图和定位

利用多线束激光雷达的点云信息与车载组合惯性导航设备采集的信息，进行高精度电子地图的制作，如图 5-15 所示，该项技术被列为智能网联汽车关键技术之一。智能网联汽车利用激光点云信息与高精度电子地图匹配，最终实现了高精度定位，进而实现了实时导航。

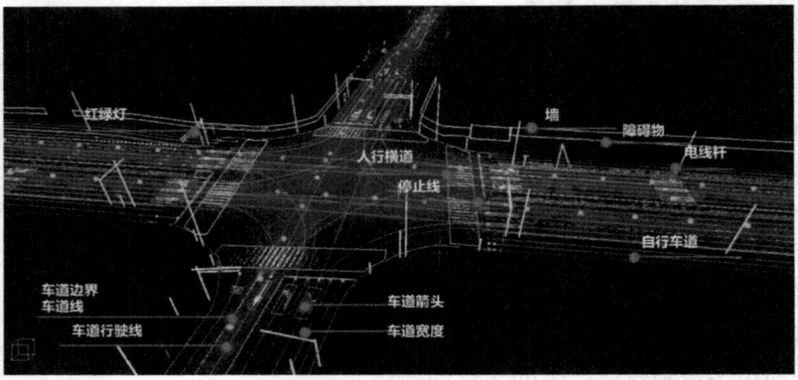


图 5-15 高精度电子地图（见彩插）

（2）障碍物识别

利用高精度电子地图限制感兴趣区域后，根据障碍物特征和识别算法，进行障碍物检测与识别。

（3）可通行空间检测

利用高精度电子地图限定感兴趣区域后，可以利用感兴趣区域内部（比如可通行道路和交叉口）点云的高度及连续性信息判断点云处是否可通行。

（4）障碍物轨迹预测

根据激光雷达的感知数据与障碍物所在车道的拓扑关系（道路连接关系）进行障碍物的轨迹预测，以此作为智能网联汽车规划（避障、换道、超车等）的判断依据。

多线束激光雷达一般应用在等级较高的智能网联汽车上，这类激光雷达能够 360°扫描车辆周围的环境，获取行驶区域的三维点云，通过比较连续感知的点云和探测目标的差异检测其运动，创建一定范围内的 3D 高精度电子地图，为智能网联汽车的精准定位和路径跟踪创造基础条件。

## 5.4 超声波传感器感知功能及其测试

声音以波的形式传播，因此称之为声波。按照频率分类：频率低于 20Hz 的声波称为次声波；频率在 20Hz ~ 20kHz 之间的声波称为可闻声波，即人的耳朵可以分辨的声波；频率高于 20kHz 的声波称为超声波。

超声波传感器也称超声波雷达，是利用超声波的特性研制而成的传感器，它可以消除驾驶员在停车、倒车和起动车辆时，绕车周围探视带来的麻烦，帮助驾驶员消除盲点和视线模糊造成的困惑，提高低速行车的安全性。

### 5.4.1 超声波传感器的工作原理

超声波传感器在超声波频率范围内将交变的电信号转换成声信号，或者将外界声场中的声音信号转换为电信号。超声波传感器有一个发射头和一个接收头，安装在同一个平面上。

在有效的检测距离内，发射头发射特定频率的超声波，遇到探测目标后，会沿发射波的反方向反射部分超声波；接收头接收返回的超声波，由雷达记录超声波的往返时间，并计算出探测目标的距离。

超声波传感器的工作原理如图 5-16 所示，其通过接收头接收反射回来超声波与发出超声波的时间间隔来测算超声波传感器与探测目标之间的距离。

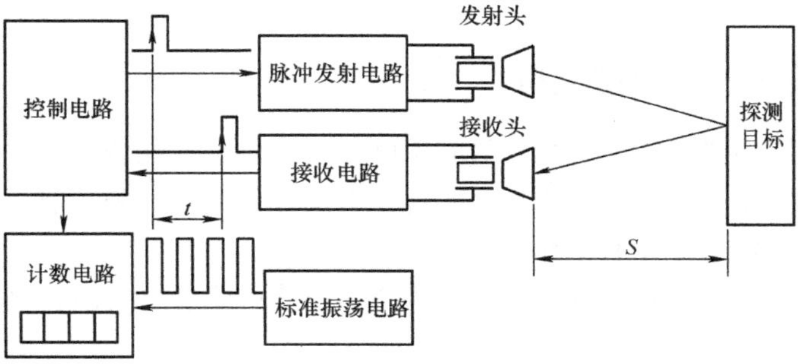


图 5-16　超声波传感器的工作原理

$$S = \frac{vt}{2} \tag{5-7}$$

式中　$v$——超声波在空气中的传播速度（m/s），通常情况下为 340m/s；

$S$——超声波传感器与探测目标之间的距离（m）；

$t$——超声波在空气中传播的时间（s）。

超声波传感器在智能网联汽车上的安装位置有两种：第一种安装在汽车的前后保险杠上，用于探测汽车前、后障碍物，测量距离通常为 0.15～2.5m，称为驻车辅助传感器（UPA），目前，这种传感器已经成为汽车的一种标准配置；第二种安装在汽车的侧面，用于测量停车位长度，测量距离通常为 0.3～5.0m，称为泊车辅助传感器（APA）。两种超声波传感器的安装位置如图 5-17 所示。

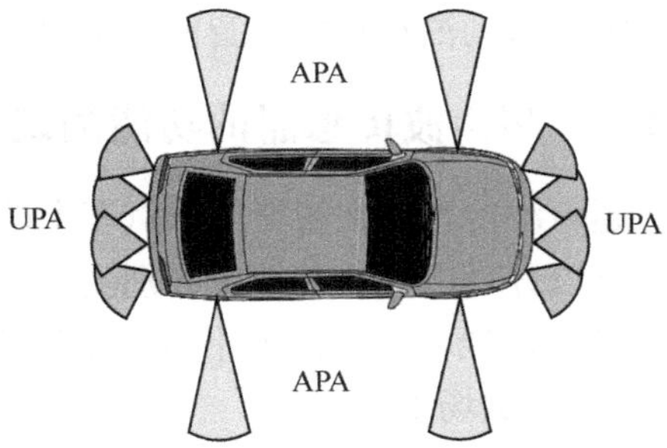


图 5-17　超声波传感器在汽车上的安装位置及其测距范围

## 5.4.2　超声波传感器的特点

由于载波种类的不同，超声波传感器与其他雷达相比具有明显的特点，这也是造成在智能网联汽车上超声波传感器与其他雷达共存现象的原因。

1）超声波传感器的有效探测距离一般在 0.15～5.0m 之间，也就是超声波传感器一般会在靠近车辆十几毫米的距离有一段侦测盲区。

2）超声波传感器对色彩、光照度不敏感，适用于识别透明、半透明及漫反射差的目标。

3）超声波传感器对外界光线和电磁场不敏感，可用于黑暗、有烟尘或烟雾、电磁干扰等恶劣环境中。

4）超声波传感器结构简单、体积小、成本低、信号处理简单可靠，易于小型化与集成化，并可对其进行实时控制。

5）超声波的传播速度很容易受天气情况影响，在不同的天气情况下，超声波的传输速度存在差异，而且传播的速度较慢，所以当车速较高时，使用超声波传感器测距无法跟上汽车间距的实时变化，因此会产生较大的误差。

6）超声波散射角大，方向性较差，在采用超声波传感器测量较远的目标时，回波信号较弱，影响测量精度。

### 5.4.3 超声波传感器的典型应用

目前，超声波传感器在传统汽车上的应用已经很成熟了，在智能网联汽车上通过增加超声波传感器的数量，在一些算法支持下，实现了更高级的辅助驾驶功能。

（1）倒车辅助功能和障碍物的预警功能

该功能一般要求汽车在后保险杠上安装4个超声波传感器。目前，该技术在传统汽车上已经成为一种标配技术。

（2）前后行车均有障碍物预警功能

该功能一般要求汽车在前后保险杠上各安装4个超声波传感器。目前，该技术在较高配置的汽车上已经普遍得到了应用。

（3）全自动泊车功能

该项技术一般要求汽车除了在前后保险杠上各安装4个超声波传感器，还要配置4个侧向超声波传感器，即APA。该功能既涉及车辆的纵向控制技术，又涉及车辆的横向控制技术，拥有自动泊车功能的智能网联汽车属于L2级。

### 5.4.4 超声波传感器的功能测试

超声波传感器在智能网联汽车上的主要功能就是全自动泊车，根据全自动泊车的场景不同，可以分为以下4种情况分别测试超声波传感器的功能。

（1）两辆汽车之间的平行泊车功能测试

1）测试场景。

两辆目标车辆（假车）与测试车辆宽度差值在0.15m以内。两辆目标车辆在同一条直线上靠近路侧边缘。当停车位边线包含路缘石时，目标车辆侧边缘线与路缘石平行，且路缘石高出路面高度≥0.15m，路缘石中心线与地面夹角为90°。在停车位路侧端距离目标车辆侧边缘线4.5m处，设置平行于目标车辆侧边缘线且高度≥1.5m的泊车可控区域障碍物，障碍物至少覆盖目标车辆1最前端至目标车辆2最前端区域。当测试车辆长度≤4m时，$L$为测试车辆长度+1m。当测试车辆长度>4m时，$L$为测试车辆长度的1.25倍。$B$为测试车辆的宽度+0.2m，如图5-18所示。

2）测试方法。

在智能网联汽车自动泊车系统激活状态下，按照表5-2中所列的横向距离和停车位类型完成测试项目。测试车辆以10km/h的车速驶向停车位，车速偏差为±2km/h，行驶路径为直线，测试车辆横向距离偏差绝对值$|\Delta d| = |d_r - d_f| \leq 0.2\text{m}$，角度偏差绝对值$|\theta| \leq 3°$，其中，横向距离$d$是测试车辆的后轴中间点到目标车辆侧边缘线的最小距离。

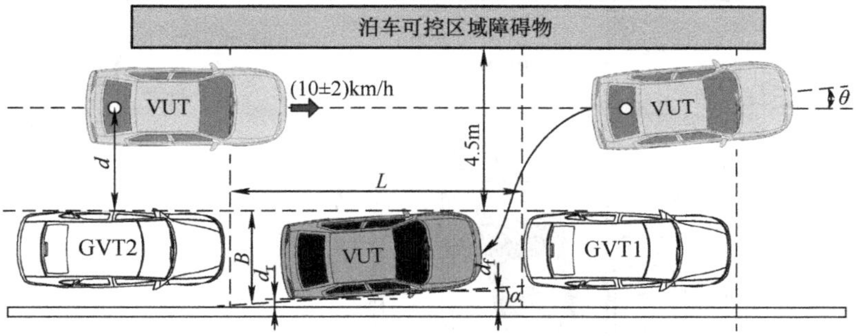


图 5-18 两辆汽车之间的平行泊车功能测试场景（有路缘石）

**表 5-2 两车之间自动泊车测试试验数据要求**

| 序号 | 横向距离 $d$ | 停车位类型 | 路缘石 |
|---|---|---|---|
| 1 | 0.5×车宽+0.8m | 平行 | 无 |
| 2 | 0.5×车宽+1.3m | 平行 | 无 |
| 3 | 0.5×车宽+0.8m | 平行 | 有 |
| 4 | 0.5×车宽+1.3m | 平行 | 有 |
| 5 | 0.5×车宽+0.8m | 垂直 | 无 |
| 6 | 0.5×车宽+1.3m | 垂直 | 无 |

3）测试要求。

① 测试车辆在停车位搜索状态下应能搜索到停车位。

② 泊车过程不应与目标车辆及障碍物发生碰撞。

③ 最多档位调整次数≤8 次。

④ 当有路缘石时，路缘石与测试车辆侧边缘的夹角 $|\alpha| \leq 3°$；当无路缘石时，目标车辆侧边缘线与测试车辆边缘线的夹角 $|\alpha| \leq 3°$。

⑤ 当有路缘石时，测试车辆前、后轮胎外边缘接地点到路缘石的最小距离 $d_f$ 和 $d_r$ 应在 0.05～0.35m 之间，如图 5-18 所示；当无路缘石时，测试车辆前、后轮胎外边缘接地点到路缘石的最小距离 $d_f$ 和 $d_r$ 绝对值应≤0.15m。

（2）两辆汽车之间的垂直泊车功能测试

1）测试场景。

两辆目标车辆（假车）与测试车辆长度差值在 0.3m 以内。两辆目标车辆平行摆放且前端对齐。距离两辆目标车辆最前端 7.0m 处，设置垂直于目标车辆侧边缘线且高度≥1.5m 的泊车可控区域障碍物，障碍物至少覆盖两辆目标车辆及停车位区域。$L$ 为测试车辆长度，$B$ 为测试车辆的宽度 +1.2m，如图 5-19 所示。

2）测试方法。

在智能网联汽车自动泊车系统激活状态下，按照表 5-2 中所列的横向距离和停车位类型完成测试项目。测试车辆以 10km/h 的车速驶向停车位，车速偏差为 ±2km/h，行驶路径为直线，测试车辆横向距离偏差绝对值 $|\Delta d| = |d_r - d_f| \leq 0.2\text{m}$，角度偏差绝对值 $|\theta| \leq 3°$，其中，横向距离 $d$ 是测试车辆的后轴中间点到目标车辆侧边缘线的最小距离。

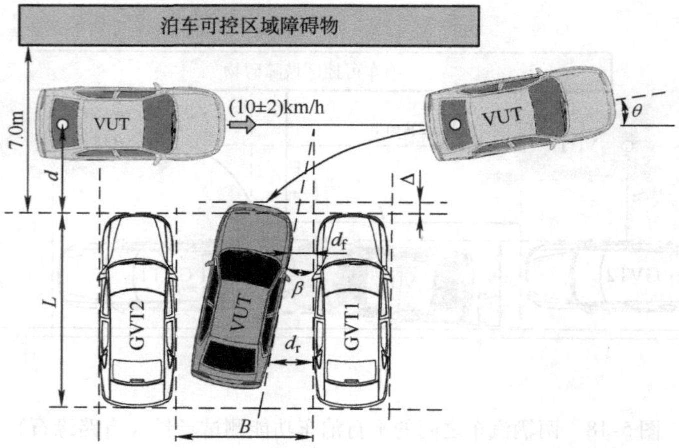


图 5-19 两辆汽车之间的垂直泊车功能测试场景

3）测试要求。

① 测试车辆在停车位搜索状态下应能搜索到停车位。

② 泊车过程不应与目标车辆及障碍物发生碰撞。

③ 最多档位调整次数≤7 次。

④ 测试车辆与两侧目标车辆最小距离（不包括后视镜）应≥0.3m，测试车辆与目标车辆最前端连线的距离绝对值 $|\Delta|\leqslant 0.4\mathrm{m}$，测试车辆侧边缘与目标车辆边缘的夹角绝对值 $|\beta|\leqslant 3°$，如图 5-19 所示。

（3）有停车位标记的平行泊车功能测试

1）测试场景。

停车位几何形状和尺寸应符合 GB 5768.3—2009 要求。停车位边界线宽度 $L_1$ 为 0.1m。以车位线中心线为基准，停车位宽度 $B$ 为 2.5m，停车位长度 $L$ 为 6.0m 和测试车辆长度加 1.0m 的较大值。在距离停车位路侧端边线中心线 4.5m 处，设置平行于停车位路侧端边线且高度≥1.5m 的泊车可控区域障碍物，障碍物至少覆盖停车位区域，如图 5-20 所示。

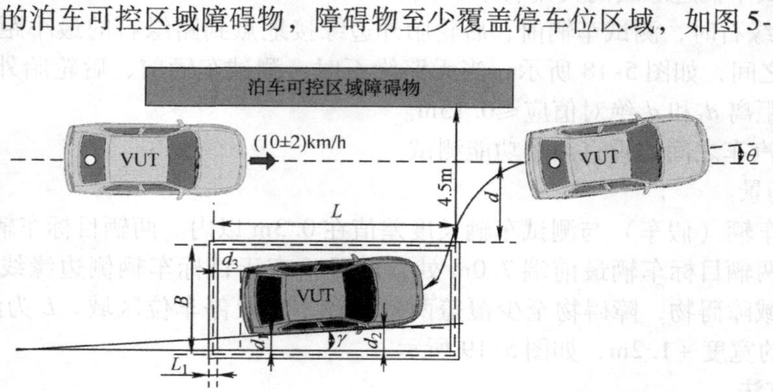


图 5-20 有停车位标记的平行泊车功能测试场景

2）测试方法。

在智能网联汽车自动泊车系统激活状态下，按照表 5-3 中所列的横向距离和停车位类型

完成测试项目。测试车辆以 10km/h 的车速驶向停车位，车速偏差为 ±2km/h，行驶路径为直线，测试车辆横向距离偏差绝对值 $|\Delta d| = |d_r - d_f| \leq 0.2\text{m}$，角度偏差绝对值 $|\theta| \leq 3°$，其中，横向距离 $d$ 是测试车辆的后轴中间点到停车位最外侧边缘线的最小距离，如图 5-20 所示。

**表 5-3　停车位标记自动泊车测试试验数据要求**

| 序号 | 横向距离 $d$ | 停车位类型 |
| --- | --- | --- |
| 1 | 0.5 × 车宽 + 0.8m | 平行 |
| 2 | 0.5 × 车宽 + 1.3m | 平行 |
| 3 | 0.5 × 车宽 + 0.8m | 垂直 |
| 4 | 0.5 × 车宽 + 1.3m | 垂直 |

3）测试要求。

① 测试车辆在停车位搜索状态下应能搜索到停车位。

② 泊车过程不应与障碍物发生碰撞。

③ 最多档位调整次数≤8 次。

④ 测试车辆侧边缘线与停车位边界线的夹角 $|\gamma| \leq 3°$。

⑤ 测试车辆前车轮轮胎外边缘接地点到停车位边界线内边缘的最短距离 $d_2 > 0\text{m}$，后车轮轮胎外边缘接地点到停车位边界线内边缘的最短距离 $d_1 > 0\text{m}$，车身最后端和最前端与停车位边界线内边缘之间的最短距离较小值 $d_3 > 0\text{m}$，如图 5-20 所示。

（4）有停车位标记的垂直泊车功能测试

1）测试场景。

停车位几何形状和尺寸应符合 GB 5768.3—2009 要求。停车位边界线宽度 $L_1$ 为 0.1m。以车位线中心线为基准，停车位宽度 $B$ 为 2.5m 和测试车辆宽度加 0.6m 的较大值，停车位长度 $L$ 为 6.0m。在距离停车位路侧端边线中心线 7.0m 处，设置平行于停车位路侧端边线且高度≥1.5m、长度≥4m 的泊车可控区域障碍物，障碍物至少覆盖停车位区域，如图 5-21 所示。

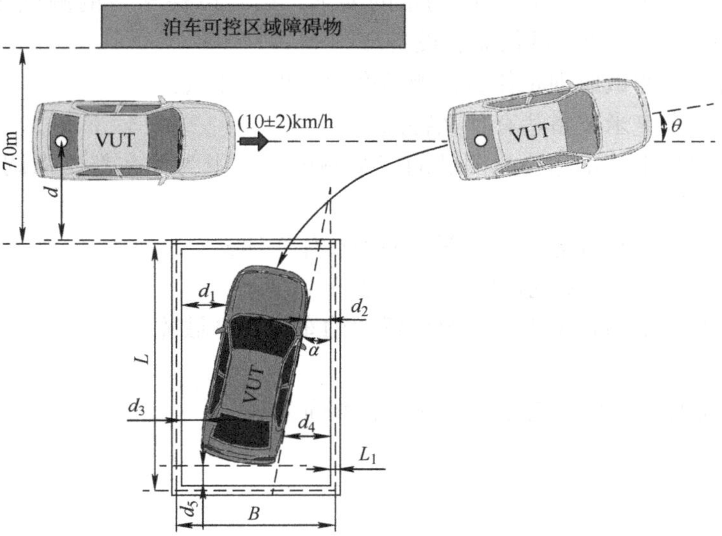


图 5-21　有停车位标记的垂直泊车功能测试场景

2）测试方法。

在智能网联汽车自动泊车系统激活状态下，按照表5-3中所列的横向距离和停车位类型完成测试项目。测试车辆以10km/h的车速驶向停车位，车速偏差为±2km/h，行驶路径为直线，测试车辆横向距离偏差绝对值$|\Delta d| = |d_r - d_f| \leqslant 0.2\text{m}$，角度偏差绝对值$|\theta| \leqslant 3°$，其中，横向距离$d$是测试车辆的后轴中间点到停车位最外侧边缘线的最小距离，如图5-21所示。

3）测试要求。

① 测试车辆在停车位搜索状态下应能搜索到停车位。

② 泊车过程不应与障碍物发生碰撞。

③ 最多档位调整次数≤7次。

④ 测试车辆侧边缘线与停车位边界线的夹角$|\alpha| \leqslant 3°$。

⑤ 测试车辆左前车轮外边缘接地点距停车位边界线内边缘的最短横向距离$d_1 > 0\text{m}$，右前车轮外边缘接地点距停车位边界线内边缘的最短横向距离$d_2 > 0\text{m}$，左后车轮外边缘接地点距停车位边界线内边缘的最短横向距离$d_3 > 0\text{m}$，右后车轮外边缘接地点距停车位边界线内边缘的最短横向距离$d_4 > 0\text{m}$，车身最后端距停车位边界线内边缘的最短距离和最前端距车辆前方停车位边界线内边缘的最短距离较小值$d_5 > 0\text{m}$，如图5-21所示。

# 复 习 题

**一、填空题**

智能网联汽车的环境感知系统由________、________、________和________等传感器组成。

**二、简答题**

1. 智能网联汽车的视觉传感器的典型应用有哪些方面？

2. 根据限速标志识别及响应测试场景的要求，结合以往学习的测试场景搭建的知识，列出搭建此测试场景所需的测试仪器和设备。

3. 毫米波雷达的测试原理是什么？测角度的原理是什么？

4. 智能网联汽车毫米波雷达有什么特点？

5. 本章在介绍毫米波雷达功能测试的三个测试实例中为什么都要强调“在光线或照明条件不佳的条件下”？

6. 高精度电子地图与普通电子地图的差别在什么地方？

7. 什么是激光SLAM？视觉传感器能实现SLAM吗？

8. 在自动泊车测试场景中为什么要设置“泊车可控区域障碍物”？

**三、判断题**

超声波传感器的特点是反应迅速、及时、准确。（　　）

# 第6章

# 智能网联汽车无线通信功能测试

智能网联汽车主要包括三种网络：第一种是以车辆总线为基础的车内网络，也称之为车载网络；第二种是以短距离无线通信为基础的车载自组织网络；第三种是以远距离通信为基础的车载移动互联网。其中，车载网主要实现车内各电器设备、电控单元的状态信息和控制信号的传输，具有状态感知、故障诊断和智能控制等功能。车载移动互联网主要实现智能网联汽车与互联网之间的连接，用户能够开展商务办公、信息互通和休闲娱乐等活动。而车载自组织网络则利用短距离无线通信技术，自主构建车辆与车辆（V2V）、车辆与基础设施（V2I）和车辆与行人（V2P）之间的通信，实现 V2X 的信息传输，使智能网联汽车具有接收和反馈车际感知设备信息的功能，使汽车的感知范围得以扩大，进一步增强了智能网联汽车的行驶安全性。

## 6.1　车辆与车辆通信功能及其测试

车辆与车辆（V2V）通信主要是指行驶在路上的智能网联汽车通过车载通信单元进行的车辆间的通信。在车载通信单元的帮助下，智能网联汽车可以实时获取周围车辆的车速、车辆位置和行驶状态等信息，由此车辆之间构成了一个互联通信平台，可以实时交换各种文字、图片、音频和视频等信息。V2V 通信主要用于避免交通事故、缓解交通压力和车辆监督管理等。

### 6.1.1　车辆与车辆通信的基本原理

V2V 通信技术是一种不受限于固定式基站的通信技术，为移动中的车辆提供直接的从一端到另一端的无线通信。它要求将无线数字传输模块植入智能网联汽车中，该模块可以向周边联网的汽车提供本车状态信息和数字化交通信息等。智能网联汽车的无线数字传输模块还可以同步接收来自其他车辆的数字化信息，同时将获得的信息与车内的驾驶辅助系统相连，作为智能网联汽车安全、顺畅行驶的依据。综合来自其他车辆车载通信单元的数字信息，智能网联汽车就能够分析周边汽车的运行状况，包括当前位置、相对距离、相对速度以及加速度等，并作为智能网联汽车下一步控制决策的依据。比如，当车载通信单元接收到前车的紧急制动信息后，立即实施减速操作，从而有效地防止汽车追尾事故的发生。

### 6.1.2　车辆与车辆通信的特点

汽车具有高速移动的属性，在高速移动的节点上建立起来的移动车载自组织网络具有以下 5 个特点。

（1）节点间相对运动速度变化区间大

在 V2V 通信中，所有参与通信的车辆都称之为节点。节点的移动速度可能在 -300 ~

+300km/h 之间，这对 V2V 通信系统构成了特殊的挑战。当节点运动速度非常高时，几百米的有效通信变得相对较小，会造成共同的无线通信窗口期非常短。比如，在高速公路上对向行驶的车辆，有效的通信时间只能维持十几秒，短暂的通信时间对有效的通信构成了很大的挑战。当车辆运动速度较低时意味着车辆密度很大，又会由于多信号源导致通信干扰和截止接入等诸多问题。

（2）节点的运动模式复杂

车辆在对向的直路上行驶时，一般情况下只有两个行驶方向，在十字路口时，车辆的行驶方向就具有不确定性了。而在实际交通环境中，导致车辆运动模式不确定性的因素还有很多。比如，城市道路路网密度较高，道路种类多样化、交织错综复杂，路段较短，道路两侧建筑物会干扰无线通信，因此，车辆运动速度较慢；再比如，高速公路路段较长、并排车道较多、存在出口和匝道，行驶方向长时间保持不变，因此，车辆的运动速度较快；又比如，乡村道路通常较长，交叉路口较少且简单空旷，在这种环境下，由于路面车辆过少，一般很难形成连通的网络。节点运动模式的复杂性造成 V2V 通信面临很多挑战，尤其是路由问题。

（3）节点密度的多变性

在有限的无线通信范围内，可能存在零到几十甚至上百个车辆节点。假设在一条 4 车道的高速公路上，遇到交通阻塞，并且每 20m 存在一辆装备车载通信单元的车辆，智能网联汽车的通信半径为 300m，则理论上智能网联汽车发出的信息可以被 120 辆车接收到，此时，消息只可能被选定节点重复，否则会导致重载信道。而当节点密度非常小时，几乎不可能完成瞬时信息转发。在这种情况下，需要更复杂的信息传播机制，可以先存储信息，并在遇到车辆的时候将信息转发出去，这可能导致一些信息被同一辆车重复多次转发。

（4）节点异构性

在车载自组织网络中，节点有许多种类。V2V 通信网络中的节点不一定相同，单就车辆用途就可以分为城市公交车、私家车、出租车、救护车、道路建设和维修车辆等，并不是每辆车的车载通信单元都要安装相同的应用程序，比如救护车需要安装能够在其行驶路线上发出警告的应用程序。

（5）可预测的运动性

尽管车辆节点的运行规律比较复杂，但车辆的运动趋势在一定程度上仍然是可以预测的。在高速公路上，根据车辆所处的车道、实时的路况以及汽车本身的车速和方向，就可以推测汽车在随后短时间内的运动趋势。在城市道路上，不同类型的车辆具有不同的运动趋势，公交车的行驶平均速度缓慢且具有间隔性停歇状态，因此根据公交车节点的车速和道路特点就可以推测出短时间内的运动趋势。

### 6.1.3 车辆与车辆通信的典型应用

（1）交叉路口碰撞预警

当一辆智能网联汽车驶向无信号灯的平面交叉路口，另一辆智能网联汽车从另一方向也驶向同一交叉路口，两辆车在该交叉路口存在相撞的危险，尤其是存在视觉盲区的情况下。如果两辆车都具有 V2V 通信功能，车载通信单元会向外发送车辆运行状态，若任意一车辆接收到信息，经过计算判断两辆车如果继续按照当前车速行驶，将会在交叉路口发生碰撞事故，则在两辆车发生碰撞前，且有足够的时间采取措施时，智能网联汽车会及时向驾驶员发出警报，以免两车发生碰撞。这种情况同样适用于各种道路的交叉口、环岛入口和高速公路入口等场景。

（2）异常车辆提醒

异常车辆提醒是指一辆智能网联汽车在行驶中发生故障并打开故障警告灯时，对外发布“故障报警”的信息，另一辆在同一路段行驶的智能网联汽车根据V2V接收到的信息内容，识别出报警车辆属于异常车辆，进而根据信息内容还可以判断报警车辆处于静止或慢速状态。当识别出异常车辆可能对车辆的行驶路线有干扰时，智能网联汽车将提醒驾驶人员注意。该功能适用于城市及郊区普通道路及公路的交叉口、环岛入口、高速公路入口等环境中的异常车辆提醒。

（3）逆向超车预警

当智能网联汽车跟随前方车辆在本车道内同向同速行驶时，激活转向灯，意图借道逆行超车，此时，刚好在左侧相邻逆向车道上有智能网联汽车沿对向车道驶来，当智能网联汽车根据V2V接收的信息判断无法完成超车时，将发出禁止逆向超车预警，提醒驾驶员不要超车，以免发生碰撞事故。

（4）紧急车辆提醒

当智能网联汽车在路上行驶，同车道或左/右相邻车道后方有紧急车辆（消防车、救护车或警车等），且紧急车辆开启报警器并通过V2V持续广播紧急车辆信息，当智能网联汽车与紧急车辆纵向距离满足一定条件时，将发出警报提醒驾驶员周边有紧急车辆，注意让行。

（5）车辆编队行驶

车辆编队行驶是指具有V2V功能的智能网联汽车，利用其车载无线通信系统感知领航车辆和前方车辆的运行信息，再利用其动态驾驶任务系统调节车速和行驶方向，使车辆之间保持一个适当的安全距离，同时确保车辆的行驶轨迹与领航车辆轨迹基本重合，使整个车队构成协同行驶的整体，整个车队在领航车辆的带领下顺次安全地到达目的地。在车辆编队行驶过程中，车队中的智能网联汽车能够根据行驶条件的变化随时实现创建车辆编队、解散车辆编队、车辆加入编队和车辆离开编队等车辆编队行驶功能。一般该项功能适用于载货的商用车。

### 6.1.4　车辆与车辆通信功能的测试

（1）交叉路口碰撞预警功能测试

1）测试场景。

测试道路为至少包含双向两车道的交叉路口，路口没有信号灯，中间车道线为黄色虚线。测试车辆与目标车辆（假车）的行驶方向相交叉，且两辆车均向交叉路口行驶，如不加以干预，测试车辆将与目标车辆发生碰撞。测试场地内可设置高于地面1.5m的可控区域障碍，使测试车辆与目标车辆之间互不可见。测试车辆和目标车辆均具有V2V功能。测试车辆与目标车辆的速度相同，均在10～60km/h的范围内，如图6-1所示。

2）测试方法。

① 测试车辆和目标车辆分别沿各自车道的中心线驶向交叉路口，由静止加速至目标车速，并保持稳定行驶。此时，应满足测试车辆与目标车辆到达碰撞点的时间差值在0.5s以内TTC <0.5s的要求。

② 测试车辆和目标车辆的车速达到稳定的测试要求前就要开始采集数据，测试车辆进入性能评估时段后，要求持续采集数据，驾驶员应保持注意力高度集中，确保试验的安全性。

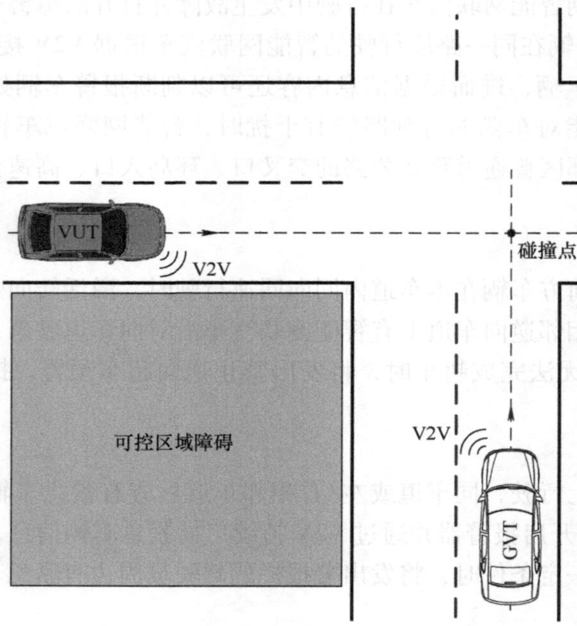


图 6-1　交叉路口碰撞预警功能测试场景

③ 测试车辆在距碰撞点一定距离触发碰撞预警或达到最晚报警时机仍未触发预警，则测试结束。

3）测试要求。

按照表 6-1 的要求完成所有的测试用例。

**表 6-1　交叉路口碰撞预警功能测试要求和通过指标**

| 测试用例 | 测试参数 | | | | 通过指标 | | 预警 TTC 参考值 | |
|---|---|---|---|---|---|---|---|---|
| | VUT 车速/(km/h) | GVT 车速/(km/h) | GVT 位置 | GVT 行驶方向 | 最晚预警距离/m | 最早预警距离/m | 最晚 TTC/s | 最早 TTC/s |
| 1 | 20 | 20 | 左侧 | 直行 | 10.51 | 17.29 | 1.89 | 3.11 |
| 2 | 30 | 30 | 右侧 | 直行 | 15.73 | 27.65 | 1.89 | 3.32 |

测试车辆的碰撞预警系统应在适当的时候发出预警，且预警的时机应满足表 6-1 规定的通过指标。

（2）异常车辆提醒功能测试

1）测试场景。

测试道路为至少包含三条车道的长直道，中间车道线为白色虚线。测试车辆沿中间车道中线匀速行驶，同时，目标车辆（假车）在测试车辆所在的车道上或相邻车道上行驶。测试车辆的车速范围在 10km/h 到测试车辆的最高车速之间，目标车辆的速度范围在 0km/h 到目标车辆的最高车速之间。当测试车辆与目标车辆都达到测试状态时，要求测试车辆与目标车辆沿车道距离 >200m，如图 6-2 所示。

2）测试方法。

① 测试车辆由静止加速至目标车速，目标车辆静止或由静止加速至目标车速，直至测试车辆与目标车辆都进入稳定的性能评估状态。

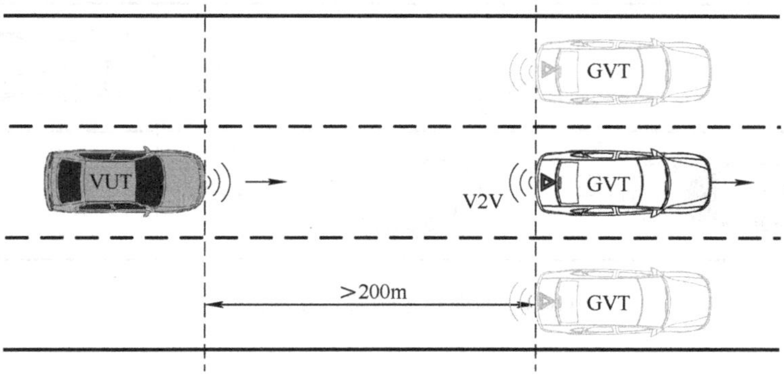


图 6-2 异常车辆提醒功能测试场景

② 通过遥控的方法将目标车辆车载通信单元的“故障警告灯”开启，且在测试过程中持续对外发射信息。

③ 测试车辆和目标车辆的车速达到稳定的测试要求前就要开始采集数据，测试车辆进入性能评估时段后，要求持续采集数据，驾驶员应保持注意力高度集中，确保测试的安全性。

④ 测试车辆应在距目标车辆一定距离触发异常车辆提醒预警信号或到达最晚预警时机仍未触发预警，则测试结束。

3）测试要求。

按照表 6-2 的要求完成所有的测试用例。

**表 6-2 异常车辆提醒功能测试要求与通过指标**

| 测试用例 | 测试参数 | | 通过指标 | |
|---|---|---|---|---|
| | VUT 车速/(km/h) | GVT 车速/(km/h) | 最晚预警距离/m | 最早预警距离/m |
| 1 | 20 | 0 | 50 | — |
| 2 | 40 | 0 | 100 | |
| 3 | 60 | 0 | 100 | |
| 4 | 90 | 0 | 150 | |
| 5 | 120 | 0 | 150 | |

测试车辆的异常车辆提醒系统应在适当的时候发出预警，且预警的时机应满足表 6-2 规定的通过指标。

（3）逆向超车预警功能测试

1）测试场景。

测试道路为至少包含两条车道的长直道，中间车道线为黄色虚线。测试车辆沿右侧车道中线匀速行驶，其前方有一辆低速行驶的目标车辆1（假车）。测试车辆打开左侧转向灯，将要借左侧的邻近车道超越目标车辆1。同时，目标车辆2（假车）在左侧车道上从对向驶来，如果测试车辆继续实施借道超车行为，将会发生碰撞事故。测试车辆与目标车辆2的行驶速度相同，均在20～70km/h范围内，且测试车辆与目标车辆2都具有V2V通信功能，如图6-3所示。

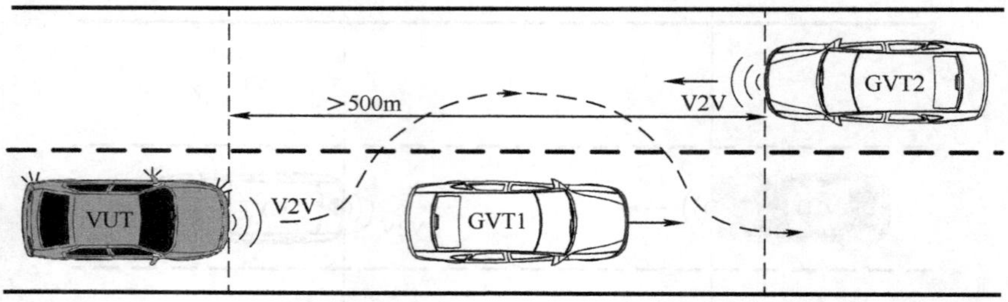


图6-3　逆向超车预警功能测试场景

2）测试方法。

① 测试车辆由静止加速至目标车速，测试车辆与目标车辆1保持安全的跟车距离并稳定行驶。

② 目标车辆2由静止加速至目标车速，然后保持该车速稳定行驶，此时应满足测试车辆与目标车辆2沿车道纵向距离>500m。

③ 测试车辆和目标车辆2的车速达到稳定的测试要求前就要开始采集数据，测试车辆进入性能评估时段后，要求持续采集数据，驾驶员应保持注意力高度集中，确保测试的安全性。

④ 测试车辆在开始性能测试前应激活转向灯，或发出其他借道超车意图的信号，测试车辆的逆向超车警报系统被触发或达到最晚预警时机仍未触发预警，则测试结束。

3）测试要求。

按照表6-3的要求完成所有的测试用例。

表6-3　逆向超车预警功能测试要求与通过指标

| 测试用例 | 测试参数 | | | 通过指标 | | 预警TTC参考值 | |
|---|---|---|---|---|---|---|---|
| | VUT车速/(km/h) | GVT1车速/(km/h) | GVT2车速/(km/h) | 最早预警距离/m | 最晚预警距离/m | 最早TTC/s | 最晚TTC/s |
| 1 | 40 | 40 | 40 | 303.98 | 270 | 13.68 | 12.15 |
| 2 | 60 | 60 | 60 | 472.9 | 415.92 | 14.19 | 12.48 |

测试车辆的逆向超车警报系统应在适当的时候发出预警，且预警的时机应满足表6-3规定的通过指标。

（4）紧急车辆提醒功能测试

1）测试场景。

测试道路为至少包含两条车道的长直道，中间车道线为白色虚线。测试车辆沿本车道中线匀速行驶。同车道或左/右相邻车道后方，有同向行驶的目标车辆（假车）为紧急车辆，紧急车辆开启报警器并持续通过车载通信单元广播紧急车辆信息。测试车辆的车速在0km/h到设计最高车速之间，目标车辆的车速在10km/h到设计最高车速之间，紧急车辆类型包括但不限于警车、消防车、救护车和工程抢险车等，如图6-4所示。

2）测试方法。

① 测试车辆和目标车辆由静止加速至目标车速，然后保持稳定行驶，此时测试车辆与目标车辆的纵向距离 >200m。

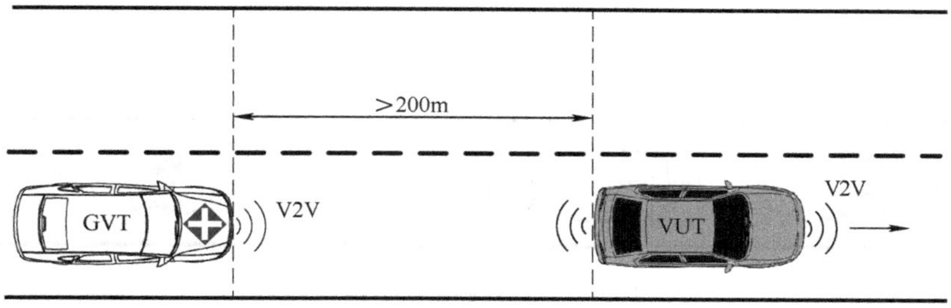


图6-4　紧急车辆提醒功能测试场景

② 测试车辆和目标车辆的车速达到稳定的测试要求前就要开始采集数据，测试车辆进入性能评估时段后，要求持续采集数据，驾驶员应保持注意力高度集中，确保测试的安全性。

③ 测试车辆的紧急车辆提醒系统被触发，同时车载通信单元向外发出附近有紧急车辆注意让行的消息，或达到最晚预警时机仍未触发预警，则测试结束。

3）测试要求。

按照表6-4的要求完成所有的测试用例。

**表6-4　紧急车辆提醒功能测试要求及通过指标**

| 测试用例 | 测试参数 | | | 通过指标 |
|---|---|---|---|---|
| | 测试车辆速度/（km/h） | 目标车辆速度/（km/h） | 紧急车辆类型 | |
| 1 | 20 | 40 | 消防车 | 测试车辆与目标车辆纵向距离≤200m后至测试车辆向外发出紧急车辆提醒预警信号的延时≤1s |
| 2 | 40 | 60 | 救护车 | |
| 3 | 20 | 40 | 警车 | |
| 4 | 40 | 60 | 工程抢险车 | |

测试车辆的紧急车辆提醒系统应正确识别紧急车辆类型并及时向外发出预警信号，且预警的时机应满足表6-4规定的通过指标。

（5）车辆编队行驶功能测试

1）测试场景。

① 测试道路为至少包含两条车道的长直道，测试车队由三辆智能网联货车组成，车辆1为驾驶员驾驶模式，车辆2、车辆3处于智能辅助驾驶跟车模式，三辆车要编队行驶。测试分为三种场景。

② 第一种测试场景：车辆1开始加速，后减速，最后停止，如图6-5所示。

③ 第二种测试场景：车辆1开始向邻近车道变道，如图6-6所示。

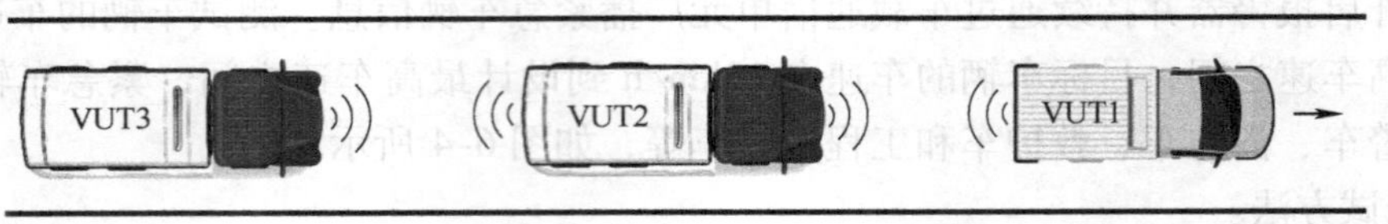


图 6-5　编队加速、减速测试场景

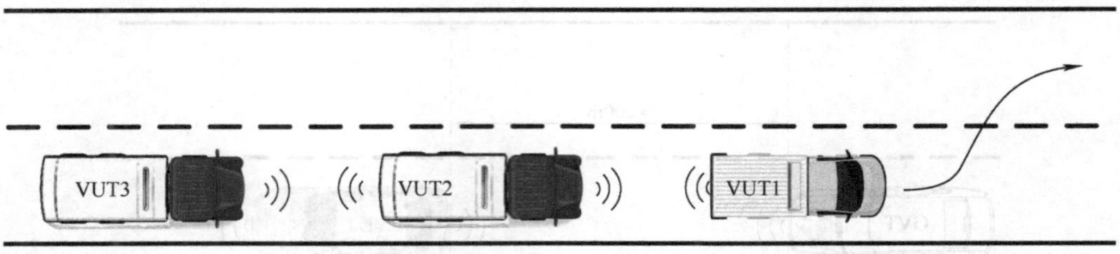


图 6-6　编队变道测试场景

④ 第三种测试场景：测试车辆已处于编队行驶状态并匀速行驶，目标车辆（假车，乘用车）从相邻车道切入测试车辆 1 和测试车辆 2 之间，如图 6-7 所示。

2）测试方法。

① 测试时，车辆 1 为驾驶员驾驶模式，测试车辆 2 和测试车辆 3 为处于智能辅助驾驶模式的智能网联汽车，且开启了 V2V 功能，三辆车实现编队行驶且能够实现 V2V 互联。

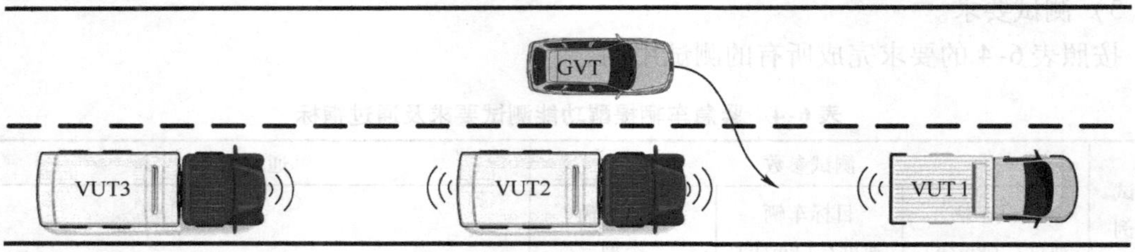


图 6-7　自适应编队测试场景

② 驾驶员驾驶车辆 1 从静止开始加速至 60km/h 并保持匀速行驶。

③ 测试车辆已处于编队行驶状态并以 60km/h 的速度匀速行驶。第一种场景，驾驶员操纵车辆 1 开始制动减速至停车，制动减速度为 $2 \sim 4\text{m/s}^2$。

④ 测试车辆已处于编队行驶状态并以 60km/h 的速度匀速行驶。第二种场景，驾驶员操纵车辆 1 开始向邻近车道变道。

⑤ 测试车辆已处于编队行驶状态并以 60km/h 的速度匀速行驶。第三种场景，目标车辆开始并道切入测试车辆 1 和测试车辆 2 之间，切入后，目标车辆以 60km/h 的速度跟随测试车辆 1 匀速行驶。

3）测试要求。

① 测试车辆之间信息包递交成功率都不低于 90%。

② 两辆测试车辆应能实现编队行驶，编队行驶后，测试车辆之间的车距应保持在设定距离的 ±25% 范围内，且最大距离≤20m。

③ 第一种场景，当车辆 1 减速时，测试车辆 2 与测试车辆 3 之间不能发生碰撞。

④ 第二种场景，当车辆 1 变道时，测试车辆 2、测试车辆 3 应能及时跟随车辆 1 变道。测试车辆 2 与测试车辆 3 之间不得发生碰撞，车队均完成换道后，测试车辆 2、测试车辆 3 相对于测试车辆 1 的横向距离偏移量不大于 0.5m。

⑤ 第三种场景，当目标车辆切入测试车队时，测试车辆 2 应能检测到目标车辆驶入并自动调整车速，测试车辆 2 应能与切入的目标车辆保持安全距离，安全距离≥5m，测试车辆 3 应能自适应调整车速，与测试车辆 2 保持安全距离以满足编队行驶要求。

## 6.2　车辆与基础设施通信功能及其测试

车辆在道路上行驶的过程中，经常要参考周边的基础设施的信息。传统汽车观察这些信息往往需要驾驶员的感官感知，由于人的感官容易出现疲劳，且观察到的信息还需要与车辆进行交互，才能转化为车辆对基础设施显示信息的响应，存在一定的滞后性，甚至对一些基础设施所表达的重要信息没有响应，酿成严重的交通事故。智能网联汽车具有与基础设施通信的功能，可以直接接收并使车辆迅速响应基础设施所表达的信息，提高了基础设施信息的响应速率，使道路交通更安全、更顺畅。

### 6.2.1　车辆与基础设施通信的基本原理

车辆与基础设施（V2I）通信是指车辆区域设备与道路区域设备（如交通信号灯、交通标志牌和路侧单元等）进行通信，道路区域设备获取附近区域的车辆信息并实时发布各种信息。车辆与基础设施通信主要应用于实时信息服务、车辆监管以及不停车收费等方面。

V2I 通信是将无线数字传输模块植入当前的道路交通基础设施中，无线数字传输模块可以向途经的汽车发送交通信号、指示信息和道路交通状况等数字化信息，并接收智能网联汽车信息查询及导航请求，然后将有关信息反馈给相关的智能网联汽车。智能网联汽车接收来自基础设施的数字化信息，并将信息在车内显示，同时与车内的驾驶辅助系统或智能辅助驾驶系统连接，作为汽车安全顺畅行驶的控制信号。

V2I 通信的主要特点包括：可以通过路侧单元（RSU）接入互联网，路侧单元可以对在其覆盖范围内的车辆节点进行信息广播，路侧单元可以准确地捕获其覆盖范围内的道路状况、交通灯以及车辆状况，V2I 通信具有一定的实时性和可靠性。

### 6.2.2　车辆与基础设施通信的关键技术

V2I 通信与其他 V2X 通信技术一样，都是一种不受限于固定式基站的通信技术，主要满足了与高速移动的车辆建立无线数据连接的需求，为了能够更好地为高速运动的车辆提供无线数据传输服务，这种通信要解决以下关键技术。

（1）高速、稳定、可靠的无线数据传输技术

V2I 通信也属于自组织网络通信系统，这种无线数据不必经过基站就可以直接传输给接收对象。在数据传输过程中车辆往往处于高速运动状态，车辆与固定的基础设施之间的有效通信时间只有十几秒。这就要求车辆与基础设施之间在十分短暂的时间内建立起顺畅、稳健且可靠的无线数据传输通道，以此保证无线数据的发送、接收和解析速度足够快、足够稳定

且足够可靠。因此，车辆与基础设施之间的无线传输技术变得尤为关键。

（2）高精度地图与高精度定位技术

V2I 数据通信的目的是向车辆提供必要的运行信息，使车辆安全、顺畅地运行在道路上。在处理这些信息的时候，车辆在什么位置，周边的运行环境怎样就变成重要的参考。高精度电子地图不但能提供周边环境的精确位置和方位，而且还能提供一般地图不能提供的信息，比如路面的海拔和一些移动物体的运动信息等。更重要的是以高精度电子地图为依托的高精度定位技术。V2I 通信的目的是引导路上的车辆按照限定的规则行驶，而车辆首先需要明确自身所处的准确位置，以便根据 V2I 提供的信息决定下一步该车行驶方向及行驶方式。

## 6.2.3 车辆与基础设施通信的典型应用

车辆与基础设施通信主要是指车载通信单元（OBU）与路侧单元（RSU）和基础设施之间的通信，往往是一个通信终端在移动，一个通信终端静止。

（1）道路危险状况提醒

道路危险状况提醒是指车辆行驶到存在潜在危险（如桥下存在较深积水、路面有深坑、道路湿滑、前方有急转弯等）的路段时，在该路段的前方有足够时间做相应准备的位置放置路侧单元。路侧单元提前预置了相关信息，循环地向经过该路段的车辆播放预警信息。载有车载通信单元的车辆经过该路段时，车载通信单元与路侧单元建立通信，车载通信单元立即获得路侧单元发出的提醒信息，并通过车载通信单元通知驾驶员注意或直接采取相应的措施，避免安全事故的发生。

（2）闯红灯预警

当智能网联汽车通过有信号灯的交叉路口，且交叉路口的信号灯也具有与车辆通信的能力时，交通信号灯通过其无线通信装置向周围发射与信号灯同步变化的周期无线信号，车载通信单元会提前与当前的信号灯建立连接，获取当前信号灯所处的状态以及信号灯的周期相位情况，从而为车辆进一步运行的规划决策提供必要的信息支持。这样即使驾驶员没有观察到信号灯的颜色也可以通过车载通信单元感知信号灯的状态，当车辆有闯红灯趋势时，闯红灯预警系统会向驾驶员发出闯红灯预警或直接制动车辆，避免闯红灯引起交通事故。

（3）近场支付

汽车近场支付是指汽车作为支付终端对所消费的商品或服务进行账务支付的一种方式。汽车通过 V2I 通信技术与场站的出入端口进行数据交换，间接向银行金融机构发送支付指令，产生货币支付与资金转移行为，从而实现车载支付功能。其主要应用包括 ETC、充电支付、停车支付和加油支付等汽车使用消费环节的付费需求。该技术可以有效地加速付费过程的效率与执行的准确性，加速车流，提高交通效率。

## 6.2.4 车辆与基础设施通信功能的测试

（1）道路危险状况提醒（HLW）功能测试

1）测试场景。

测试道路为至少包含两条车道的长直道，中间车道线为白色虚线。测试车辆沿本车道中线匀速行驶。路侧单元持续不间断地向外发布道路数据以及道路危险状况信息。测试车辆以 10km/h 到设计最高车速之间的车速行驶进入路侧单元信息覆盖的影响范围，测试车辆道路危险状况提醒系统将发出预警信息，提示驾驶员前方道路存在危险状况，如图 6-8 所示。

2）测试方法。

① 测试车辆由静止加速至目标车速，然后保持稳定行驶，此时测试车辆距离道路危险状况影响范围的纵向距离 >50m。

② 测试车辆的车速达到稳定的测试要求前就要开始采集数据，测试车辆进入性能评估时段后，要求持续采集数据，路侧单元持续广播道路危险状况信息，驾驶员应保持注意力高度集中，确保测试的安全性。

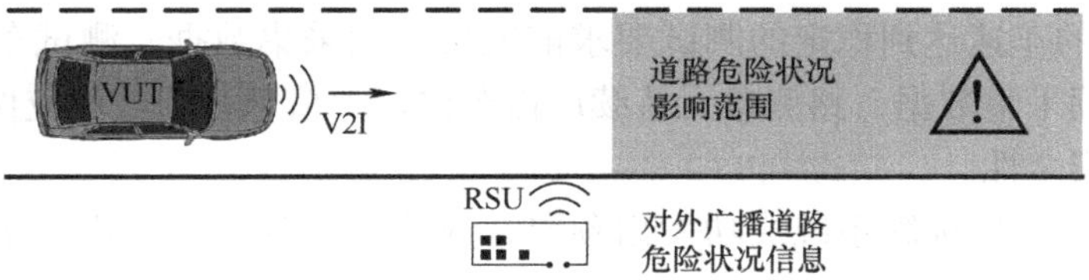


图 6-8　道路危险状况提醒功能测试场景

③ 测试车辆的道路危险状况提醒系统成功发出预警，或达到最晚预警时机仍未触发预警，则测试结束。

3）测试要求。

按照表 6-5 的要求完成所有的测试用例。

**表 6-5　道路危险状况提醒功能测试要求及通过指标**

| 测试用例 | 测试参数 | | 通过指标 |
|---|---|---|---|
| | VUT 车速/(km/h) | 道路交通事件分类及类型 | |
| 1 | 20 | 道路施工-占道施工 | VUT 进入道路危险状况影响范围内至 VUT 的 HLW 功能发出预警信息的延时≤1s |
| 2 | 40 | 路面状况-湿滑 | |
| 3 | 60 | 路面状况-湿滑 | |
| 4 | 90 | 重大事件-车车事故 | |
| 5 | 120 | 重大事件-车车事故 | |

测试车辆的道路危险状况提醒系统应能正确识别道路危险状况类型并发出相应的预警信号，且预警时机满足表 6-5 规定的通过指标。

（2）车内标牌（IVS）功能测试

1）测试场景。

测试道路为至少包含两条车道的长直道，中间车道线为白色虚线。测试车辆沿本车道中间匀速行驶。路侧单元持续不间断地向外发布道路数据以及交通标牌信息。测试车辆以 10km/h 到设计最高车速之间的车速行驶进入车内标牌信息影响范围内，测试车辆车内标牌系统将发出预警信息，提示驾驶员注意车内标牌信息，如图 6-9 所示。

2）测试方法。

① 测试车辆由静止加速至目标车速，然后保持稳定行驶，此时测试车辆距离车内标牌信息影响范围的纵向距离 >50m。

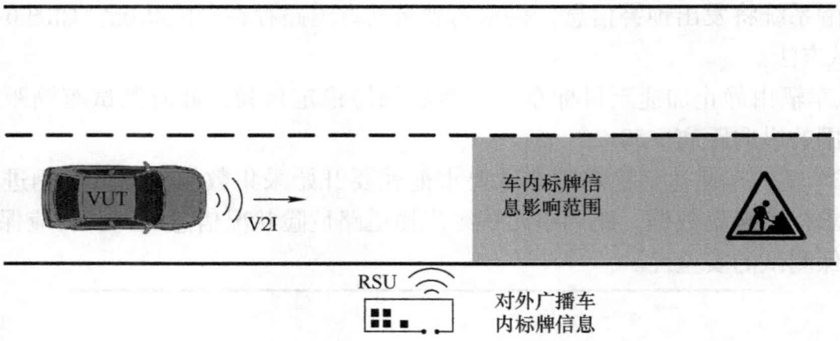


图 6-9　车内标牌功能测试场景

② 测试车辆的车速达到稳定的测试要求前就要开始采集数据，测试车辆进入性能评估时段后，要求持续采集数据，路侧单元持续广播车内标牌信息，驾驶员应保持注意力高度集中，确保测试的安全性。

③ 测试车辆的车内标牌系统成功发出预警，或达到最晚预警时机仍未触发预警，则测试结束。

3）测试要求。

按照表 6-6 的要求完成所有的测试用例。

**表 6-6　车内标牌功能测试要求及通过指标**

| 测试用例 | 测试参数 | | 通过指标 |
|---|---|---|---|
| | VUT 车速/(km/h) | 车内标牌信息分类及类型 | |
| 1 | 20 | 警告标识-注意危险标志 | 测试车辆进入车内标牌信息影响范围内至 VUT 发出车内信息预警的延迟≤1s |
| 2 | 40 | 禁止标识-禁止通行标志 | |
| 3 | 60 | 指示标识-执行标志 | |

测试车辆的车内标牌系统应正确识别车内标牌类型并发出预警信号，且预警时机应满足表 6-6 规定的通过指标。

（3）闯红灯预警（RLVW）功能测试

1）测试场景。

测试道路为至少包含双向两车道的十字交叉路口，中间车道线为黄色虚线。每个车辆行驶方向的路口都有指示通行权状态的信号灯，且每个信号灯都具备与车辆无线通信功能，即能与车辆实现 V2I 通信。测试车辆也具备与基础设施通信的功能，测试时以10～70km/h 的车速行驶至路口。当测试车辆与停止线纵向距离除以当前车速所得的时间值大于信号灯允许通行的剩余时间时，测试车辆触发闯红灯预警信号，提醒驾驶员以当前车速通过该路口会闯红灯，如图 6-10 所示。

2）测试方法。

① 测试车辆由静止加速至目标车速，然后保持稳定行驶，此时测试车辆距离车道停止线纵向距离 >100m，且以当前车速继续行驶，按照信号灯所处的相位，在信号灯变为红灯之前无法通过该路口。

② 测试车辆的车速达到稳定的测试要求前就要开始采集数据，测试车辆进入性能评估

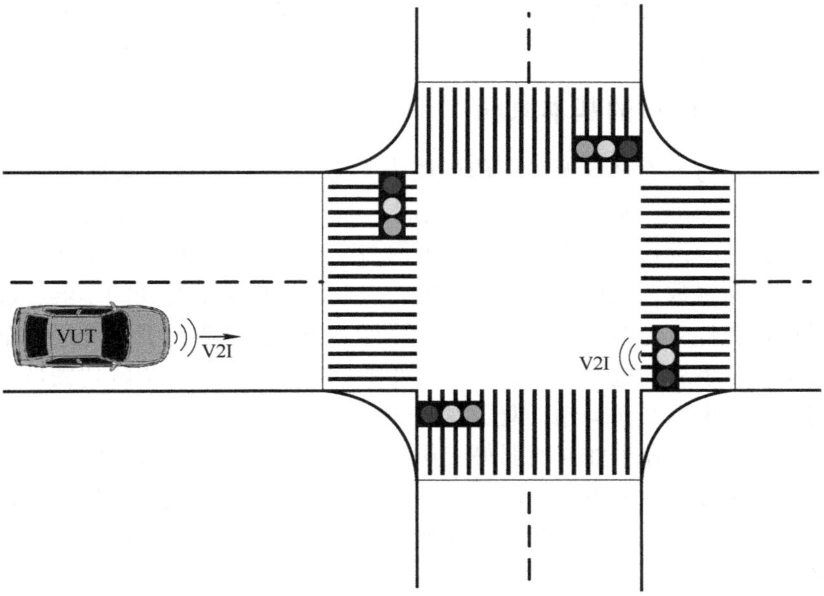


图 6-10　闯红灯预警功能测试场景

时段后，要求持续采集数据，各信号灯持续向周边环境发送通行权周期变化信息，信号灯的路权相位可以由测试人员控制，驾驶员应保持注意力高度集中，确保测试的安全性。

③ 测试车辆的闯红灯预警系统成功发出预警，或达到最晚预警时机仍未触发预警，则测试结束。

3）测试要求。

按照表 6-7 的要求完成所有的测试用例。

**表 6-7　闯红灯预警功能测试要求及通过指标**

| 测试用例 | 测试参数 | 通过指标 | | 预警 TTC 参考值 | |
|---|---|---|---|---|---|
| | VUT 车速/(km/h) | 最晚预警距离/m | 最早预警距离/m | 最早 TTC/s | 最晚 TTC/s |
| 1 | 20 | 10.51 | 17.29 | 1.89 | 3.11 |
| 2 | 40 | 21.92 | 40.15 | 1.97 | 3.61 |
| 3 | 60 | 37.25 | 71.58 | 2.23 | 4.29 |

测试车辆的闯红灯预警系统应在适当的时机触发预警信号，且预警时机满足表 6-7 规定的通过指标。

## 6.3　车辆与行人通信功能及其测试

车辆与行人（V2P）通信不仅仅是指车辆与行人的通信，而是泛指道路上行驶的车辆与所有的弱势交通参与者（VRU）之间的通信。弱势交通参与者主要包括但不限于行人、自行车骑行者、摩托车骑行者、两轮电动车骑行者等道路使用者。车辆与弱势交通参与者通信的目的是在碰撞事故发生前，有足够的时间做出应急处理时发出警报，采取相应措施，以免发生交通事故。由于弱势交通参与者本身不具备接收和发射无线数字信息的能力，所以 V2P 通信将面临很大的难题。

### 6.3.1 车辆与行人通信的基本原理

由于弱势交通参与者不具备无线通信的能力，要实现 V2P 通信就必须借助于可穿戴设备（标签），可穿戴设备包括但不限于手提电话、手提电脑、安装在背包或骑行者头盔上的接收和发射器等，这些设备可以在数百米范围内与车载通信单元或路侧单元实现通信，并能用蜂鸣声或闪光灯向佩戴者发出危险警报。另一方面，当道路上行驶的车辆通过车载通信单元感知到附近存在弱势交通参与者，且经过计算得知弱势交通参与者可能经过车辆的行驶路径，并存在发生交通事故的危险，车辆就会向驾驶员发出警示信息提醒驾驶员及时避让或直接操纵动态驾驶系统做出避让动作，避免发生交通事故。

V2P 通信技术的关键在于如何使弱势交通参与者穿戴上警示设备并同时确保相应设备的正常运行，比如在手提电话上下载专门的软件并开通该软件的无线通信权限。这属于一个社会性的问题，在更广阔的人群中宣传和让全社会都养成穿戴警示设备的习惯远比 V2P 通信技术本身难度更大。

### 6.3.2 车辆与行人通信的优越性

从驾驶员感知信息范围和处理信息能力两个方面来看，V2P 通信技术都将得到延展，使智能网联汽车成为更安全的交通工具。

（1）拓展信息感知范围

传统的汽车往往通过人的感官感知周边的环境，对于潜藏在感知范围之外的危险则束手无策。在 V2P 通信技术的加持下，驾驶员的感知范围得以拓展，能够有效地感知障碍物后方或视野范围以外的情况，驾驶员的精神不必紧张。确信没有径直走来的行人，经过车道旁障碍物的车辆行驶速度也能得到提高。

（2）防止感官过载

随着人们生活节奏的加快，道路交通也变得越来越繁忙且复杂，在道路上行驶的车辆需要处理的信息量成倍地增长。在一些紧急情况下，驾驶员可能会出现感官过载情况。研究表明：人类大脑在短时间内只能接受一定数量的感官输入信息并进行有效的处理，信息输入量超过了大脑可以处理的极限就称为感官过载。战斗机飞行员对短时间内的感官承载能力要求非常严格，只有少数人能通过测试。当普通驾驶员在面临复杂交通场景时也会出现感官过载现象，短时间内理不清信息的轻重缓急。事实上，弱势交通参与者是道路交通参与者中最容易被忽视，也最容易受到伤害的。在驾驶员出现感官过载时，有了与弱势交通参与者的通信功能，智能网联汽车能够帮助驾驶员更及时地与弱势交通参与者通信，做出正确的决策并控制执行，使其免于受到伤害。

### 6.3.3 车辆与行人通信的典型应用

相比于车辆，弱势交通参与者具有行驶轨迹随意、行驶速度偏低和在交通事故中容易受到伤害等特点。V2P 通信的典型应用就是使车辆能够预判弱势交通参与者的行驶轨迹，并根据提前预判结果调整行驶状态，避免与弱势交通参与者发生碰撞事故。其中，弱势交通参与者不仅包括儿童和成人，自行车、电动车、摩托车和电动轮椅等都可以视为 V2P 通信的对象。

V2P 最典型的应用是弱势交通参与者横穿马路时，触发了弱势群体横穿马路预警功能。当车辆沿直线行驶时，前方路口有弱势交通参与者横穿马路，车辆通过 V2P 通信感知到存在与弱势交通参与者发生碰撞的危险并触发预警，此时，应有足够的时间采取措施，避免与弱势交通参与者发生碰撞。

### 6.3.4 车辆与行人通信功能的测试

下面介绍弱势交通参与者横穿马路预警（VRUCW）功能测试。

1）测试场景。

测试道路为至少包含两条车道的长直道，中间车道线为白色虚线。测试车辆沿本车道中间匀速行驶。测试车辆以 10～70km/h 的车速向前行驶，弱势交通参与者从停驶在路边的障碍物车辆前，以 5～15km/h 的速度行驶，行驶方向与测试车辆轨迹垂直，意欲横穿测试道路，在不受干预的情况下，测试车辆将与行人发生碰撞。弱势交通参与者（假人，或代替物）身上穿戴至少一件可进行 V2P 通信的设备（标签），包括但不限于：手提电话、手提电脑、安装在背包或骑行者头盔上的接收和发射器等。如图 6-11 所示。

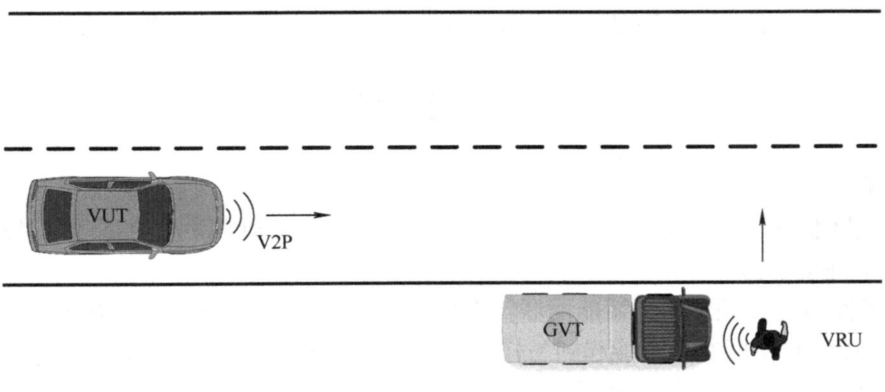


图 6-11 弱势交通参与者横穿马路预警功能测试场景

2）测试方法。

① 测试车辆由静止加速至目标车速，然后保持稳定行驶，此时测试车辆距离与行人预计的碰撞点的纵向距离 >100m。

② 测试车辆的车速达到稳定的测试要求前就要开始采集数据，测试车辆进入性能评估时段后，要求持续采集数据，可穿戴设备可以持续与车辆通信，驾驶员应保持注意力高度集中，确保测试的安全性。

③ 测试车辆的弱势交通参与者横穿马路预警系统成功发出预警，或达到最晚预警时机仍未触发预警，则测试结束。

3）测试要求。

按照表 6-8 的要求完成所有的测试用例。

<table>
<caption>表 6-8 弱势交通参与者横穿马路预警功能测试要求及通过指标</caption>
<tr><th rowspan="2">测试用例</th><th colspan="3">测试参数</th><th colspan="2">通过指标</th><th colspan="2">预警 TTC 参考值</th></tr>
<tr><th>VUT 车速/(km/h)</th><th>VRU 类型</th><th>VRU 速度/(km/h)</th><th>最晚预警距离/m</th><th>最早预警距离/m</th><th>最晚 TTC/s</th><th>最早 TTC/s</th></tr>
<tr><td>1</td><td>20</td><td>儿童</td><td>5</td><td>21.92</td><td>40.15</td><td>1.97</td><td>3.61</td></tr>
<tr><td>2</td><td>60</td><td>成人</td><td>6.5</td><td rowspan="2">37.25</td><td rowspan="2">71.58</td><td rowspan="2">2.23</td><td rowspan="2">4.29</td></tr>
<tr><td>3</td><td>60</td><td>自行车</td><td>15</td></tr>
</table>

测试车辆的弱势交通参与者横穿马路预警系统应正确识别弱势交通参与者并发出预警信号，且预警时机应满足表 6-8 规定的通过指标。

## 6.4 车辆与网络通信功能

车辆与网络（V2N）的通信技术，是智能交通系统的一部分。它是指车辆通过无线通信技术向网络发送数据，包括位置信息、车辆状态信息、交通拥堵情况等，与此同时，网络也能够向车辆发送指令和信息，比如导航指引、车辆控制等。通过 V2N 技术，车辆能够实时地收集和传输道路上的信息，比如交通信号灯、路面状况、车辆状况等，也能够收到实时的交通信息，比如交通拥堵情况、紧急事件等，从而提高车辆的安全性和通行效率。

## 复 习 题

**简答题**

1. 智能网联汽车的网络通信包括哪几种类型，信息安全通常关注的是哪个层面？

2. V2V 通信的特点包括哪些？

3. 交叉路口碰撞预警属于智能网联汽车的哪一项功能？简单解释一下什么是交叉路口碰撞预警功能？在实际交通中能起到怎样的作用？对于该项功能的测试需要注意哪些问题？

4. 逆向超车预警属于智能网联汽车的哪一项功能？简单解释一下什么是逆向超车预警功能？在实际交通中能起到怎样的作用？对于该项功能的测试需要注意哪些问题？

5. 现行的交通信号灯具备无线通信功能吗？高德地图在交叉路口显示的信号灯相位时间的信息来源是什么？

6. 试举一个现行的车辆与基础设施通信的例子。

7. 推行 V2P 技术的关键在于让足够多的弱势交通参与者穿戴 V2P 通信设备，你觉得怎样才能提高弱势交通参与者穿戴 V2P 通信设备的比例？

8. 什么叫感官过载？

9. 车辆与网络通信将是未来智能网联汽车信息安全的重点关注对象，请发挥想象举例说明智能网联汽车信息安全受到威胁的情况。

# 第7章

# 智能网联汽车信息辅助类ADAS功能测试

对于L1和L2级智能网联汽车，车辆仍由驾驶员负责监控，该阶段的智能网联汽车主要通过先进驾驶辅助系统（Advanced Driving Assistance System，ADAS）来部分地实现智能辅助驾驶任务。ADAS利用车载传感器（包括视觉传感器、毫米波雷达、激光雷达和超声波传感器等）、无线通信设备、决策规划及控制执行装置，在汽车行驶过程中实时监测车辆、驾驶员及其行驶的环境，收集数据，进行静态、动态物体的辨识、侦测与追踪，并结合导航地图，进行系统的运算与分析，以达到辅助驾驶员执行驾驶任务或主动避免/减轻碰撞危害的目的，有效增加汽车行驶的舒适性和安全性。

从利用信息的角度可将ADAS功能再细分为信息辅助和控制辅助两大类功能。

利用智能网联汽车的传感器和无线通信设备等装置获得的信息用于各种警报、预警和提示等功能的都属于ADAS的信息辅助类功能，这类功能主要是提示驾驶员车辆出现某种状况，共包括21项，见表7-1。

**表7-1　ADAS的信息辅助类功能列表**

| 序号 | 功能名称 | 功能实质 |
| --- | --- | --- |
| 1 | 驾驶员疲劳监测（DFM） | 实时监测驾驶员状态，并在确认其疲劳时发出提示信息 |
| 2 | 驾驶员注意力监测（DAM） | 实时监测驾驶员状态，并在其注意力分散时发出提示信息 |
| 3 | 交通标志识别（TSR） | 自动识别车辆行驶路段的交通标志，并发出提示信息 |
| 4 | 智能限速提示（ISLI） | 自动获取车辆当前的限速信息，并实时监测车辆行驶速度，在车辆行驶速度即将超出限速的情况下，实时发出警告信息 |
| 5 | 弯道速度预警（CSW） | 对车辆状态和前方弯道进行监测，当行驶速度超过弯道的安全车速时发出警告信息 |
| 6 | 抬头显示（HUD） | 将信息显示在驾驶员正常驾驶时的视野内，使驾驶员不必低头就可以看到相应的信息 |
| 7 | 全景影像监测（AVM） | 向驾驶员提供车辆周围360°环境的实时影像信息 |
| 8 | 夜视（NV） | 在视线不好的环境下，为驾驶员提供视觉辅助或警告信息 |
| 9 | 前向车距监测（FDM） | 实时监测本车与前车的车距，并以空间或时间距离向驾驶员显示车距信息 |
| 10 | 前向碰撞预警（FCW） | 实时监测车辆前方行驶环境，并在可能发生前向碰撞危险时发出警告信息 |
| 11 | 后向碰撞预警（RCW） | 实时监测车辆后方环境，并在可能受到后方碰撞时发出警告信息 |
| 12 | 车道偏离预警（LDW） | 实时监测车辆在本车道的行驶状态，并在出现非驾驶员意愿的车道偏离时发出警告信息 |
| 13 | 变道碰撞预警（LCW） | 在变道过程中，实时监测相邻车道，并在车辆侧（后）方出现可能与本车发生碰撞危险的其他交通参与者时发出警报 |

（续）

| 序号 | 功能名称 | 功能实质 |
| --- | --- | --- |
| 14 | 盲区监测（BSD） | 实时监测驾驶员视野盲区，并在盲区出现其他交通参与者时发出提示信息 |
| 15 | 侧面盲区监测（SBSD） | 实时监测驾驶员视野的侧（后）方盲区，在盲区出现其他交通参与者时发出提示信息 |
| 16 | 转向盲区监测（STBSD） | 在车辆转向过程中，实时监测驾驶员转向盲区，并在其盲区出现其他交通参与者时发出提示信息 |
| 17 | 后方交通穿行提示（RCTA） | 在车辆倒车时，实时监测后部横向接近的其他交通参与者，并在可能发生碰撞危险时发出警告信息 |
| 18 | 前方交通穿行提示（FCTA） | 在车辆低速前进时，实时监测前部横向接近的其他交通参与者，并在可能发生碰撞危险时发出警告信息 |
| 19 | 车门开启预警（DOW） | 在停车状态即将打开车门时，监测车辆侧后方的其他交通参与者，并在可能因打开车门而导致碰撞危险时发出警告信息 |
| 20 | 倒车辅助（RCA） | 在倒车时，实时监测后方环境，并为驾驶员提供影像或警告信息 |
| 21 | 低速行车辅助（MALSO） | 在车辆低速行驶时，探测周围的障碍物，当车辆靠近障碍物时为驾驶员提供影像或警告信息 |

表 7-1 所列的 21 项信息辅助功能有很多是相互覆盖的，因此，同一智能网联汽车上不需要同时拥有所有的功能。某些信息辅助功能在传统汽车上也在广泛应用，如倒车辅助等，本章将选取其中 4 种比较典型的功能详细介绍。

## 7.1　前向碰撞预警功能及其测试

当车辆低速行驶时，由于驾驶员注意力不集中，没有观察到前方的障碍物，经常发生低速碰撞事故。当车辆高速行驶时，驾驶员难以根据前方车辆的运动状态采取正确的操控行为，也会发生高速碰撞事故。前向碰撞预警系统能够有效地避免这一类碰撞事故的发生。

### 7.1.1　前向碰撞预警系统的定义

前向碰撞预警（FCW）系统主要利用车载环境感知传感器和无线通信装置实时监测前方车辆或其他障碍物，测算本车与其的距离、相对速度及方位角。当系统判断车辆存在潜在的碰撞危险时，向驾驶员发出警报，提醒驾驶员采取相应的控制措施，保障行车安全。

### 7.1.2　前向碰撞预警系统的原理

FCW 系统通过当前两车的实际距离与实时计算得到的预警距离相比较，判断是否触发报警，所以 FCW 系统算法的核心是对行车过程中预警距离的设定与计算。FCW 系统采用倒推法计算预警距离的原理如图 7-1 所示。

当自车和前车行驶在同一车道上，自车探测到前车速度较慢或正在制动，且自车与前车距离很近，存在与前车发生碰撞危险时，自车就会向驾驶员发出 FCW 预警。此时，自车前保险杠与前车后保险杠的距离为预警距离，驾驶员收到预警信息到采取适当的制动行为要经

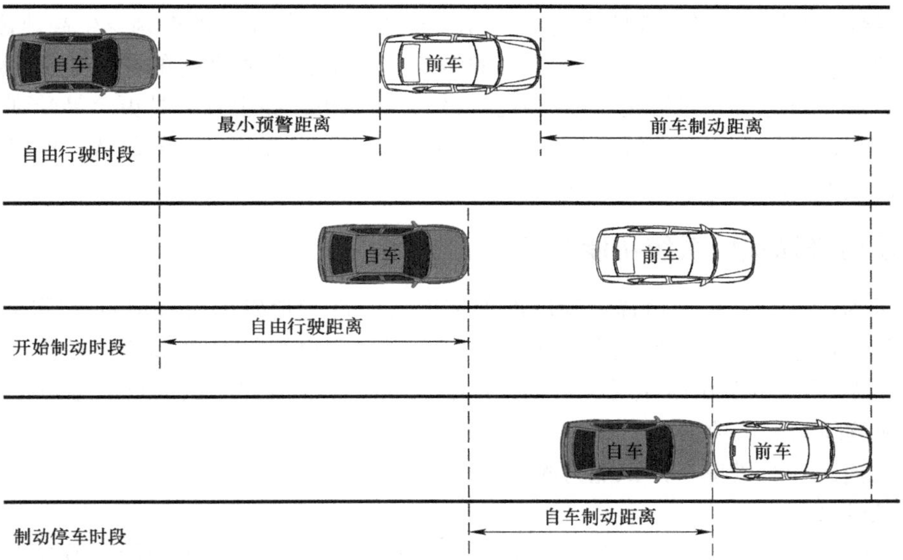


图 7-1 倒推法计算预警距离的原理

过一段反应时间，在这段时间内自车行驶车速不变，称之为自由行驶阶段，在这段时间内自车行驶的距离称为自由行驶距离。然后，自车在驾驶员的操纵下开始制动，直至自车停止，这段距离称之为自车的制动距离。假设前车也在制动，则从自车触发预警信息时开始，到前车被制动停止的距离称之为前车制动距离。前车被制动停止后，其后保险杠刚好与自车制动后前保险杠的距离为 0，对应的预警距离就是最小预警距离：

$$D = (v_2 - v_1)T + \left(\frac{v_2^2}{2a_2} - \frac{v_1^2}{2a_1}\right) \tag{7-1}$$

式中 $D$——最小预警距离（m）；

$v_2$——自车车速（m/s）；

$v_1$——前车车速（m/s）；

$T$——驾驶员对预警的反应时间（s）；

$a_2$——自车减速度（$m/s^2$）；

$a_1$——前车减速度（$m/s^2$）。

由式（7-1）可知，最小预警距离是随着自车车速、前车车速、自车减速度、前车减速度和驾驶员对预警的反应时间等变量而变化的，且随着自车与前车的相对运动状态的不同，比如自车与前车车速相同、前车减速、前车静止等，式（7-1）也会变形成不同的形式。所以最小预警距离是随着自车和前车的运行状况随时改变的。智能网联汽车的传感器和无线通信装置需要实时通过各种传感器感知这些变量，并计算出随时变化的最小预警距离，将其与车辆间的探测距离进行对比。当探测距离接近最小预警距离时发出警报，提醒驾驶员存在与前车碰撞的危险。

## 7.1.3 前向碰撞预警系统的典型应用

FCW 系统一般应用在车速较高、车流量较少的高速公路上。驾驶员由于车速变化区间较大和视觉疲劳等原因，容易对最小预警距离造成误判，致使自车与前车发生碰撞事故。有了 FCW 系统的加持，可以有效地避免自车与前车因最小预警距离的误判发生高速碰撞事故。

当车辆行驶在车速较低、车流量较大的城市道路上，车辆之间的“安全距离”变短，车辆还会经常遭遇行人等弱势交通参与者。另外，在城市道路上驾驶员更容易受到外界环境的干扰。因此，近年来车辆在低速状态下发生碰撞的事故呈逐年上升的趋势，所以前向碰撞预警功能在城市道路上更有应用价值。

### 7.1.4 前向碰撞预警系统功能测试

FCW 系统要求存在前向碰撞危险的时候能够及时准确地发出警报消息，同时在不构成碰撞危险的时候也要求不能发出警报消息，因为误报警也算作 FCW 系统失效的一种形式。因此，对 FCW 系统的测试既包括在苛刻条件下识别碰撞危险的测试项目，也包括易被误认为存在碰撞危险的测试项目。

（1）纵向减速行驶前车辨识能力测试

1）测试场景。

测试道路为至少包含一条车道的长直道，一侧车道线为实线，另一侧车道线为虚线。测试车辆与目标车辆（假车）在同一条车道中间同向行驶。测试车辆在后，目标车辆在前，行驶车速均为 72km/h，如图 7-2 所示。

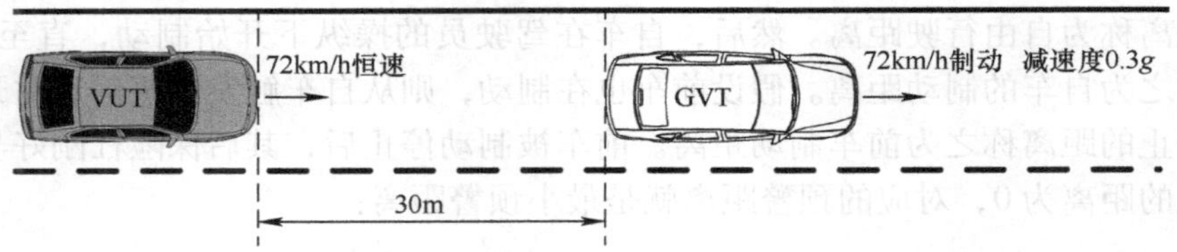


图 7-2 纵向减速行驶前车辨识能力测试场景

2）测试方法。

① 测试车辆和目标车辆由静止加速至目标车速 72km/h。当测试车辆与目标车辆的车距达到 30m 时，目标车辆开始制动。目标车辆的制动减速度恒定为 0.3$g$。

② 测试车辆的车速达到稳定的测试要求前就要开始采集数据，测试车辆进入性能评估时段后，要求持续采集数据，驾驶员应保持注意力高度集中，确保测试的安全性。

③ 测试车辆的 FCW 系统成功发出预警，或碰撞时间（TTC）降至小于 FCW 系统允许报警的最小值的 90% 时仍未触发预警，则测试结束。

④ 测试完成后，测试车辆应转向和/或制动以免与目标车辆相撞。

3）测试要求。

测试车辆的 FCW 系统应能够在 TTC 最小为 2.4s 时触发警报。

（2）纵向多目标辨识能力测试

1）测试场景。

测试道路为至少包含一条车道的长直道，一侧车道线为实线，另一侧车道线为虚线。测试车辆与两辆目标车辆（假车）在同一条车道中间同向行驶，两辆目标车辆在前，测试车辆在后，测试车辆及两辆目标车辆的行驶速度均为 72km/h，两辆目标车辆的车头时距为 (0.6 ±0.1) s，且距离测试车辆较近的目标车辆 1 不能遮挡距离较远的目标车辆 2，测试车辆距离目标车辆 1 的车头时距 >1.5s，如图 7-3 所示。

2）测试方法。

① 测试车辆和两辆目标车辆由静止加速至目标车速 72km/h。当测试车辆与目标车辆 1 的车头时距 >1.5s 时，测试车辆向目标车辆 1 加速行驶，直至测试车辆 FCW 系统发出预警。

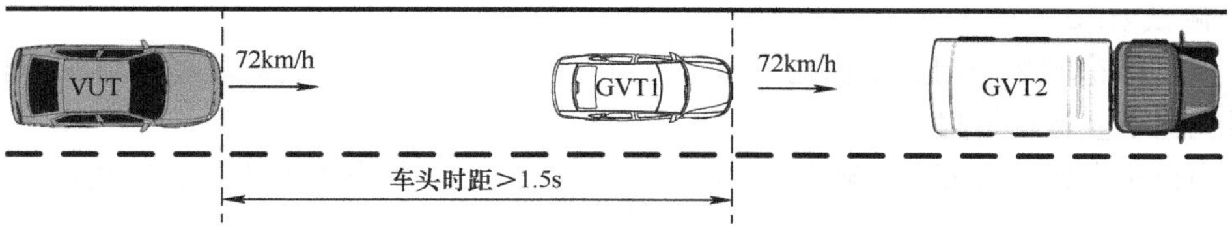


图 7-3　纵向多目标辨识能力测试场景

② 测试车辆开始减速，使其距离目标车辆 1 的车头时距 >1.5s，再次以相同的车速跟随目标车辆 1，以该速度保持匀速行驶。

③ 几秒之后，目标车辆 1 开始减速，使目标车辆的 FCW 系统再次发出预警。

④ 测试车辆的车速达到稳定的测试要求前就要开始采集数据，测试车辆进入性能评估时段后，要求持续采集数据，驾驶员应保持注意力高度集中，确保测试的安全性；测试完成后，测试车辆应转向和/或制动以免与目标车辆相撞。

3）测试要求。

整个测试过程中，一旦出现可以触发 FCW 系统警报的条件，测试车辆的 FCW 系统就应触发预警。

（3）直道侧向目标辨识能力测试

1）测试场景。

测试道路为至少包含两条车道的长直道，两条车道之间的车道线为虚线。测试车辆与目标车辆 1（假车）在同一条车道上均以 72km/h 的车速行驶，且两车的距离不会触发 FCW 系统报警。在相邻的车道上有另一辆目标车辆 2（假车）以相同的车速（72km/h）同向行驶。目标车辆 1 与目标车辆 2 的纵轴横向间距为（3.5 ±0.25）m，两辆目标车辆的车宽应在 1.4 ~2m 之间。测试车辆相对于目标车辆 1 的纵轴横向偏移量应 <0.5m，如图 7-4 所示。

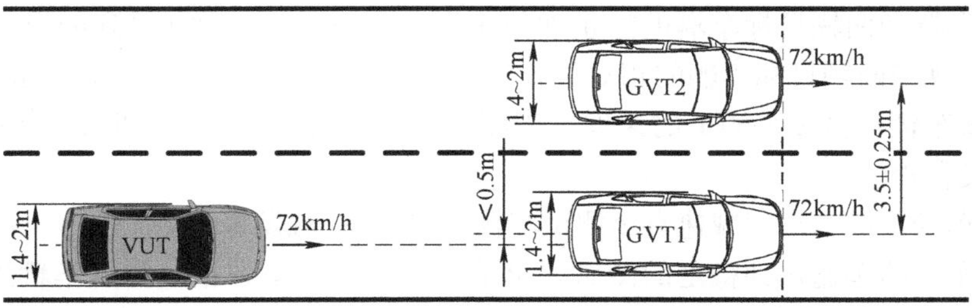


图 7-4　直道侧向目标辨识能力测试场景

2）测试方法。

① 测试车辆和两辆目标车辆由静止加速至目标车速 72km/h。然后，使测试车辆和两辆目标车辆的相对位置达到图 7-4 所示的关系后，将目标车辆 2 减速至明显低于测试车辆与目

标车辆 1 的速度。当测试车辆超过目标车辆 2 时，测试车辆的 FCW 系统不应触发报警。

② 目标车辆 1 减速直至测试车辆 FCW 系统触发报警。

③ 测试车辆的车速达到稳定的测试要求前就要开始采集数据，测试车辆进入性能评估时段后，要求持续采集数据，驾驶员应保持注意力高度集中，确保测试的安全性；测试完成后，测试车辆应转向和/或制动以免与目标车辆相撞。

3）测试要求。

① 当目标车辆 2 与测试车辆处于两条车道上时，即使车距很近甚至超越目标车辆 2 时，FCW 系统也不应触发警报。

② 当目标车辆 1 与测试车辆处于同一车道上时，当车距小于最小预警距离时，FCW 系统应触发警报。

（4）弯道侧向目标辨识能力测试

1）测试场景。

测试道路为至少包含并排的两条车道的弯道，弯道的曲率半径分三种情况，见表 7-2。

**表 7-2　测试场景弯道的参数**

| 类型 | 曲率半径 $R$/m | 对切入车辆的最小检测距离/m | 最大允许侧向加速度/(m/s²) |
|---|---|---|---|
| Ⅰ型 | ≤500 | 10 | 2 |
| Ⅱ型 | ≤250 | 7.5 | 2.3 |
| Ⅲ型 | ≤125 | 5 | 2.3 |

测试车辆与目标车辆 1（假车）同速在同一车道上同向行驶，且车间距不会触发警报。测试开始时测试车辆的初始车速为

$$v_0 = \min\{\sqrt{(a_{\max}R)}, v_{\max}\} \pm 1 \tag{7-2}$$

式中　$v_0$——测试车辆的初始车速（m/s）；

$a_{\max}$——最大允许侧向加速度（$m/s^2$）；

$R$——弯道的曲率半径（m）；

$v_{\max}$——测试车辆在当前测试弯道上的设计最高车速（m/s）。

目标车辆 2（假车）在测试车辆所在车道的外侧车道并排行驶，如图 7-5 所示。

2）测试方法。

① 测试车辆和两辆目标车辆由静止加速至通过式（7-2）计算得到的目标车速 $v_0$。然后，使测试车辆和两辆目标车辆的相对位置达到图 7-5 所示的关系后，将目标车辆 2 减速至明显低于测试车辆与目标车辆 1 的速度。当测试车辆超过目标车辆 2 时，测试车辆的 FCW 系统不应触发警报。

② 目标车辆 1 沿本车道减速直至测试车辆 FCW 系统触发警报。

③ 测试车辆的车速达到稳定的测试要求前就要开始采集数据，测试车辆进入性能评估时段后，要求持续采集数据，驾驶员应保持注意力高度集中，确保测试的安全性；测试完成后，测试车辆应转向和/或制动以免与目标车辆相撞。

3）测试要求。

① 当目标车辆 2 与测试车辆处于两条车道上时，即使车距很近甚至超越目标车辆 2 时，FCW 系统也不应触发警报。

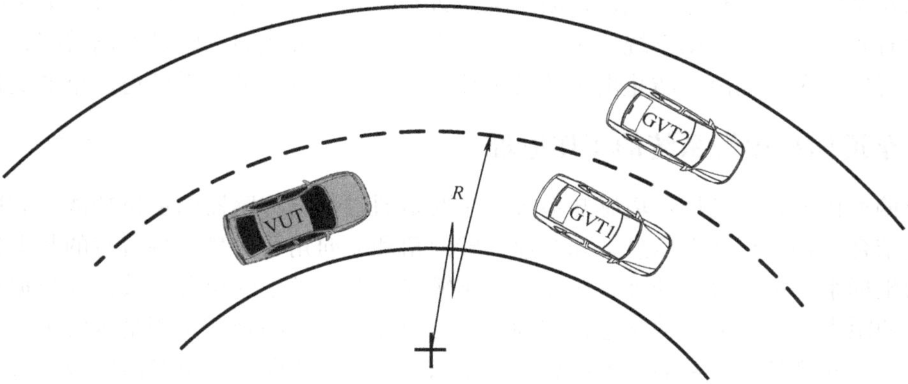


图 7-5　弯道侧向目标辨识能力测试场景

② 当目标车辆 1 与测试车辆处于同一车道上时，当车距小于最小预警距离时，FCW 系统应触发警报。

（5）邻近区域干扰物辨识能力测试

1）测试场景。

测试道路为至少包含一条车道的长直道，一侧车道线为实线，另一侧车道线为虚线。测试分为三种场景。

① 第一种测试场景：测试目标（如限高杆、隧道或桥梁等）在测试道路上，测试目标的净空高度为 4.5m，测试车辆朝向测试目标行驶，并从测试目标下驶过。

② 第二种测试场景：测试目标（如减速带、井盖或落物等）在测试道路上，测试目标的高度为 5cm，测试车辆朝向测试目标行驶，并从测试目标上方驶过。

③ 第三种测试场景：测试路段的道路两侧有房屋、阴影区、道路指示标志等可能引起 FCW 系统错误预警的路测目标。

测试车辆以一定车速匀速行驶通过该路段。

2）测试方法。

按照规定驾驶测试车辆分别通过上述测试路段。

3）测试要求。

测试车辆在通过上述三种测试路段时，FCW 系统均不应该触发警报。

## 7.2　车道偏离预警功能及其测试

据统计，大约 50% 的汽车交通事故都是从汽车偏离正常的行驶车道开始的，同时车道偏离也被视为车辆侧翻事故的主要原因。所以，如果在车辆出现车道偏离之前向驾驶员发出预警，提示其对即将出现的车道偏离行驶状态做出适当的纠正，就能够避免更严重交通事故的发生，因此，车道偏离预警功能十分必要。

### 7.2.1　车道偏离预警系统的定义

车道偏离预警（LDW）系统利用环境感知系统获取前方道路信息，结合车辆自身的行驶状态以及预警时间等相关参数，判断车辆是否有偏离当前所处道路的趋势。如果有，并且驾驶员没有开启转向灯，则系统通过视觉、听觉或触觉等方式向驾驶员发出警报，从而提醒驾驶员即将发生车道偏离，防止由于驾驶员疏忽发生车道偏离进而引发更严重的交通事故。

### 7.2.2 车道偏离预警系统的工作原理

车道偏离预警系统利用环境感知系统，主要是通过视觉传感器的定位功能，获取车道线位置，再结合车辆运行状态信息，如车速、转向角和航向角等信息，将所有的数据信息转换到统一的坐标系下进行分析处理，从而获得车辆在当前车道中的位置参数，并根据车辆到车道边界线的距离或以当前运动状态行驶到达车道边界线的时间判断车辆是否发生了非正常的车道偏离。当检测到非正常的车道偏离时，则以适当的方式向驾驶员发出警报，提醒驾驶员做出适当纠正操作。其中，判断车辆偏离状态的算法是车道偏离预警系统的关键技术，目前得到成熟应用的主要有根据车辆当前位置判断的方法、根据车辆行驶状态计算跨道时间判断的方法和通过预瞄计算偏移量差异判断的方法等。

### 7.2.3 车道偏离预警系统的典型应用

一般在高速公路上或长途行车的时候驾驶员容易疲劳，因而出现因驾驶员疏忽导致车道偏离的现象，而在这种场景下发生车道偏离又恰好最容易引发恶性交通事故，所以车道偏离预警系统最典型的应用是高速公路或长途行车等场景。

### 7.2.4 车道偏离预警系统功能测试

对车道偏离预警系统功能测试的基本要求有两个：一方面要求在不容易感知的触发条件下能够可靠地触发车道偏离预警系统，以提示驾驶员车辆面临偏离车道的危险；另一方面要求在容易产生误报警的场景下能够避免误报警，以免对驾驶员的正常驾驶操作产生干扰。

（1）在弯道上预警产生的测试

1）测试场景。

① 测试道路为至少包含一条车道的弯道，弯道的曲率半径分两种情况，见表 7-3。其中，测试道路的曲率半径应为表 7-3 对应类型最小值的 ±10% 以内。测试车辆弯道行驶速度根据表 7-3 中的分类进行选取，即 Ⅰ 类弯道取 72 ~ 80km/h；Ⅱ 类弯道取 61 ~ 68km/h。

表 7-3 在弯道上预警产生的测试场景分类

| 参数 | 分类 | |
| --- | --- | --- |
| | Ⅰ类 | Ⅱ类 |
| 曲率半径 $R$/m | ≥500 | ≥250 |
| 行驶速度 $v$/(km/h) | ≥72 | ≥61 |

② 测试道路应有足够的长度以满足表 7-3 对应最小行驶速度的需求，即满足测试车辆以 0 ~ 0.8m/s 的横向速度偏离车道。

③ 最早报警线是指车道偏离预警系统报警临界线，该临界线是变化的最内侧界线，定义为距车道边界内的最大距离，具体数值由表 7-4 确定。

表 7-4 车道偏离预警系统的最早报警线的定义

| 偏移速度 $v$/(m/s) | 车道边界内的最大距离/m |
|---|---|
| $0 < v \leq 0.5$ | 0.75 |
| $0.5 < v \leq 1$ | 1.5 |
| $v > 1$ | 1.5 |

④ 最迟报警线也是指车道偏离预警系统报警临界线。该临界线是变化的最外侧界线，对于乘用车，该临界线位于车道边界外侧 0.3m 处；对于商用车，该临界线位于车道边界外侧 1m 处，如图 7-6 所示。

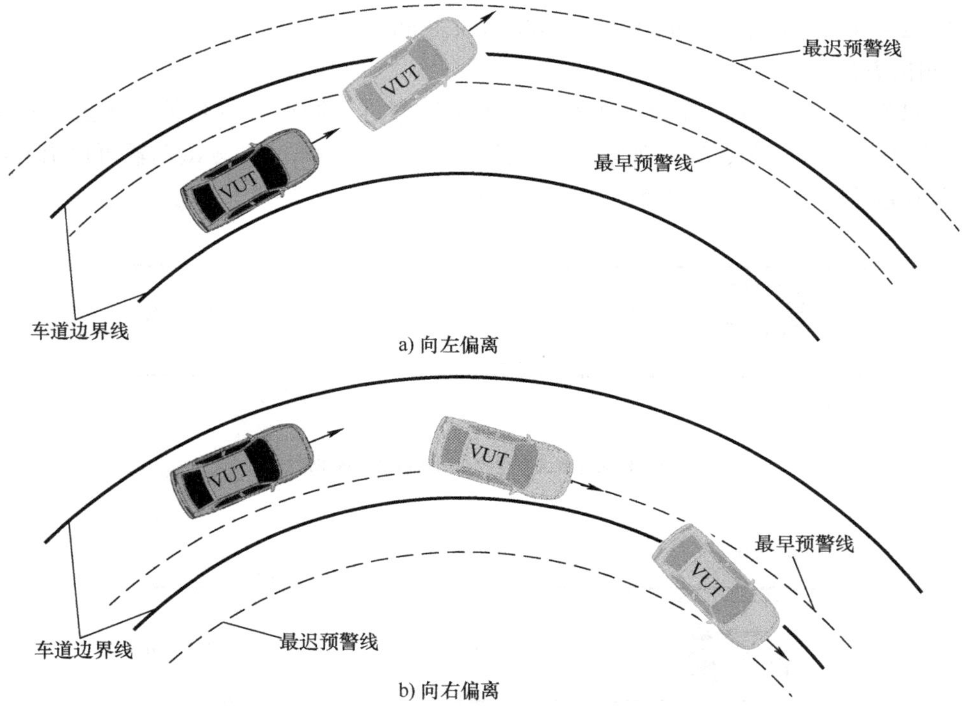


图 7-6 在向右转弯道上预警产生的测试场景

2）测试方法。

① 测试开始时，测试车辆应处于车道中央。当测试车辆进入测试车道，并进入稳定行驶状态后，测试车辆可以向弯道内侧或外侧逐渐偏移。

② 当测试车辆在向左转弯道和向右转弯道（如图 7-6 所示的情况）两种情况下行驶时，要分别采用 0 ~ 0.4m/s 和 0.4 ~ 0.8m/s 两种偏离速度，再分别向左侧偏离和右侧偏离各一次，最终可获得 8 种车道偏离测试情况，见表 7-5。

表 7-5 在弯道上预警产生的测试分类情况

| 偏离速度/(m/s) | 向右转弯道 | | 向左转弯道 | |
|---|---|---|---|---|
| | 向左偏离 | 向右偏离 | 向左偏离 | 向右偏离 |
| 0 ~ 0.4 | 测试一侧 | 测试一侧 | 测试一侧 | 测试一侧 |
| 0.4 ~ 0.8 | 测试一侧 | 测试一侧 | 测试一侧 | 测试一侧 |

③ 测试设备记录测试过程中系统的所有数据（包括测试车辆的预警触发时间或空间、偏离速度和车速等参数）和预警信息。

3）测试要求。

在每次测试中，车道偏离预警系统应保证测试车辆在越过最早预警线之后，未越过最迟预警线之前触发报警。

（2）在直道上可重复性的测试

1）测试场景。

测试道路为至少包含一条车道的直线路段，测试车辆在车道内的行驶速度可分成两组，即Ⅰ组在 72 ~80km/h 之间，Ⅱ组在 61 ~68km/h 之间。

2）测试方法。

① 测试车辆可以沿测试车道中央行驶，也可以靠近与测试车辆将偏离越过车道标识相对的另一侧车道标识行驶，即，如果将要向测试车道右侧偏离，则测试车辆可以沿着测试道路的左侧车道标识行驶，反之亦然，如图 7-7 所示。

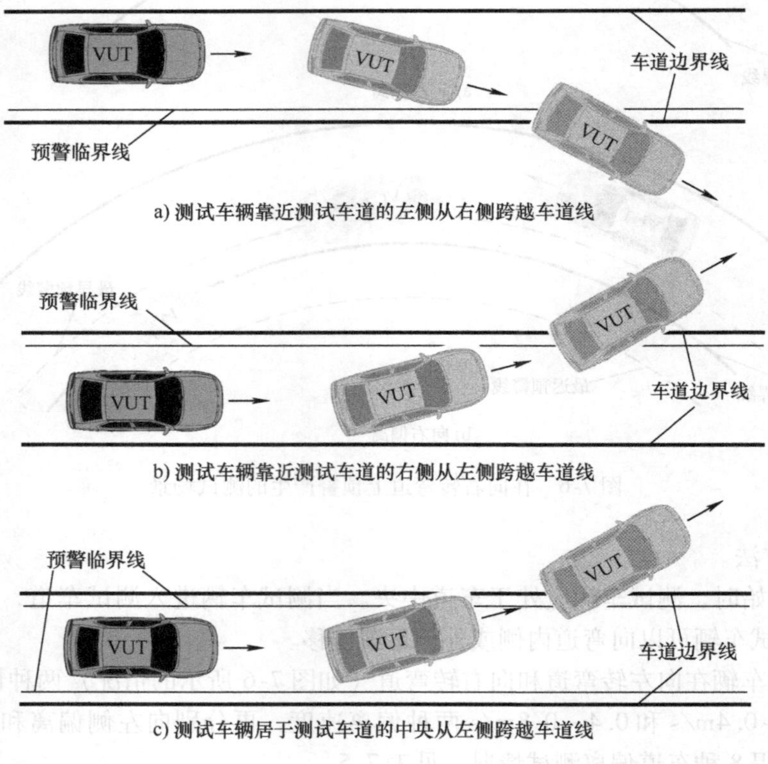


图 7-7　在直道上可重复性的测试场景

② 当测试车辆按照指定的车速沿测试车道行驶，并达到稳定状态后，可以向左侧或右侧逐渐偏离跨越测试车道边界线，当偏离速度在 0.1 ~0.3m/s 时，进行两组 8 次测试；当偏离速度在 0.6 ~0.8m/s 时，也进行两组 8 次测试，见表 7-6。

表 7-6 在直道上可重复性的测试分类情况

| 偏离速度/(m/s) | 偏离方向 | |
|---|---|---|
| | 左 | 右 |
| 0.1～0.3 | 第1组测试4次 | 第2组测试4次 |
| 0.6～0.8 | 第3组测试4次 | 第4组测试4次 |

3）测试要求。

对于每一测试组，车道偏离预警系统报警临界线应始终位于一个0.3m宽的固定区域内。当测试车辆位于预警临界线设置区域之外时，车道偏离预警系统不应触发预警。

（3）虚警测试

1）测试场景。

测试车道为直道，总长1000m（可以是一段长度为1000m的直道，也可以是两段长度为500m的直道）。

2）测试方法。

测试车辆在非预警区域内行驶，记录车道偏离预警系统触发警报的情况。

3）测试要求。

当测试车辆位于左右两条最早预警线之间（即非预警区域）时，车道偏离预警系统不应触发预警。

## 7.3 盲区监测预警功能及其测试

在车辆行驶过程中，驾驶员的视角存在一定的盲区，如果在驾驶员的盲区内有车辆、行人或者其他目标靠近，驾驶员却未能及时地感知到目标的存在，仍进行制动、换道或超车等操作，极有可能酿成严重的交通事故。因此，车辆行驶时需要对驾驶员的盲区进行有效的监测，在驾驶员有可能伤及隐藏在盲区的交通参与者时，及时提醒驾驶员盲区存在潜在危险。

### 7.3.1 盲区监测预警的定义

盲区监测（BSD）系统能够利用环境感知系统的各种传感器（目前主要为视觉传感器、毫米波雷达等，将来也可能采用V2V和V2I通信技术）实时监测驾驶员视觉盲区，并在其盲区内出现其他交通参与者，且经过分析和判断存在碰撞危险时，向驾驶员发出预警信息，提醒驾驶员注意盲区存在可能与自车发生碰撞的交通参与者，及早采取措施以免发生碰撞事故。盲区监测系统不仅可以延伸驾驶员在盲区的视线，而且还会在恶劣天气，比如雨、雪、雾和霾等，增强驾驶员的环境感知能力。

### 7.3.2 盲区监测预警的原理

盲区监测系统通过安装在左右后视镜、车尾部两个角上或其他位置的传感器感知驾驶员视觉盲区的车辆、行人或其他交通参与者，并把采集到的信息传输给电子控制单元。当行驶车速大于某一阈值，盲区监测系统自动启动，如果监测范围内有车辆、行人或其他交通参与者，就会被环境感知系统监测到，并计算出感知目标与自车的距离、目标的速度等信息，如果存在安全隐患，则通过预警显示单元提醒驾驶员，并根据危险程度、驾驶员的反应速度提供不同的预警方式。

### 7.3.3 盲区范围的定义

车辆的盲区监测范围如图 7-8 所示，图中 $A-A$ 线为距车辆后缘 30m 的一条与后缘平行的直线；$B-B$ 线为距车辆后缘 3m 的一条与后缘平行的直线；$C-C$ 线位于车辆前缘第 95 百分位眼椭圆的中心位置；$D-D$ 线为车辆前缘的双向延长线；$E-E$ 线为车身左侧最外缘与车辆中心线平行的直线；$F-F$ 线为车身距左侧最外缘左方 0.5m 且与车辆中心线平行的直线；$G-G$ 线为车身距左侧最外缘左方 3m 且与车辆中心线平行的直线；$H-H$ 线为车身距左侧最外缘左方 6m 且与车辆中心线平行的直线。$J-J$ 线为车身右侧最外缘与车辆中心线平行的直线；$K-K$ 线为车身距右侧最外缘右方 0.5m 且与车辆中心线平行的直线；$L-L$ 线为车身距右侧最外缘右方 3m 且与车辆中心线平行的直线；$M-M$ 线为车身距右侧最外缘右方 6m 且与车辆中心线平行的直线；$N-N$ 线为车辆后缘的双向延长线；$O-O$ 线为距车辆后缘 10m 的一条与后缘平行的直线。

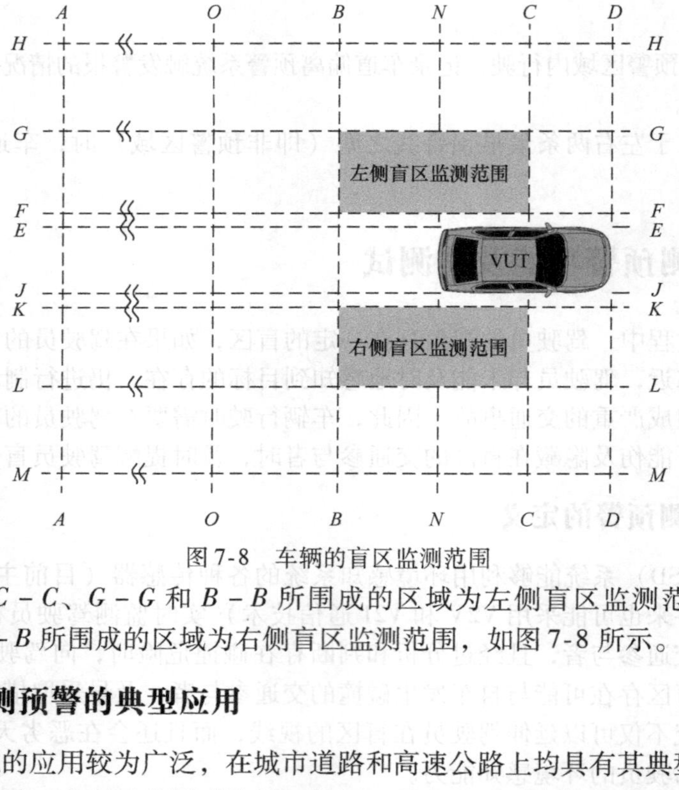


图 7-8　车辆的盲区监测范围

直线 $F-F$、$C-C$、$G-G$ 和 $B-B$ 所围成的区域为左侧盲区监测范围，直线 $K-K$、$C-C$、$L-L$ 和 $B-B$ 所围成的区域为右侧盲区监测范围，如图 7-8 所示。

### 7.3.4 盲区监测预警的典型应用

盲区监测系统的应用较为广泛，在城市道路和高速公路上均具有其典型应用场景，最常用的场景为超车场景。在盲区监测系统的加持下，可有效地避免在超车过程中由于盲区目标靠近而造成的交通事故。另外，在一些极端恶劣天气下，盲区监测系统也可以有效地提升驾驶员的环境感知能力，避免由于盲区监测不力造成的交通事故。

### 7.3.5 盲区监测功能测试

（1）两轮车辆超越测试车辆测试

1）测试场景。

测试道路为至少包含两条车道的长直车道，中间车道线为白色虚线。测试车辆和目标车辆（摩托车，代替物）同向行驶在两条相邻的车道上，且测试车辆在前，目标车辆在后，目标车辆的车速高于测试车辆，如图7-9所示。

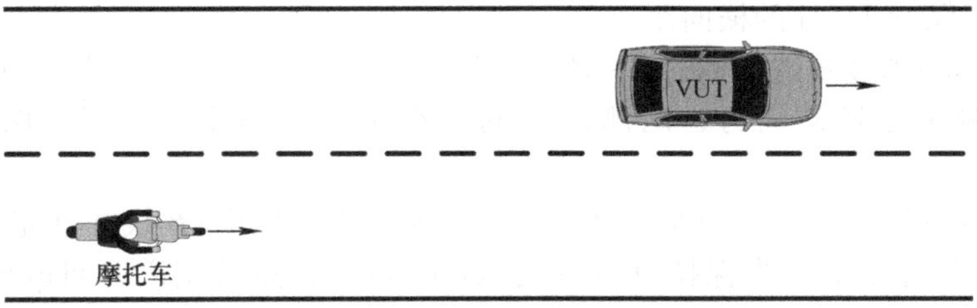


图7-9　两轮车辆超越测试车辆测试场景

2）测试方法。

① 测试车辆以（40±2）km/h的车速匀速直线行驶在其中一条车道中间。目标车辆以（50±2）km/h的车速匀速直线行驶在相邻车道上，由侧后方驶入测试车辆盲区并意欲超越测试车辆。

② 行驶过程中，测试车辆中心线与目标车辆车身的最外缘（靠近测试车辆的一侧，不含后视镜）之间保持2～3.5m的横向距离。

③ 当测试车辆最后缘与目标车辆最前缘的纵向距离为33m时测试开始，当目标车辆的最前缘超越测试车辆的$C-C$线3m时，本次测试结束。

④ 本次测试完成后，应将目标车辆与测试车辆的行驶车道相互对调，再重复上述测试过程。

3）测试要求。

测试过程中，目标车辆进入测试车辆的盲区范围时，测试车辆的盲区监测系统应触发报警。

（2）两轮车辆向测试车辆并道测试

1）测试场景。

测试道路为至少包含三条车道的长直道，中间车道线为白色虚线。测试车辆和目标车辆（摩托车，代替物）分别同向行驶在两边的车道上，且两条车道之间间隔了一条车道，如图7-10所示。

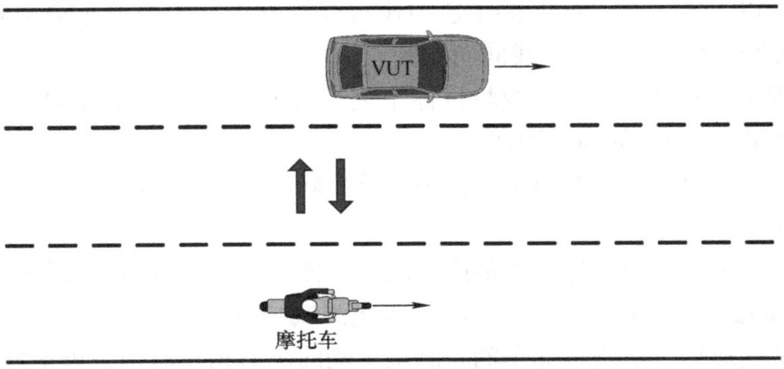


图7-10　两轮车辆与测试车辆并道测试场景

2）测试方法。

① 测试车辆以（50±2）km/h的车速匀速行驶在一条靠边的车道中间。目标车辆以

(50 ±2) km/h 的车速匀速行驶在相隔的另一条车道上。

② 行驶过程中，测试车辆中心线与目标车辆车身的最外缘（靠近测试车辆的一侧，不含后视镜）之间保持 7.5m 的横向距离。

③ 当目标车辆越过测试车辆的 $B-B$ 线，且完全在 $C-C$ 线之后，以（0.5 ±0.25）m/s 的横向速度从测试车辆侧后方，向测试车辆所在车道方向变道，直至两车的横向距离为 2.5m。

④ 目标车辆变道完成后，确保其仍然处在超越测试车辆 $B-B$ 线并且完全在 $C-C$ 线之后的相对位置，目标车辆至少保持直线行驶 300ms 以上，然后变道返回最初车道，完成本次测试。

⑤ 本次测试完成后，应将目标车辆与测试车辆的行驶车道相互对调，再重复上述测试过程。

3）测试要求。

测试过程中，目标车辆进入测试车辆的盲区范围时，测试车辆的盲区监测系统应触发报警。

（3）目标车辆超越测试车辆测试

1）测试场景。

测试道路为至少包含两条车道的长直道，中间车道线为白色虚线。测试车辆和目标车辆（假车）分别行驶在两条邻近的车道上，且测试车辆在前，目标车辆在后，目标车辆的车速高于测试车辆，如图 7-11 所示。

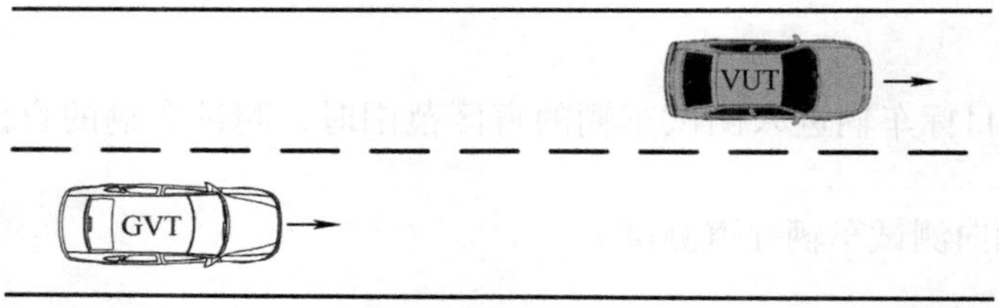


图 7-11　目标车辆超越测试车辆测试场景

2）测试方法。

① 测试车辆以（50 ±2）km/h 的车速匀速直线行驶在其中一条车道中间。目标车辆在相邻车道上测试车辆的后方匀速直线同向行驶。

② 行驶过程中，测试车辆中心线与目标车辆车身的最外缘（靠近测试车辆的一侧，不含后视镜）之间保持 1.5m 的横向距离。

③ 目标车辆分别以（60 ±2）km/h、（65 ±2）km/h 和（70 ±2）km/h 的车速匀速行驶并超越测试车辆。

④ 当测试车辆最后缘与目标车辆最前缘的纵向距离为 33m 时测试正式开始，当目标车辆的最前缘超越测试车辆的 $C-C$ 线 3m 时，本次测试结束。

⑤ 本次测试完成后，应将目标车辆与测试车辆的车道相互对调，再重复上述测试过程。

3）测试要求。

① 当目标车辆完全位于测试车辆的 $A-A$ 线之后时，盲区监测系统不应发出警报。

② 当目标车辆的任何部位进入测试车辆的盲区范围内，盲区监测系统应触发报警，且

警报触发的时间不得晚于目标车辆前缘穿越 $B-B$ 线后 300ms。

（4）目标车辆向测试车辆并道测试

1）测试场景。

测试道路为至少包含三条车道的长直道，中间车道线为白色虚线。测试车辆和目标车辆（假车）分别同向行驶在两边的车道上，两条车道之间隔了一条车道，如图 7-12 所示。

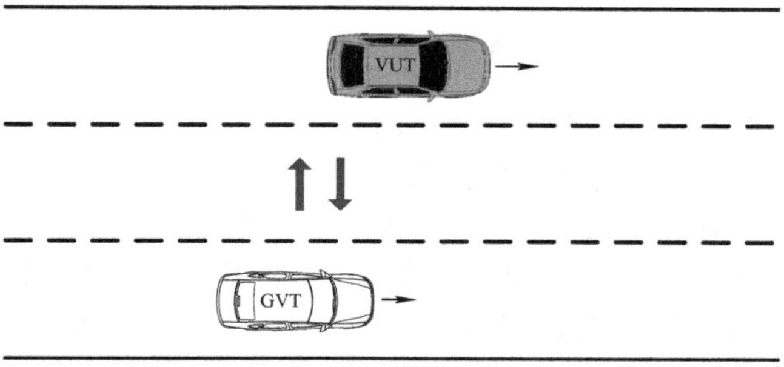


图 7-12　目标车辆并道测试场景

2）测试方法。

① 测试车辆以（50±2）km/h 的车速匀速行驶在一条靠边的车道中间。目标车辆以（50±2）km/h 的车速匀速行驶在相隔的另一条车道上。

② 行驶过程中，目标车辆车身最外缘（靠近测试车辆的一侧，不含后视镜）与测试车辆车身最外缘（靠近目标车辆的一侧，不含后视镜）之间保持 6～7m 的横向距离。

③ 当目标车辆越过测试车辆的 $B-B$ 线，且完全在 $C-C$ 线之后，以（0.5±0.25）m/s 的横向速度从测试车辆侧后方，向测试车辆所在车道方向变道，直至两车的横向距离为 1.5m。

④ 目标车辆变道完成后，确保其仍然处在超越测试车辆的 $B-B$ 线并且完全在 $C-C$ 线之后的相对位置，目标车辆至少保持直线行驶 300ms 以上，然后变道返回最初的车道，完成本次测试。

⑤ 本次测试完成后，应将目标车辆与测试车辆的车道相互对调，再重复上述测试过程。

3）测试要求。

① 当目标车辆完全位于测试车辆的 $H-H$ 线或 $M-M$ 线外时，盲区监测系统不能触发警报。

② 当目标车辆进入测试车辆的盲区范围时，盲区监测系统触发报警信息，警报触发的时间不得晚于目标车辆穿过测试车辆 $L-L$ 线或 $G-G$ 线后 300ms。

（5）目标车辆变道超越测试车辆测试

1）测试场景。

测试道路为至少包含两条车道的长直道，中间车道线为白色虚线。测试车辆与目标车辆（假车）行驶在同一条车道上，测试车辆以较低车速行驶在前方，目标车辆以较高车速行驶在后方，目标车辆在接近测试车辆时，向邻近车道变道后超越测试车辆，如图 7-13 所示。

2）测试方法。

① 测试车辆以（50±2）km/h 的车速匀速行驶在一条靠边车道的前方。目标车辆以

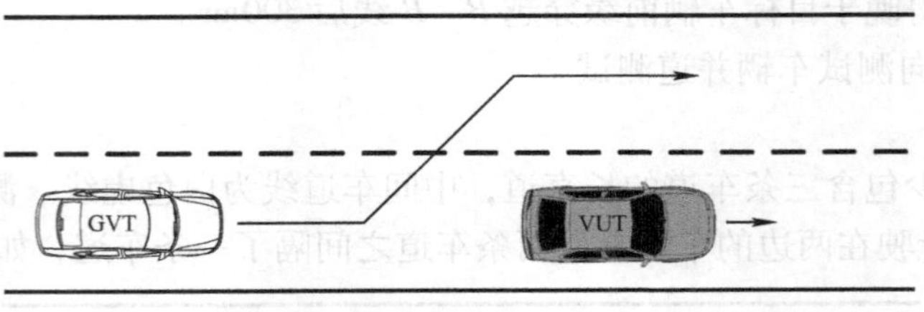


图 7-13　目标车辆变道超越测试车辆测试场景

(60 ±2) km/h 的车速匀速行驶在同一条车道的后方。

② 行驶过程中，目标车辆与测试车辆的纵向距离应大于 20m。

③ 当目标车辆距离测试车辆的 $B-B$ 线 10m 时，目标车辆以 0.55 ~0.85m/s 的横向速度从测试车辆的侧后方变道至两车的横向距离为（1.5 ±0.3）m 的位置。

④ 变道完成后，目标车辆保持直线行驶，直至目标车辆完全超越测试车辆的前缘，当目标车辆的前缘超越测试车辆的 $C-C$ 线 3m 时，本次测试结束。

3）测试要求。

测试过程中，目标车辆进入测试车辆的盲区范围时，测试车辆的盲区监测系统应触发预警，且预警触发的时间不得晚于目标车辆纵向中心线穿过测试车辆的 $B-B$ 线后 300ms。

（6）双侧目标车辆超越测试车辆测试

1）测试场景。

测试道路为至少包含三条车道的长直道，中间车道线均为白色虚线。测试车辆行驶在中间车道上，且位于前方，两辆目标车辆（假车）分别行驶在两侧相邻车道上，且位于测试车辆的后方，测试车辆行驶车速较低，两辆目标车辆行驶车速均较高，且距离测试车辆的纵向距离相同，如图 7-14 所示。

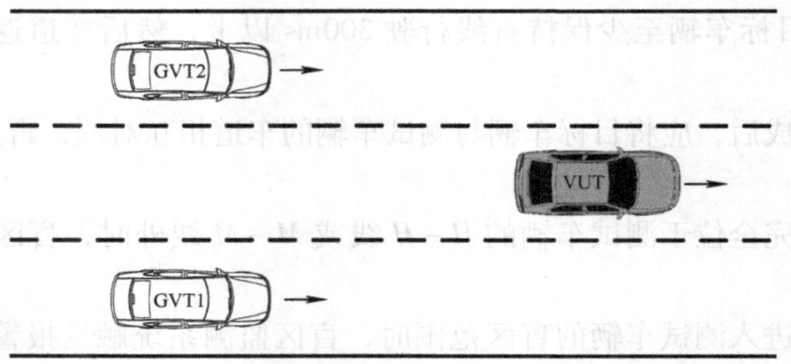


图 7-14　双侧目标车辆超越测试车辆测试场景

2）测试方法。

① 测试车辆以（50 ±2）km/h 的车速匀速行驶在中间车道的前方。两辆目标车辆分别以（60 ±2）km/h 的车速匀速行驶在相邻的两侧车道的后方。

② 行驶过程中，两辆目标车辆与测试车辆的横向距离大于（1.5 ±0.3）m。

③ 当目标车辆距离测试车辆的 $B-B$ 线大于 11m 时，测试开始；当目标车辆最前缘超越测试车辆的 $C-C$ 线 3m 时，测试结束。

3）测试要求。

① 当目标车辆完全位于测试车辆的 $A-A$ 线之后时，盲区监测系统不应触发预警。

② 当双侧目标车辆的任何部分位于测试车辆的盲区时，盲区监测系统应触发预警，且预警触发的时间不得晚于目标车辆前缘穿过测试车辆的 $B-B$ 线后 300ms。

## 7.4　车门开启预警功能及其测试

当车辆完成路边停靠后，车内的驾驶员或乘员意欲打开车门时，如果开车门的一侧恰好有其他交通参与者通过，且正处于开车门操作者的视觉盲区，则极易发生由开启车门引起的碰撞事故，俗称“开门杀”。据统计，由“开门杀”引发的碰撞事故导致的死伤事故呈逐年上升的趋势。智能网联汽车可以利用其环境感知系统和信息处理系统在出现“开门杀”之前向驾驶员或乘员发出预警信息，提醒存在“开门杀”危险，从而有效地避免碰撞事故的发生。

### 7.4.1　车门开启预警的定义

在车辆处于停靠状态下，当驾驶员或乘员试图打开车门时，车门开启预警（DOW）系统利用车载环境感知系统监测驾驶员和乘员的视觉盲区是否有汽车或自行车等其他交通参与者正在接近将要打开的车门。如果有且与目标存在碰撞危险时，车门开启预警系统会发出警示信息，提示驾驶员或乘员此刻车辆周围有其他交通参与者正靠近，不宜打开车门。这项功能在驾驶员或乘员视线受限的情况下，有助于安全地打开车门，从而避免由于“开门杀”现象导致的碰撞事故，提高道路交通安全性。

通常车门开启预警系统的预警可分为两级：当驾驶员或乘员将要打开车门，系统监测到存在碰撞风险，且同侧车门未打开时，系统触发一级预警，此时状态指示灯常亮或闪烁；当系统监测到同侧有车门已经打开时，则会启动二级预警，此时状态指示灯常亮或闪烁并且发出警示音提示，当碰撞风险解除后，预警停止。

### 7.4.2　车门开启预警的原理

在车辆停靠状态下，车门开启预警系统利用毫米波雷达或视觉传感器监测车辆周围的交通参与者的运动状态，根据监测数据推算周围的交通参与者到达车门附近的用时，当车门开启预警系统推算出有交通参与者可能与即将打开的车门发生碰撞时，且此时刚好车辆内部的驾驶员或乘员做出了将要打开车门的动作，比如开启车门锁但未推开车门时，车门开启预警系统将发出警报信息，以提醒驾驶员或乘员存在碰撞危险，不要打开车门，从而防止由于开启车门导致的碰撞事故。

### 7.4.3　车门开启预警的典型应用

车门开启预警系统的典型应用是当车辆在路边停靠后，靠近道路中间一侧的车门打开时，易与正在道路上通行的其他交通参与者发生碰撞事故，车门开启预警系统可以避免“开门杀”事件的发生。在我国，由于存在大量的自行车、电动两轮车和摩托车等机动性较强的弱势交通参与者，它们经常以较高的速度从路边停靠车辆的旁边经过，是造成“开门杀”事件的最大隐患，也是车门开启预警系统的典型应用场景。车门开启预警系统尤其适用于车辆在经常有自行车、电动两轮车和摩托车等弱势交通参与者出没的道路边缘停靠场景，可以有效地保障驾驶员或乘员下车时的安全性，避免“开门杀”引起的碰撞事故。

### 7.4.4 车门开启预警的测试

（1）车门开启预警边界测试

1）测试场景。

① 测试车辆在路边停靠，且测试车辆熄火或关闭主电源按钮状态 3min 之内，驾驶员和乘员解开安全带，并保持车门开启预警系统激活状态。

② 目标车辆（假车）以（50±1）km/h 的车速，分别沿着距离测试车辆最外侧（不包括后视镜）横向距离为 1.4～1.5m 的直线和（0.5±0.1）m 的直线行驶。

③ 目标车辆（摩托车，代替物）以（10±1）km/h 的车速，分别沿着距离测试车辆最外侧（不包括后视镜）横向距离为 1.4～1.5m 的直线和（0.5±0.1）m 的直线行驶，以摩托车为目标的车门开启预警边界测试场景如图 7-15 所示。

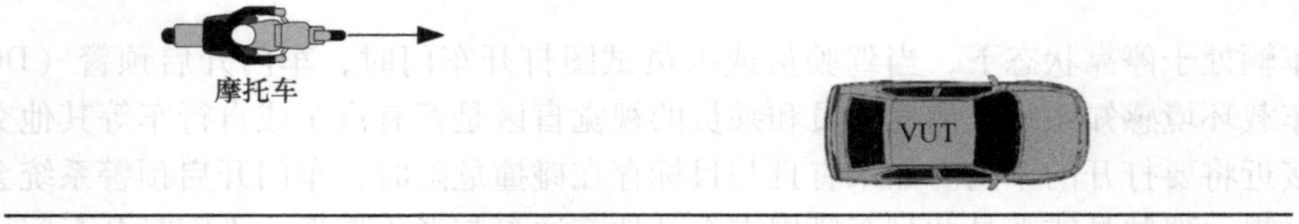


图 7-15　以摩托车为目标的车门开启预警边界测试场景

2）测试方法。

① 针对机动车辆测试，在目标车辆（假车）与测试车辆纵向距离为（40±0.5）m 时，测试开始。此时，驾驶员或乘员从测试车辆内部打开车门，且车门与车身的夹角尽量最小并保持静止。

② 针对两轮车辆测试，在目标车辆（摩托车，代替物）与测试车辆纵向距离为（10±0.5）m 时，测试开始。此时，驾驶员或乘员从测试车辆内部打开车门，且车门与车身的夹角尽量最小并保持静止。

③ 当目标车辆超越测试车辆两侧后视镜所在直线（3±0.5）m 时，测试结束。

3）测试要求。

① 针对测试车辆两侧所有的车门，均采用机动车辆和两轮车辆各进行 1 次测试。

② 驾驶员或乘员打开车门，且车门开启预警系统检测到存在碰撞危险时，应触发预警。

（2）目标直线超越测试车辆测试

1）测试场景。

① 测试车辆在路边停靠，且测试车辆熄火或关闭主电源按钮状态 3min 之内，驾驶员和乘员解开安全带，并保持车门开启预警系统激活状态。

② 目标车辆（假车）以（10±1）km/h、（30±1）km/h 和（50±1）km/h 的车速，分别沿着距离测试车辆最外侧（不包括后视镜）横向距离为（1±0.1）m 的直线行驶，直至超越测试车辆。

③ 目标车辆（电动两轮车，代替物）分别以（10±1）km/h 和（20±1）km/h 的车

速，沿着距离测试车辆最外侧（不包括后视镜）横向距离为（1±0.1）m的直线行驶，直至超越测试车辆，以电动两轮车为目标的超越测试车辆测试场景如图7-16所示。

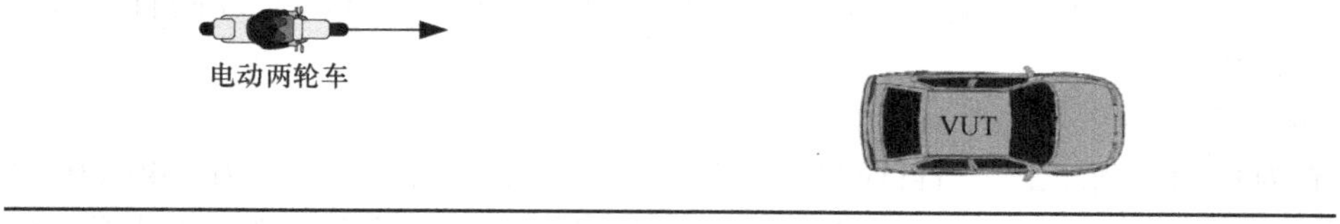


图7-16　以电动两轮车为目标的超越测试车辆测试场景

2）测试方法。

① 针对机动车辆测试，在目标车辆（假车）的车速分别为（10±1）km/h、（30±1）km/h和（50±1）km/h时，当目标车辆与测试车辆纵向距离分别为（10±0.5）m、（20±0.5）m和（40±0.5）m时，测试开始。此时，驾驶员或乘员从测试车辆内部打开车门，且车门与车身的夹角尽量最小并保持静止。

② 针对电动两轮车辆测试，在目标车辆（电动两轮车，代替物）的车速分别为（10±0.5）km/h和（20±0.5）km/h时，当其与测试车辆纵向距离分别为（10±0.5）m和（20±0.5）m时，测试开始。此时，驾驶员或乘员从测试车辆内部打开车门，且车门与车身的夹角尽量最小并保持静止。

③ 当目标车辆超越测试车辆两侧后视镜所在直线（3±0.5）m时，测试结束。

3）测试要求。

① 针对测试车辆左侧驾驶员位车门，采用机动车辆和电动两轮车辆各进行1次测试。

② 针对测试车辆右侧后车门，采用机动车辆和电动两轮车辆各进行1次测试。

③ 驾驶员或乘员打开车门，且车门开启预警系统检测到存在碰撞危险时，应触发警报。

（3）目标变道超越测试车辆测试

1）测试场景。

① 测试车辆在路边停靠，且测试车辆熄火或关闭主电源按钮状态3min之内，驾驶员和乘员解开安全带，并保持车门开启预警系统激活状态。

② 目标车辆（假车）以（30±1）km/h的车速在测试车辆的正后方行驶，目标车辆与测试车辆中心线的横向偏移在（0±0.1）m内，在目标车辆与测试车辆的纵向距离为（30±0.5）m的位置开始变道，在两辆车的纵向距离为（16±0.5）m时完成变道，目标车辆沿平行于测试车辆方向且与其横向距离为（1±0.1）m的直线行驶，直至超越测试车辆，以机动车为目标的变道超越测试车辆测试场景如图7-17所示。

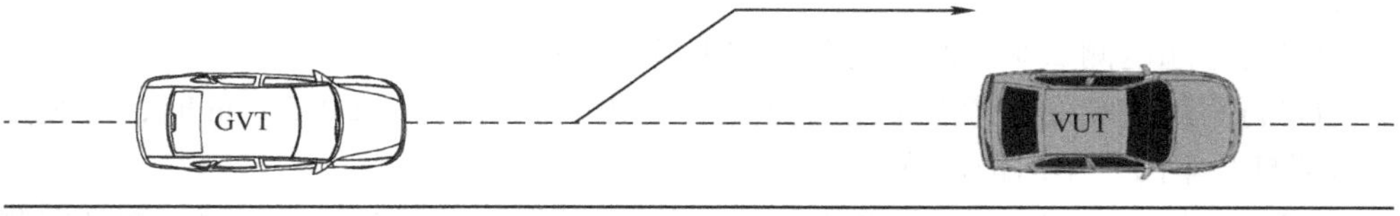


图7-17　以机动车为目标的变道超越测试车辆测试场景

③ 目标车辆（电动两轮车，代替物）以（15±1）km/h的车速在测试车辆的正后方行

驶，目标车辆与测试车辆中心线的横向偏移在（0 ±0.1）m 内，在目标车辆与测试车辆的纵向距离为（14.5 ±0.5）m 的位置开始变道，在两辆车的纵向距离为（8 ±0.5）m 时完成变道，目标车辆沿平行于测试车辆方向且与其横向距离为（1 ±0.1）m 的直线行驶，直至超越测试车辆。

2）测试方法。

① 针对机动车辆测试，当目标车辆（假车）与测试车辆纵向距离为（40 ±0.5）m 时，测试开始。此时，驾驶员或乘员从测试车辆内部打开车门，且车门与车身的夹角尽量最小并保持静止。

② 针对电动两轮车测试，当目标车辆（电动两轮车，代替物）与测试车辆纵向距离为（30 ±0.5）m 时，测试开始。此时，驾驶员或乘员从测试车辆内部打开车门，且车门与车身的夹角尽量最小并保持静止。

③ 当目标车辆超越测试车辆两侧后视镜所在直线（3 ±0.5）m 时，测试结束。

3）测试要求。

① 针对测试车辆左侧驾驶员位车门，采用机动车辆和电动两轮车各进行 1 次测试。

② 针对测试车辆右侧后车门，只采用电动两轮车进行 1 次测试。

③ 驾驶员或乘员打开车门，且车门开启预警系统监测到存在碰撞危险时，应触发预警信息。

（4）车门开启预警测试

1）测试场景。

① 测试车辆在路边停靠，且测试车辆熄火或关闭主电源按钮状态 3min 之内，驾驶员和乘员解开安全带，并保持车门开启预警系统激活状态。

② 在测试车辆后方停靠一辆目标车辆（假车），目标车辆与测试车辆的外侧在一条直线上，目标车辆的最前方与测试车辆的最后方的纵向距离为 1m。

③ 自行车（代替品）的行驶速度为 15km/h，在目标车辆和测试车辆外侧横向距离为 1m 的直线上向测试车辆驶来，以自行车为目标的车门开启预警测试场景如图 7-18 所示。

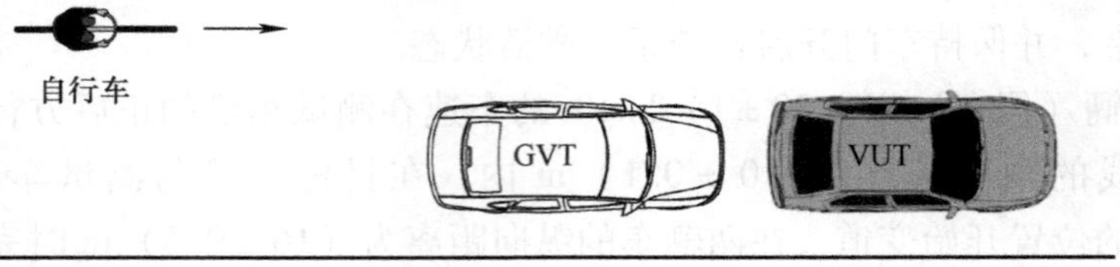


图 7-18　以自行车为目标的车门开启预警测试场景

2）测试方法。

① 当自行车超越测试车辆时，驾驶员和乘员均未打开车门。

② 当自行车最前端的参考点距离驾驶员侧车门的最后方（8 ±0.5）m 时，驾驶员从测试车辆内部打开车门，车门仍保持当前位置。

③ 当自行车最前端的参考点距离右侧后车门的最后方（8 ±0.5）m 时，乘坐在测试车辆内右后方的乘员打开车门，车门仍保持当前位置。

3）测试要求。

① 当车门开启预警系统监测到周围有其他交通参与者经过，但驾驶员或乘员没有打开车门动作时，车门开启预警系统不触发预警。

② 当车门开启预警系统监测到周围有其他交通参与者经过，且驾驶员或乘员打开车门后，车门开启预警系统应触发预警，如有进一步打开车门的操作，则预警信息升级。

③ 在没有危险的正常情况下，乘员能从内部顺利地开启车门，不会触发报警信息。

# 复　习　题

**一、判断题**

激活车道偏离预警系统的条件是转向灯未开启且车辆有穿越车道线的趋势，一旦开启转向灯后就不能激活车道偏离预警系统了。　　　　（　　）

**二、简答题**

1. 前向碰撞预警（FCW）系统中的最小碰撞距离与哪些变量有关？
2. 在利用倒推法计算预警距离的时候，如图 7-1 所示，一般前车的制动距离长还是自车的制动距离长？为什么？
3. 在 FCW 系统辨识纵向减速行驶前车能力测试中，要实现目标车辆（假车）70km/h 的车速以及减速度为 $0.3g$ 的制动需要通过什么途径实现？
4. 查阅资料了解什么叫净空。
5. 为什么说车道偏离预警系统的典型应用是在高速公路或长途行车场景中？
6. 虚警或误报警是指什么？具有什么样的危害？
7. 盲区监测系统的作用是什么？
8. 盲区监测系统采用的传感器有哪些？分别安装在什么位置？

# 第8章

# 智能网联汽车信息控制类ADAS功能测试

信息控制类 ADAS 功能主要是利用传感器和无线通信设备获得车辆、驾驶员和交通环境信息，并对车辆的执行装置进行控制，进而使车辆的操控更安全、交通流更顺畅。目前，这类功能主要包括 16 个项目，见表 8-1。

**表 8-1　ADAS 的信息控制类功能列表**

| 序号 | 功能名称 | 功能实质 |
| --- | --- | --- |
| 1 | 自动紧急制动（AEB） | 实时监测车辆前方行驶环境，并在可能发生碰撞危险时，自动启动车辆制动系统使车辆减速，以避免碰撞或减轻碰撞后果 |
| 2 | 紧急制动辅助（EBA） | 实时监测车辆前方行驶环境，在可能发生碰撞危险时，提前采取措施以减少制动响应时间，并在驾驶员采取制动操作时辅助增加制动压力，以避免碰撞或减轻碰撞后果 |
| 3 | 自动紧急转向（AES） | 实时监测车辆前方或侧方行驶环境，在可能发生碰撞危险时，自动控制车辆转向，以避免碰撞或减轻碰撞后果 |
| 4 | 紧急转向辅助（ESA） | 实时监测车辆前方或侧方行驶环境，在可能发生碰撞危险且驾驶员有明确的转向意图时，辅助驾驶员进行足够的转向操作 |
| 5 | 智能限速控制（ISLC） | 自动获取当前条件下的限速信息，并实时监测车辆行驶速度，辅助驾驶员控制车速，使之在限速范围内 |
| 6 | 车道保持辅助（LKA） | 实时监测车辆与车道线的相对位置，持续或在必要的情况下介入车辆横向运动控制，使车辆保持在原车道内行驶 |
| 7 | 车道居中控制（LCC） | 在车辆行驶过程中，持续自动控制车辆横向运动，使车辆始终在车道中央区域行驶 |
| 8 | 车道偏离抑制（LDP） | 实时监测车辆与车道线的相对位置，在其将要超出车道线时介入横向运动控制，以辅助驾驶员将车辆保持在原车道内行驶 |
| 9 | 智能泊车辅助（IPA） | 在车辆泊车时，自动检测泊车空间并为驾驶员提供泊车指示和/或方向控制等辅助功能 |
| 10 | 自适应巡航控制（ACC） | 实时监测车辆前方行驶环境，在设定的速度范围内自动调整行驶车速，以适应各种驾驶环境的变化 |
| 11 | 全速自适应巡航控制（FSRA） | 实时监测车辆前方行驶环境，在设定的速度范围内自动调整行驶车速，并具有减速至停止及从停止状态起步的功能，以适应各种驾驶环境的变化 |
| 12 | 交通拥堵辅助（TJA） | 在车辆低速通过交通拥堵路段时，实时监测前方及相邻车道行驶环境，经驾驶员确认后自动对车辆进行横向和纵向控制 |
| 13 | 加速踏板防误踩（AMAP） | 在车辆起步或低速行驶时，因驾驶员误踩加速踏板产生紧急加速而可能与周边障碍物发生碰撞时，自动抑制车辆加速 |

（续）

| 序号 | 功能名称 | 功能实质 |
|---|---|---|
| 14 | 酒精闭锁（AIL） | 在车辆起动前测试驾驶员体内酒精含量，如超标，则锁闭动力系统 |
| 15 | 自适应远光灯（ADB） | 自适应地调整远光灯的投射范围，以减少对前方或对向车辆驾驶员的眩目干扰 |
| 16 | 自适应前照灯（AFS） | 自动切换远/近光灯，以适应使用环境对光束的不同要求 |

ADAS 的信息控制类功能存在相互覆盖的现象，因此同一辆智能网联汽车不必同时拥有 16 项信息控制类 ADAS 功能。一些传统汽车上也配置了简单的信息控制类功能，如自适应远光和自适应前照灯功能等。本章将详细介绍 7 种比较典型的信息控制类 ADAS 功能。

## 8.1 自动紧急制动功能及其测试（车辆对车辆）

汽车追尾事故往往是驾驶员注意力不集中引起的，也是发生频率最高的事故之一。在城市交通环境下，后车前部与前车后部追尾事故是最典型的交通事故，通常这类事故发生在车速较低，前车已经停车的情况下，但是前车的驾乘人员在追尾事故中颈部受伤的风险极高，极易引起瘫痪，甚至死亡。统计表明，追尾事故发生的概率较高，大约占车辆碰撞事故的 25%，应当引起足够的重视。

### 8.1.1 自动紧急制动的定义

自动紧急制动（AEB）系统是一种基于传感器和计算机技术的主动安全系统。当正在路上行驶的智能网联汽车监测到前方有障碍物，且经过信息处理系统运算推断存在发生碰撞的可能性时，AEB 系统自动实施制动，以降低车辆的行驶速度并尽可能地避免碰撞事故的发生或减轻由碰撞事故引起的伤害。根据面向对象的不同，自动紧急制动系统大致分为车辆面向车辆的自动紧急制动和车辆面向弱势交通参与者的自动紧急制动两种情形，由于这两种情形在环境感知系统的视域特征和运动状态特征方面有所差异，所以要对其进行分别介绍。

### 8.1.2 自动紧急制动的基本原理

自动紧急制动系统采用视觉传感器或雷达监测与前车或障碍物的距离，然后交由控制单元将该距离与当前相对车速下的前向碰撞预警距离、安全距离等进行比较，当监测的距离小于前向碰撞预警距离时就进行报警提示（FCW），而小于安全距离时，即使在驾驶员没来得及踩制动踏板的情况下，自动紧急制动系统也会自动启动制动控制，以确保在安全距离以内将车辆制动。安全距离的计算公式为

$$D_{\mathrm{br}}=(v_2-v_1)T_{\mathrm{delay}}+K\frac{v_2^2-v_1^2}{2a_{2\max}} \tag{8-1}$$

式中 $D_{\mathrm{br}}$——最小安全距离（m）；

$v_1$——前车的行驶车速（m/s）；

$v_2$——自车的行驶车速（m/s）；

$T_{delay}$——系统延迟时间（s）；

$K$——制动系统的制动因数；

$a_{2max}$——自车最大制动减速度（$m/s^2$）。

按照自车与前车的距离来分，一般自动紧急制动过程分为三个阶段。第一阶段为前向碰撞预警（FCW）阶段，车辆的环境感知系统监测到自车与前车的距离太近即将发生碰撞危险时，前向碰撞预警系统发出警报信息，提醒驾驶员采取相应措施，避免碰撞事故的发生，此时，前后车的距离相对较远，留给驾驶员足够的判断响应时间。如果在最佳的响应时间内驾驶员未能及时响应操纵，在前后车距离达到不采取制动行为将会发生碰撞事故时，自动紧急制动系统进入一级制动，此时自车的制动减速度较小，为 $1.5 \sim 3.5m/s^2$，最大可降低40km/h 的车速，主要作用是给驾驶员争取更多的反应时间且使制动过程更加舒适。如果驾驶员仍未能及时响应操作，自动紧急制动系统进入二级制动，自车采用最大制动减速度，尽可能减小两车的相对速度，从而避免碰撞或减轻碰撞造成的伤害。

### 8.1.3　自动紧急制动的典型应用

车辆与车辆的自动紧急制动系统最典型的应用就是在即将出现碰撞事故时，能够在安全距离以内将车辆制动，避免碰撞事故的发生或尽量减小碰撞造成的损失。车辆需要在各种交通环境下行驶，比如在同一条长直车道内的两辆车就可能出现前车车速较慢、前车制动或前车停驶等 3 种应用自动紧急制动的场景；再比如面对迎面驶来的对向行驶车辆和在交叉路口与行驶方向相交叉的车辆也可能触发自动紧急制动系统。

### 8.1.4　自动紧急制动的测试（车辆对车辆）

（1）前车静止自动紧急制动测试

1）测试场景。

测试道路为至少包含一条车道的长直道，测试车辆与目标车辆（假车）处于同一条车道上，测试车辆在目标车辆的后方，且以一定的车速靠近目标车辆，目标车辆处于停驶状态，如图 8-1 所示。

图 8-1　前车静止自动紧急制动测试场景

视频 8-1　前车静止自动紧急制动

① 测试车辆的车速从 10km/h 到 80km/h，每增加 5km/h 为一个测试用例。

② 测试车辆与目标车辆的偏置率从 −50% 到 50%，每移转 25% 设置一个测试用例。

③ 车速的测试用例和偏置率的测试用例交叉遍历构成所有测试场景。

2）测试方法。

① 测试车辆的自动紧急制动系统处于开启状态，在距离目标车辆足够远的位置起动测试车辆，按照车速由低到高的顺序依次遍历所有测试用例。

② 测试车辆在距离目标车辆 200m 前要达到设定的目标车速，并保持测试车辆与目标车

辆的偏置率满足要求。

③ 测试车辆的驾驶员要求双手握住转向盘，除为保持测试要求的偏置率而进行的必要轻微方向调整外，不得干扰系统的正常驾驶，直至测试结束。

3）测试要求。

以下条件之一发生时，测试结束：

① 测试车辆的车速降为 0km/h，即测试车辆完全制动。

② 测试车辆与目标车辆发生碰撞。

（2）前车慢行自动紧急制动测试

1）测试场景。

测试道路为至少包含一条车道的长直道，测试车辆与目标车辆（假车）行驶在同一条车道上，测试车辆在目标车辆的后方，且以一定的车速靠近目标车辆，目标车辆以 20km/h 的车速行驶，如图 8-2 所示。

① 测试车辆的车速从 30km/h 到 80km/h，每增加 5km/h 为一个测试用例。

② 测试车辆与目标车辆的偏置率从 -50% 到 50%，每移转 25% 设置一个测试用例。

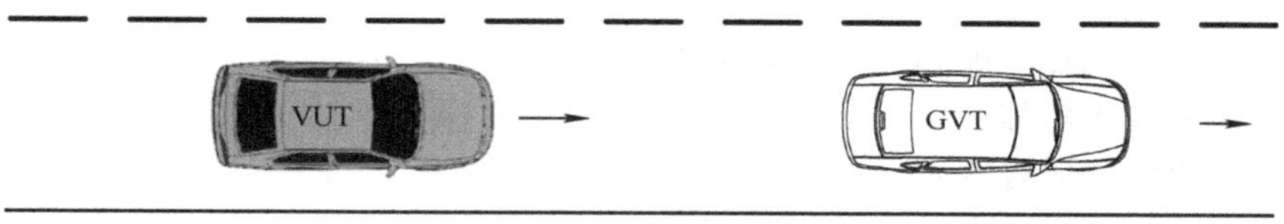


图 8-2 前车慢行自动紧急制动测试场景

视频 8-2 前车慢行自动紧急制动

③ 车速的测试用例和偏置率的测试用例交叉遍历构成所有测试场景。

2）测试方法。

① 测试车辆的自动紧急制动系统处于开启状态，在距离目标车辆足够远的位置起动测试车辆，按照车速由低到高的顺序依次遍历所有测试用例。

② 测试车辆在距离目标车辆 200m 前要达到设定的目标车速，并保持测试车辆与目标车辆的偏置率满足要求。

③ 测试车辆的驾驶员要求双手握住方向盘，除为保持测试要求的偏置率而进行的必要轻微方向调整外，不得干扰系统的正常驾驶，直至测试结束。

3）测试要求。

以下条件之一发生时，测试结束：

① 测试车辆的车速降为 0km/h，即测试车辆完全制动。

② 测试车辆的车速低于目标车辆的车速。

③ 测试车辆与目标车辆发生碰撞。

（3）前车制动自动紧急制动测试

1）测试场景。

测试道路为至少包含一条车道的长直道，测试车辆与目标车辆（假车）均以 50km/h 的车速行驶在同一条车道上，测试车辆在目标车辆的后方。当测试车辆与目标车辆的距离一定时，目标车辆以一定的减速度制动，如图 8-3 所示。

① 目标车辆的制动减速度分别为 $2m/s^2$ 和 $6m/s^2$。

② 测试车辆与目标车辆的距离分别在 12m 和 40m 时，目标车辆开始实施制动。

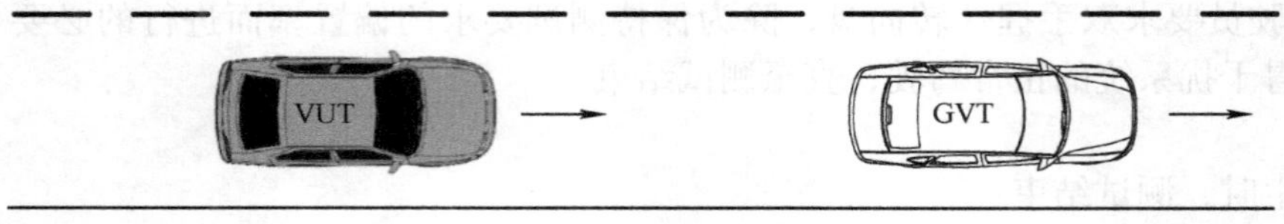


图 8-3　前车制动自动紧急制动测试场景

视频 8-3　前车制动自动紧急制动

③ 目标车辆的制动减速度和两车开始实施制动的距离交叉遍历构成所有测试场景。

2）测试方法。

① 测试车辆的 AEB 系统处于开启状态，将测试车辆和目标车辆的目标车速均设置为 50km/h。

② 测试车辆在距离目标车辆分别为 12m 和 40m 前要达到设定的目标车速。

③ 当目标车辆与测试车辆保持车速稳定至少 2s 之后，目标车辆分别以 $2m/s^2$ 和 $6m/s^2$ 减速度制动直至车速为 0km/h。

④ 测试车辆的驾驶员要求双手握住转向盘，不得干扰系统的正常驾驶，直至测试结束。

3）测试要求。

以下条件之一发生时，测试结束：

① 测试车辆的车速降为 0km/h，即测试车辆完全制动。

② 测试车辆与目标车辆发生碰撞。

（4）转弯穿越道路自动紧急制动测试

1）测试场景。

测试道路为至少包含双向两车道的交叉路口，交叉路口既无信号灯也无人行横道。测试车辆起初在车道中间沿直线行驶，进入交叉路口后沿着曲线轨迹向左转弯，然后再沿目标车道的直线行驶。目标车辆（假车）沿着测试车辆起初的行驶方向的对向车道行驶，如果测试车辆与目标车辆都按照预定的轨迹与速度行驶，如不对两辆车加以干预将在交叉路口碰撞，如图 8-4 所示。

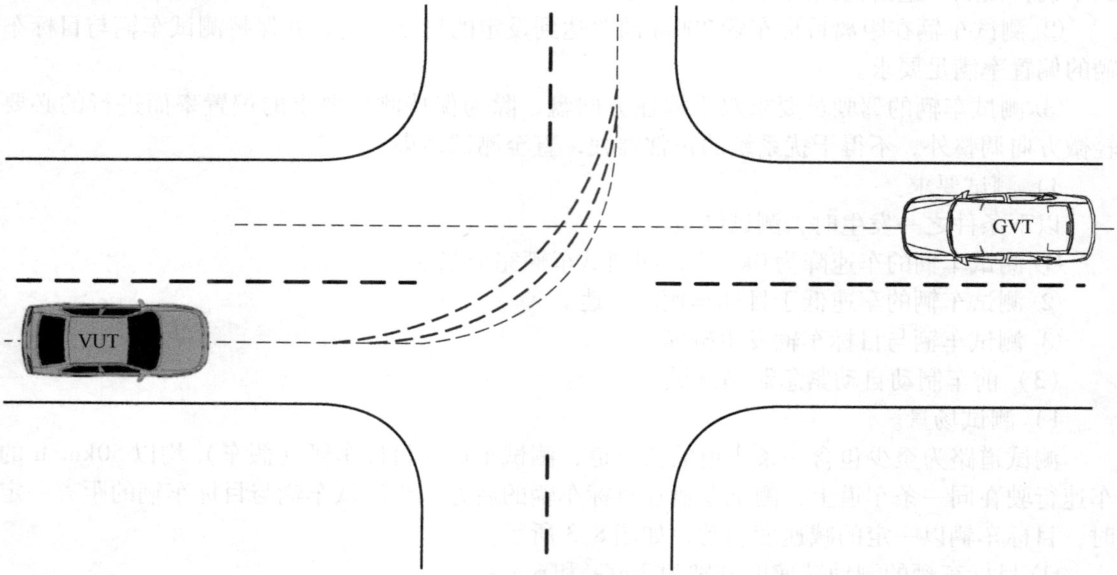


图 8-4　转弯穿越道路自动紧急制动测试场景

① 测试车辆分别以 10km/h、15km/h 和 20km/h 的车速，沿着表 8-2 所示的行驶轨迹行驶。

**表 8-2 测试车辆左转弯的行驶轨迹**

| 测试车速/(km/h) | 回旋曲线 | | | 固定半径 | | | 回旋曲线 | | |
|---|---|---|---|---|---|---|---|---|---|
| | 起始半径/m | 终止半径/m | 角度/(°) | 起始半径/m | 终止半径/m | 角度/(°) | 起始半径/m | 终止半径/m | 角度/(°) |
| 10 | 1500 | 9 | 20.62 | 9 | 9 | 48.76 | 9 | 1500 | 20.62 |
| 15 | 1500 | 11.75 | 20.93 | 11.75 | 11.75 | 48.14 | 11.75 | 1500 | 20.93 |
| 20 | 1500 | 14.75 | 21.79 | 14.75 | 14.75 | 46.42 | 14.75 | 1500 | 21.79 |

② 目标车辆的速度分别为 30km/h、45km/h 和 60km/h。

③ 测试车辆的车速和行驶轨迹与目标车辆的车速交叉遍历构成所有测试场景。

2）测试方法。

① 测试车辆要求按照规定的行驶轨迹行驶，加速度大于 $1m/s^2$，达到期望车速后还要稳定行驶 0.5s。

② 测试车辆行驶轨迹和车速与目标车辆的轨迹要求同步，以便目标车辆的前边缘刚好与测试车辆碰撞，且横向偏置率为 50%。

③ 测试车辆与目标车辆的纵向轨迹偏差应保持在 ±0.5m 以内。

3）测试要求。

以下条件之一发生时，测试结束：

① 测试车辆的车速降为 0km/h，即测试车辆完全制动。

② 目标车辆已经离开测试车辆的行驶路径。

③ 测试车辆与目标车辆发生碰撞。

（5）相交直行自动紧急制动测试

1）测试场景。

① 第一种测试场景：测试道路为至少包含双向两车道的交叉路口，交叉路口既没有信号灯也没有人行横道标线。测试车辆沿道路中心线匀速直行，拟通过交叉路口并继续直行。目标车辆（假车）沿与测试车辆相交的道路中心线匀速直行，拟通过交叉路口继续直行。如不对两辆车加以干预将在交叉路口发生碰撞，如图 8-5 所示。

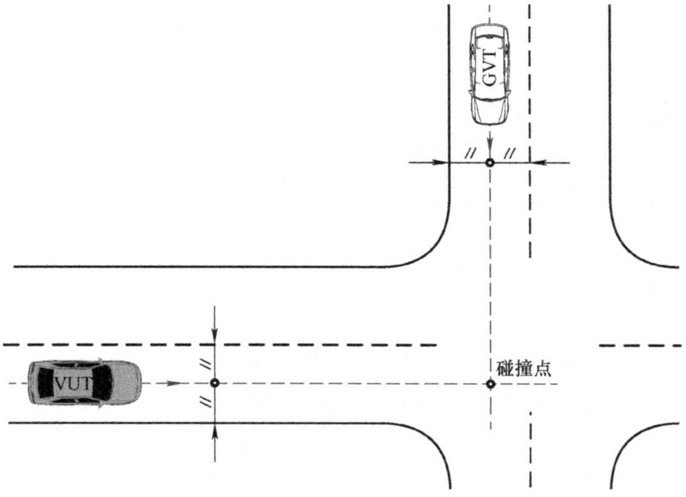


图 8-5 相交直行自动紧急制动测试场景

② 第二种测试场景：将测试车辆的最前端置于目标车辆靠近测试车辆的车外侧（不包括后视镜）延长线外 2.9m 处，构成测试车辆从静止到起步的场景，如图 8-6 所示。该场景要求在测试开始前，对测试车辆带档实施制动，一旦开始测试，立刻将制动踏板换成加速踏板。

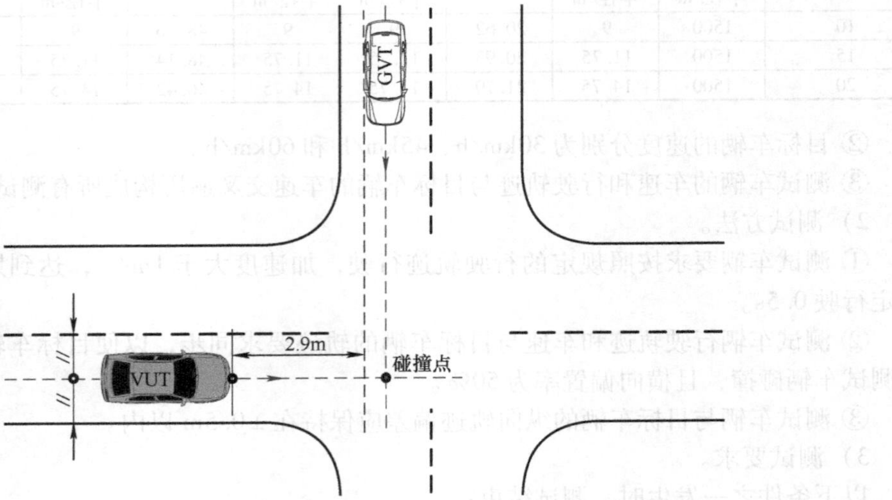


图 8-6　相交直行自动紧急制动测试场景（从静止到起步）

2）测试方法。

① 为了尽快达到设定车速，目标车辆的加速度要求大于 $1m/s^2$，达到预期车速后要留有 0.5s 的稳定时期，然后才能达到测试的稳态车速要求。

② 按照图 8-6 的要求实施从静止到起步的垂直相交直行场景进行自动紧急制动系统测试。

③ 测试车辆的自动紧急制动系统处于开启状态，测试车辆的速度从 20km/h 到 60km/h，每增加 10km/h 设置一个测试用例，目标车辆的速度从 20km/h 到 60km/h，每增加 10km/h 设置一个测试用例。测试车辆与目标车辆速度交叉遍历构成测试场景。

3）测试要求。

以下条件之一发生时，测试结束：

① 测试车辆的车速降为 0km/h，即测试车辆完全制动。

② 目标车辆已经离开测试车辆的行驶路径。

③ 测试车辆与目标车辆发生碰撞。

（6）迎面来车自动紧急制动测试

1）测试场景。

测试道路为至少包含两条车道的长直道，中间车道线为黄色虚线，车道宽度在 3.5～3.7m 之间，虚线车道线宽度在 0.10～0.15m 之间，实线车道线宽度在 0.10～0.25m 之间。

① 第一种测试场景：测试车辆在本车道上匀速直线行驶。目标车辆（假车）从它的原本所属车道（逆行车道）“漂移”到测试车辆所在车道上，在测试车辆所在车道上逆行，并驶向测试车辆，如不加以干预将导致测试车辆与目标车辆迎面相撞，如图 8-7 所示。

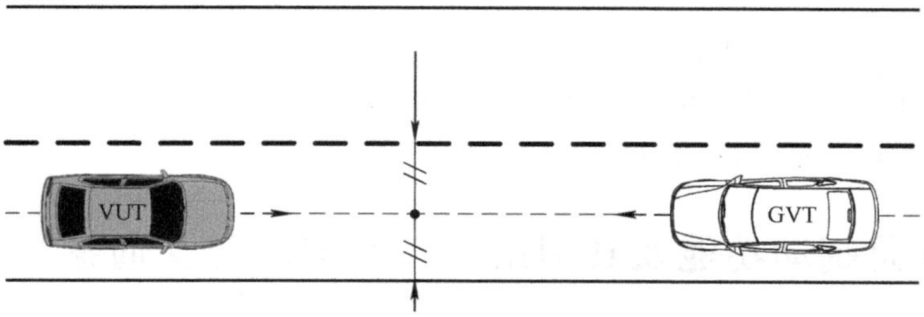


图 8-7　迎面正碰自动紧急制动测试场景

② 第二种测试场景：测试车辆在本车道上匀速直线行驶，相邻对向车道上顺次行驶着两辆目标车辆（假车），行驶在后面的目标车辆 1（假车）驶向测试车辆所在的车道意欲“借道超车”，在此过程中与测试车辆相遭遇，如不加以干预将导致测试车辆与目标车辆 1 迎面相撞，如图 8-8 所示。

③ 在第一种和第二种测试场景中，测试车辆与目标车辆的车速相同，分别是 50km/h 和 70km/h。

④ 在“借道超车”引起的迎面正碰自动紧急制动测试场景中目标车辆 1 的行驶轨迹参数见表 8-3。

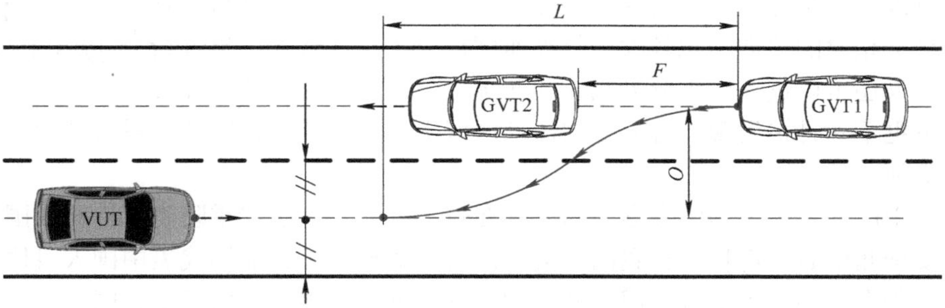


图 8-8　“借道超车”引起的迎面正碰自动紧急制动测试场景

**表 8-3　目标车辆（1 号假车）的行驶轨迹参数**

| 测试车辆车速/(km/h) | 目标车辆车速/(km/h) | 轨迹横向偏移量/m | 轨迹纵向长度/m | 目标车辆间距/m | 完成变道后的 TTC/s | 最大横向加速度/($m/s^2$) |
|---|---|---|---|---|---|---|
| 50 | 50 | 3.5 | 44 | 13.9 | 1.5 | 1.5 |
| 70 | 70 | 3.5 | 60 | 19.4 | 1.5 | 1.5 |

2）测试方法。

① 测试车辆的自动紧急制动系统处于开启状态。为了得到期望的车速，在加速阶段测试车辆的加速度要大于 $1m/s^2$，加速达到期望车速后还要稳定行驶 0.5s，然后才能达到测试的稳态车速要求。

② 在进行“借道超车”引起的迎面正碰自动紧急制动测试时，测试车辆行驶轨迹和车速与目标车辆的轨迹和车速要求同步，以便目标车辆能够在正确的时间和正确的位置出现在测试车辆前方。

3）测试要求。

以下条件之一发生时，测试结束：

① 测试车辆的车速降为0km/h，即测试车辆完全制动。

② 测试车辆与目标车辆发生碰撞。

## 8.2 自动紧急制动功能及其测试（车辆对弱势交通参与者）

自动紧急制动系统除了可以在面向车辆的时候为车辆提供主动安全保障外，当车辆面向各种弱势交通参与者时，同样也可以发挥其主动安全的作用。与车辆相比，弱势交通参与者对自动紧急制动系统提出了更高的要求。一方面，弱势交通参与者在传感器的视域下的感知面积更小，对车辆环境感知系统的灵敏度提出了更高的要求；另一方面，弱势交通参与者具有较强的灵活机动性，其运行轨迹和运动区域都具有不确定性，对自动紧急制动系统计算和响应能力提出了更高的要求。此外，弱势交通参与者对碰撞的耐受能力普遍较弱，面向弱势交通参与者时，自动紧急制动系统要求有更长的安全距离。

### 8.2.1 弱势交通参与者的类型

（1）行人

行人可以进一步分为男性行人和女性行人，通常情况下男性行人在传感器视域下相对的感知面积较大，行驶速度稍快于女性行人。男性行人和女性行人还可以进一步细分为成人和儿童。相比于成人，儿童在传感器视域下更不容易被发现，且儿童的活动区域更具有随意性，因此，对自动紧急制动系统的挑战性更强。

视频 8-4 假人摆腿

此外，中国的人体工程学数据与西方存在较大的差异，这严重阻碍了针对中国人的智能网联汽车安全测试研究进程。在我国相关科研机构的努力下，能够代表中国人身体特征的各类假人已经研发成功，为全世界假人种类的丰富和健全做出了重要贡献，同时也为中国人在即将到来的以智能网联汽车为主导的交通环境下的安全提供了一份保障。

（2）两轮车辆

两轮车辆大致包括自行车、电动两轮车和摩托车，它们在传感器视域下的感知面积逐次加大，最高车速依次升高，自动紧急制动系统感知它们的难度也不尽相同。值得说明的是，我国现存的两轮电动车数量巨大，已经成为我国智能网联汽车自动紧急制动系统研发和应用的主要挑战。因此，我国面向自动紧急制动系统的测试评价规程中需要增加关于电动两轮车辆的测试评价项目。目前，我国相关科研机构已经研制出具有中国特色的电动两轮车辆代替物，极大地丰富了智能网联汽车测试对象。

（3）其他弱势交通参与者

除了行人和两轮车辆，还有数量不多但是种类繁杂的其他弱势交通参与者。比如轮椅、人力三轮车和侵入道路的流动商贩等，他们也会长时间占据机动车道，且通常不遵守交通规则，严重影响车辆的顺畅通行。在这样的道路上行驶的车辆，要求自动紧急制动系统同样也能够对他们做出正确的响应。这些其他弱势交通参与者作为非主流成分暂时尚未被各种测试规程列为典型测试对象。

### 8.2.2　车辆对行人自动紧急制动测试

（1）车辆与行人垂直碰撞自动紧急制动测试

1）测试场景。

测试道路为至少包含两条车道的长直道路，中间车道线为白色虚线。

① 第一种测试场景：测试车辆沿右侧车道中心线行驶，行驶速度从10km/h到60km/h，每增加10km/h设置一个测试用例。行人（假人）沿垂直于测试车辆行驶轨迹的方向，从远端距离测试车辆轨迹6m处穿过测试车辆行驶轨迹，行人的加速距离为1.5m，行驶速度为6.5km/h。如不加以干预，测试车辆与行人将在$M$点（测试车辆宽度的25%处）或$L$点（测试车辆宽度的50%处）碰撞，如图8-9所示。

视频8-5　车辆与行人垂直碰撞AEB测试演示（远端）

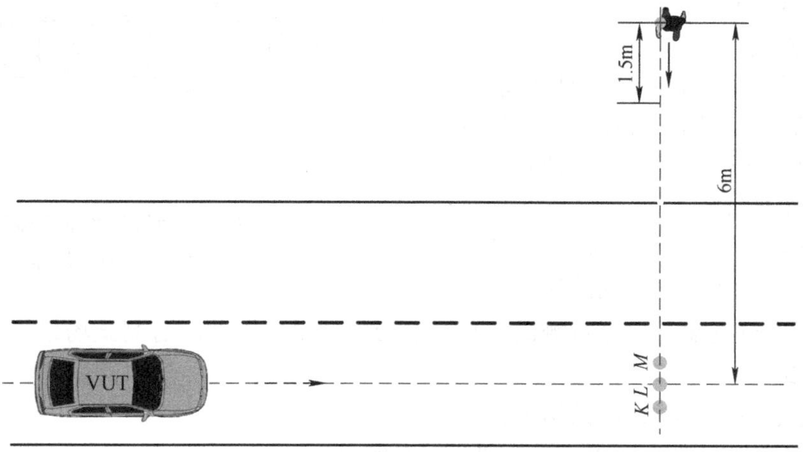


图8-9　车辆与行人垂直碰撞自动紧急制动测试场景（远端）

② 第二种测试场景：测试车辆沿右侧车道中心线行驶，行驶速度从10km/h到60km/h，每增加10km/h设置一个测试用例。行人沿垂直于测试车辆行驶轨迹的方向，从近端距离测试车辆轨迹4m处穿过测试车辆行驶轨迹，行人的加速距离为1m，行驶速度为5km/h。如不加以干预，测试车辆与行人将在$M$点（测试车辆宽度的25%处）或$K$点（测试车辆宽度的75%处）碰撞。

2）测试方法。

① 按照图8-9所示布置第一种测试场景。测试车辆的自动紧急制动系统处于开启状态，依次使测试车辆的速度按从低到高的顺序进行远端行人穿行测试。每一个车速测试用例都进行$M$点和$L$点的碰撞测试，直至遍历此场景要求的所有测试场景。

② 参考图8-9所示布置第二种测试场景，测试车辆的自动紧急制动系统处于开启状态，依次使测试车辆的速度按从低到高的顺序进行近端行人穿行测试。每一个车速测试用例都进行$K$点和$M$点的碰撞测试，直至遍历此场景要求的所有测试场景。

3）测试要求。

下列情况之一发生时，测试结束：

① 测试车辆的车速降为0km/h，即测试车辆完全制动。

② 测试车辆与行人碰撞。

③ 行人离开测试车辆的行驶路径。

（2）车辆与儿童垂直碰撞自动紧急制动测试

1）测试场景。

① 测试车辆在路边，车速从10km/h到60km/h，每增加10km/h设置一个测试用例。

② 行人（假人，儿童）以5km/h的速度，从近端沿垂直于测试车辆行驶轨迹的方向穿过测试车辆的行驶轨迹。行人距离车辆行驶轨迹直线4m，行人的加速距离为1m。如不加以干预，测试车辆与行人将在$L$点与测试车辆在横向宽度为50%处发生碰撞。

③ 测试车辆右侧1m处并排停放着两辆目标车辆（假车），两辆目标车辆相距1m，最靠近行人行走轨迹的目标车辆距离为1m，如图8-10所示。

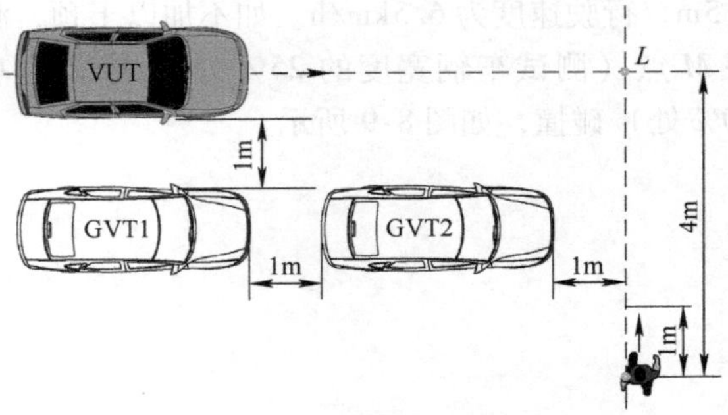


图8-10　车辆与儿童垂直碰撞自动紧急制动测试场景

2）测试方法。

① 按照图8-10所示布置测试场景，将行人与两辆目标车辆布置在测试车辆的同一侧。在测试车辆的视角上，使目标车辆构成对行人的遮挡。

② 测试车辆的自动紧急制动系统处于开启状态，依次使测试车辆的速度按从低到高的顺序进行近端行人穿行测试，直至遍历此场景要求的所有测试场景。

3）测试要求。

下列情况之一发生时，测试结束：

① 测试车辆的车速降为0km/h，即测试车辆完全制动。

② 测试车辆与行人碰撞。

③ 行人离开测试车辆的行驶路径。

（3）车辆与行人纵向碰撞自动紧急制动测试

1）测试场景。

测试道路为至少包含一条车道的长直道路，其中一侧车道线为白色虚线。

① 第一种测试场景：测试车辆沿测试车道中心线行驶，车速从20km/h到60km/h，每增加10km/h设置一个测试用例。行人（假人）以5km/h的速度与测试车辆行驶方向相同，沿着测试车辆的行驶轨迹方向行走，行人的加速距离为1m，加速后匀速行驶的距离为10m。如不加以干预，测试车辆与行人将在$M$点（测试车辆宽度的50%处）发生碰撞，如图8-11所示。

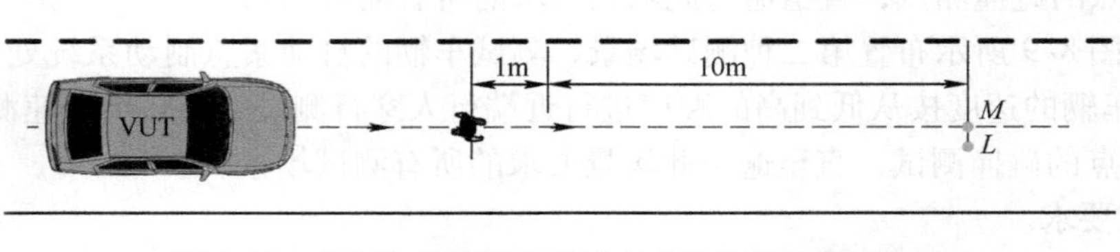


图8-11　车辆与行人纵向碰撞自动紧急制动测试场景

② 第二种测试场景：测试车辆沿测试车道中心线行驶，车速从 20km/h 到 60km/h，每增加 10km/h 设置一个测试用例。行人以 5km/h 的速度与测试车辆行驶方向相同，沿着测试车辆中心线向右偏离车宽 25% 的直线方向行走，行人的加速距离为 1m，加速后匀速行驶的距离为 10m。如不加以干预，测试车辆与行人将在 $L$ 点（测试车辆宽度的 25% 处）发生碰撞。

2）测试方法。

① 按照图 8-11 布置第一种测试场景，测试车辆的自动紧急制动系统处于开启状态，将行人布置在测试车辆行驶的行驶轨迹线上（测试车辆宽度的 50% 处），依次使测试车辆的速度按从低到高的顺序进行纵向行人碰撞测试，直至遍历此场景要求的所有测试场景。

② 参考图 8-11 布置第二种测试场景，测试车辆的自动紧急制动系统处于开启状态，将行人布置在测试车辆行驶的行驶轨迹线向右偏离车宽 25% 的直线上（测试车辆宽度的 25% 处），依次使测试车辆的速度按从低到高的顺序进行纵向行人碰撞测试，直至遍历此场景要求的所有测试场景。

3）测试要求。

下列情况之一发生时，测试结束：

① 测试车辆的车速降为 0km/h，即测试车辆完全制动。

② 测试车辆与行人碰撞。

（4）车辆转弯与行人碰撞自动紧急制动测试

1）测试场景。

测试道路为至少包含双向两车道的交叉路口，交叉路口没有交通信号灯和人行横道。测试车辆沿一条测试道路中心线匀速直行，拟通过交叉路口左转弯后再直行。行人（假人）拟穿过测试车辆转弯后直行的车道。如不加以干预，测试车辆与行人将发生碰撞。

① 第一种测试场景：测试车辆分别以 10km/h、15km/h 和 20km/h 的车速，先沿当前车道直行，进入交叉路口后左转弯，再进入目标车道直行，三种车速的行驶轨迹见表 8-2。行人从测试车辆将要驶入车道的远端横穿道路，行人的起始位置到测试车辆行驶轨迹的垂直距离为 9.5m，行人的加速距离为 1m，稳定行驶速度为 5km/h，如图 8-12 所示。

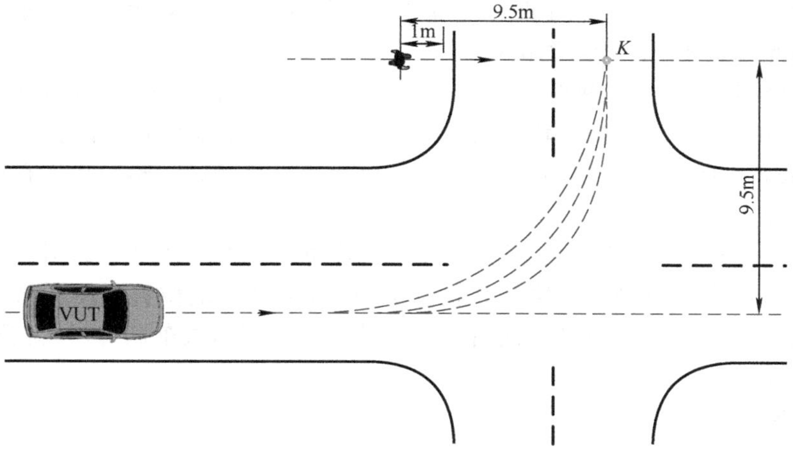


图 8-12　车辆转弯与行人碰撞自动紧急制动测试场景

② 第二种测试场景：测试车辆分别以 10km/h、15km/h 和 20km/h 的车速，先沿当前车道直行，进入交叉路口后左转弯，再进入目标车道直行，测试车辆行驶轨迹见表 8-2。行人从测试车辆将要驶入道路的近端横穿道路，行人的起始位置到测试车辆行驶轨迹的垂直距离为 6m，行人的加速距离为 1m，稳定行驶速度为 5km/h。

③ 第三种测试场景：测试车辆以 10km/h 的车速，先沿当前车道直行，进入交叉路口后右转弯，再进入目标车道直行，测试车辆行驶轨迹见表 8-4。行人从测试车辆将要驶入道路的近端横穿道路，行人的起始位置到测试车辆行驶轨迹的垂直距离为 6m，行人（假人）的加速距离为 1m，稳定行驶速度为 5km/h。

**表 8-4 测试车辆右转弯的行驶轨迹**

| 测试车速/(km/h) | 回旋曲线 | | | 固定半径 | | | 回旋曲线 | | |
|---|---|---|---|---|---|---|---|---|---|
| | 起始半径/m | 终止半径/m | 角度/(°) | 起始半径/m | 终止半径/m | 角度/(°) | 起始半径/m | 终止半径/m | 角度/(°) |
| 10 | 1500 | 8 | 22.85 | 8 | 8 | 44.30 | 8 | 1500 | 22.85 |
| 20 | 1500 | 14 | 7.00 | 14 | 14 | 76.00 | 14 | 1500 | 7.00 |

④ 第四种测试场景：测试车辆以 10km/h 的车速，先沿当前车道直行，进入交叉路口后右转弯，再进入目标车道直行，测试车辆行驶轨迹见表 8-4。行人从测试车辆将要驶入道路的远端横穿道路，行人的起始位置到测试车辆行驶轨迹的垂直距离为 9.5m，行人的加速距离为 1m，稳定行驶速度为 5km/h。

2）测试方法。

① 按照图 8-12 布置第一种测试场景。测试车辆的自动紧急制动系统处于开启状态，将行人布置在距离测试车辆初始中心线 9.5m，在测试车辆拟驶入车道的远端 9.5m 的位置，依次使测试车辆的车速为 10km/h、15km/h 和 20km/h 沿着表 8-2 所示的行驶轨迹行驶，直至遍历此场景要求的所有测试场景。

② 参考图 8-12 布置第二种测试场景。测试车辆的自动紧急制动系统处于开启状态，将行人（假人）布置在距离测试车辆初始中心线 9.5m，在测试车辆拟驶入车道的近端 6m 的位置，依次使测试车辆的速度为 10km/h、15km/h 和 20km/h 沿着表 8-2 所示的行驶轨迹行驶，直至遍历此场景要求的所有测试场景。

③ 参考图 8-12 布置第三种测试场景。测试车辆的自动紧急制动系统处于开启状态，将行人（假人）布置在距离测试车辆行驶轨迹中心线 6m 的近端位置，使测试车辆的速度为 10km/h 沿着表 8-4 所示的行驶轨迹向右转弯行驶，意欲使测试车辆与行人在测试车辆宽度 50% 的位置上发生碰撞。

④ 参考图 8-12 布置第四种测试场景。测试车辆的自动紧急制动系统处于开启状态，将行人（假人）布置在距离测试车辆行驶轨迹中心线 6m 的远端位置，使测试车辆的速度为 10km/h 沿着表 8-4 所示的行驶轨迹向右转弯行驶，意欲使测试车辆与行人在测试车辆宽度 50% 的位置上发生碰撞。

3）测试要求。

下列情况之一发生时，测试结束：

① 测试车辆的车速降为 0km/h，即测试车辆完全制动。

② 测试车辆与行人碰撞。

③ 行人离开测试车辆的行驶路径。

(5) 倒车碰撞行人自动紧急制动测试

1) 测试场景。

测试道路为至少包含两条车道的长直道路，中间车道线为白色虚线。测试车辆沿道路中心线匀速倒车行驶。行人（假人）拟从近端穿过测试车辆倒车的行驶轨迹或站立于测试车辆的后方。如不加以干预，测试车辆与行人（假人）将发生碰撞。

① 第一种测试场景：测试车辆以 4km/h 的车速倒车。行人（假人，成人）从近端横穿道路，行人的起始位置到测试车辆行驶轨迹的垂直距离为 4m，行人（假人）的加速距离为 1.5m，稳定行驶速度为 5km/h，如图 8-13 所示。

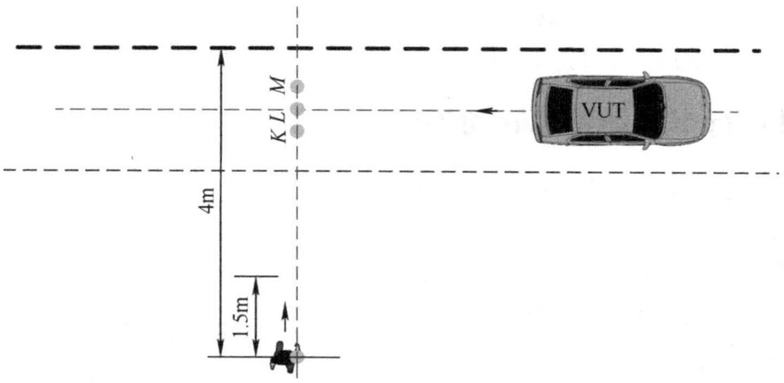


图 8-13　倒车碰撞行人自动紧急制动测试

② 第二种测试场景：测试车辆以 8km/h 的车速倒车。行人（假人，儿童）从近端横穿道路，行人（假人，儿童）的起始位置到测试车辆行驶轨迹的垂直距离为 4m，行人（假人）的加速距离为 1.5m，稳定行驶速度为 5km/h，如图 8-13 所示。

③ 第三种测试场景：测试车辆以 4km/h 的车速倒车。行人（假人，儿童或成人）站立于 *L*、*M* 和 *K* 点。

④ 第四种测试场景：测试车辆以 8km/h 的车速倒车。行人（假人，儿童或成人）站立于 *L*、*M* 和 *K* 点。

2) 测试方法。

① 按照图 8-13 布置第一种测试场景。测试车辆的自动紧急制动系统处于开启状态，将行人（假人）布置在距离测试车辆行驶轨迹中心线 4m 的近端位置，使测试车辆以 4km/h 速度倒车行驶，意欲使测试车辆与行人（假人）在测试车辆宽度 50% 的位置上发生碰撞。

② 按照图 8-13 布置第二种测试场景。测试车辆的自动紧急制动系统处于开启状态，将行人（假人，儿童）布置在距离测试车辆行驶轨迹中心线 4m 的近端位置，使测试车辆以 8km/h 速度倒车行驶，意欲使测试车辆与行人（假人，儿童）在测试车辆宽度 50% 的位置上发生碰撞。

③ 参考图 8-13 布置第三种测试场景。测试车辆的自动紧急制动系统处于开启状态，首先，在正对着测试车辆尾部横向宽度 50% 的位置，布置静止的行人（假人，成人），测试车

辆以 4km/h 的车速沿着中心线倒车，完成自动紧急制动测试。然后，再参考 8-13 所示布置测试场景，分别在正对着测试车辆尾部横向宽度 25% 和 75% 的位置，布置静止的行人（假人，儿童），测试车辆以 4km/h 的车速沿着车道中心线倒车，完成自动紧急制动测试。

④ 参考图 8-13 布置第四种测试场景。测试车辆的自动紧急制动系统处于开启状态，首先，在正对着测试车辆尾部横向宽度 50% 的位置，布置静止的行人（假人，儿童），测试车辆以 8km/h 的车速沿着中心线倒车，完成自动紧急制动测试。然后，再参考 8-13 所示布置测试场景，分别在正对着测试车辆尾部横向宽度 25% 和 75% 的位置，布置静止的行人（假人，成人），测试车辆以 8km/h 的车速沿着车道中心线倒车，完成自动紧急制动测试。

3）测试要求。

下列情况之一发生时，测试结束：

① 测试车辆的车速降为 0km/h，即测试车辆完全制动。

② 测试车辆与行人（假人）碰撞。

③ 在行人行走的场景中，行人（假人）离开测试车辆的行驶路径。

## 8.2.3　车辆对自行车自动紧急制动测试

（1）车辆与自行车垂直碰撞自动紧急制动

1）测试场景。

① 第一种测试场景：两辆目标车辆首尾相连呈直线排列，且与自行车（代替品）平行排列，两辆目标车辆最外侧（不包括后视镜）边界线与自行车的距离为 1m。测试车辆沿直线匀速行驶，车速从 10km/h 到 60km/h，每增加 10km/h 设置一个测试用例，自行车沿与测试车辆相垂直的轨迹的方向从远端穿过测试车辆行驶轨迹，自行车的速度为 20km/h，如不加以干预，测试车辆与自行车将发生碰撞。自行车在测试车辆视线之外进行加速，距离测试车辆最近的目标车辆尾端距离测试车辆行驶轨迹为 22m，此距离为自行车稳定行驶的距离，如图 8-14 所示。

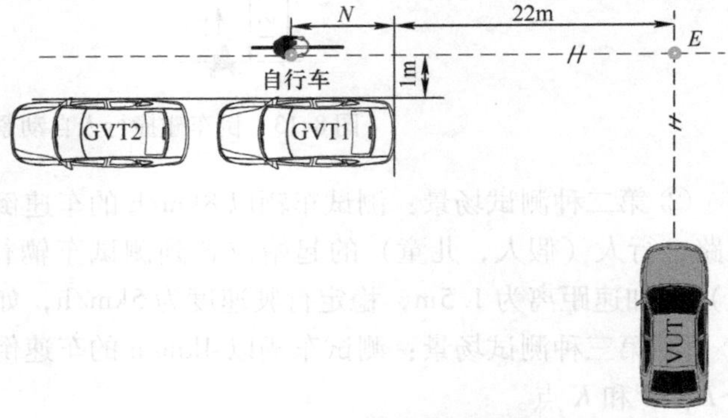

图 8-14　车辆与自行车垂直碰撞自动紧急制动（远端）

② 第二种测试场景：两辆目标车辆首尾相连呈直线排列，且与自行车平行排列，两辆目标车辆最外侧（不包括后视镜）边界线与自行车的距离为 1m。测试车辆沿直线匀速行驶，车速从 10km/h 到 60km/h，每增加 10km/h 设置一个测试用例。自行车沿垂直于测试车辆行驶轨迹方向从近端穿越测试车辆的行驶轨迹，自行车的速度为 15km/h，如不加以干预，测试车辆与自行车将发生碰撞。自行车在测试车辆视线之外已经充分加速，距离测试车辆最近的目标车辆尾端距离测试车辆行驶轨迹为 17m，此距离为自行车稳定行驶的距离，如图 8-15所示。

2）测试方法。

① 按照图 8-14 布置第一种测试场景。首先，在关闭测试车辆的自动紧急制动系统的情

况下，测试车辆按照从最低车速逐渐升高的顺序，调整自行车从远端释放的时刻，使测试车辆与自行车在测试车辆宽度50%的位置上发生碰撞，并记录下测试车辆在自行车释放时所经过的位置。然后，开启自动紧急制动系统，使测试车辆按照既定的行驶轨迹行驶。当测试车辆经过记录下的释放自行车位置时，从远端释放自行车垂直驶向测试车辆的行驶轨迹，完成紧急制动测试，直至遍历此场景要求的所有测试场景。

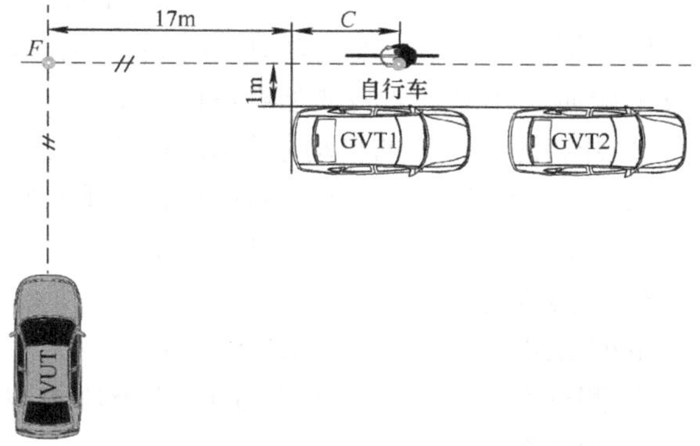

图 8-15 车辆与自行车垂直碰撞自动紧急制动（近端）

② 按照图 8-15 布置第二种测试场景。首先，在关闭测试车辆的自动紧急制动系统的情况下，测试车辆按照从最低车速逐渐升高的顺序，调整自行车从近端释放的时刻，使测试车辆与自行车在测试车辆宽度 50% 的位置上发生碰撞，并记录下测试车辆在自行车释放时所经过的位置。然后，开启自动紧急制动系统，使测试车辆按照既定的行驶轨迹行驶。当测试车辆经过记录下的释放自行车位置时，从近端释放自行车垂直驶向测试车辆的行驶轨迹，完成紧急制动测试，直至遍历此场景要求的所有测试场景。

3）测试要求。

下列情况之一发生时，测试结束：

① 测试车辆的车速降为 0km/h，即测试车辆完全制动。

② 测试车辆与自行车碰撞。

③ 自行车驶离测试车辆的行驶路径。

（2）车辆与自行车垂直碰撞自动紧急制动（鬼探头）

1）测试场景。

两辆目标车辆首尾相连呈直线排列，且与自行车（代替品）平行排列，构成测试车辆对自行车的有效遮挡。两辆目标车辆最外侧（不包括后视镜）边界线与自行车行驶轨迹线的距离为 4.8m，测试车辆轨迹线与距离最近的目标车辆后保险杠的距离为 3.55m。测试车辆沿直线匀速行驶，车速从 10km/h 到 60km/h，每增加 10km/h 设置一个测试用例，自行车沿与测试车辆相垂直的轨迹的方向从近端穿过测试车辆行驶轨迹，自行车的速度为 10km/h。如不加以干预，测试车辆与自行车将发生碰撞。自行车在测试车辆视线之外已经充分加速，当自行车出现在测试车辆的视野中时，其行驶车速已经进入稳定行驶状态，如图 8-16 所示。

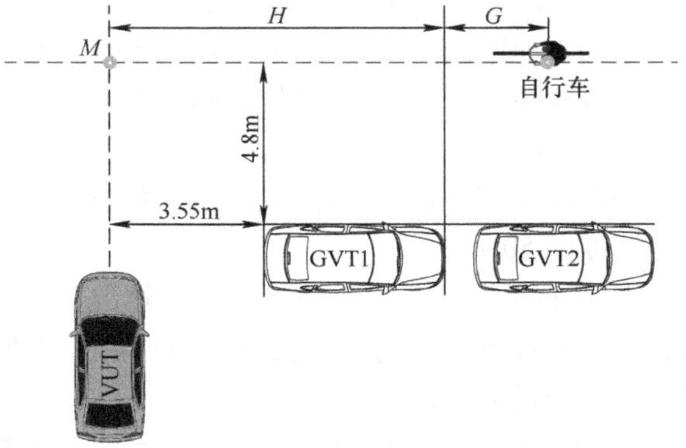

图 8-16 车辆与自行车碰撞自动紧急制动测试场景（近端）

2）测试方法。

① 在关闭测试车辆的自动紧急制动系统的情况下，测试车辆按照从最低车速逐渐升高的顺序，调整自行车从近端释放的时刻，使测试车辆与自行车在测试车辆宽度50%的位置上发生碰撞，并记录下测试车辆在自行车释放时所经过的位置。

② 开启测试车辆的自动紧急制动系统，使其按照规定的行驶轨迹行驶，当测试车辆经过释放自行车位置时，从近端释放自行车垂直驶向测试车辆的行驶轨迹，完成自动紧急制动测试，直至遍历此场景的所有测试场景。

3）测试要求。

下列情况之一发生时，测试结束：

① 测试车辆的车速降为0km/h，即测试车辆完全制动。

② 测试车辆与自行车碰撞。

③ 自行车驶离测试车辆的行驶路径。

（3）车辆与自行车纵向碰撞自动紧急制动

1）测试场景。

测试道路为至少包含两条车道的长直道路，中间车道线为白色虚线。测试车辆沿一条车道中心线匀速向前行驶。自行车（代替品）在测试车辆的前方沿测试车辆的行驶轨迹同向行驶，且自行车的速度低于测试车辆的速度。如不加以干预，测试车辆与自行车将在 $U$ 点发生碰撞，如图8-17所示。

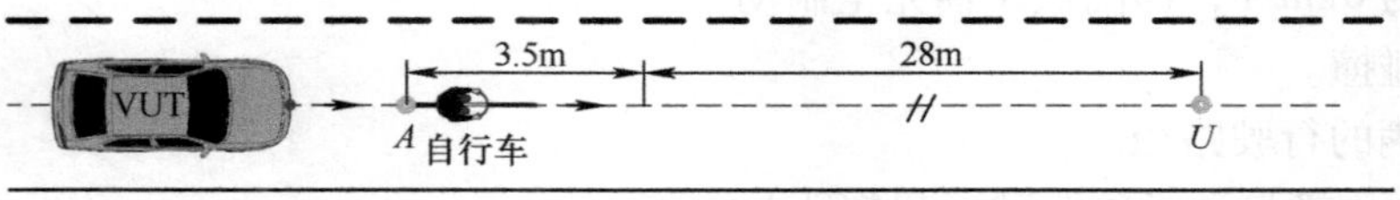


图8-17　车辆与自行车纵向碰撞自动紧急制动测试场景

视频8-6　车辆与自行车纵向碰撞AEB测试演示

① 测试车辆车速从20km/h到60km/h，每增加10km/h设置一个测试用例。

② 自行车以15km/h的速度与测试车辆行驶方向相同，沿着测试车辆的行驶轨迹行走，自行车的加速距离为3.5m。如不加以干预，自行车将在完成加速后28m的位置被测试车辆从正后方碰撞，碰撞点在测试车辆宽度的50%处，如图8-17所示。

2）测试方法。

按照图8-17所示布置测试场景，将自行车布置在测试车辆行驶的行驶轨迹线上（测试车辆宽度的50%处）。

① 在自动紧急制动系统不干预的情况下，按照测试车速由最低逐渐升高的顺序，分别调整自行车释放的时刻，使测试车辆与自行车在 $U$ 点发生碰撞，并记录下测试车辆在释放自行车时经过的位置。

② 开启测试车辆的自动紧急制动系统，再按照测试车速由最低逐渐升高的顺序，在记录的测试车辆经过位置时释放自行车，完成自动紧急制动测试，直至遍历所有的测试场景。

3）测试要求。

下列情况之一发生时，测试结束：

① 测试车辆的车速降为0km/h，即测试车辆完全制动。

② 测试车辆与自行车碰撞。

（4）车辆转弯与自行车碰撞自动紧急制动

1）测试场景。

测试道路为至少包含双向两车道的交叉路口，交叉路口没有交通信号灯和人行横道。测试车辆沿一条测试道路中心线匀速直行，拟通过交叉路口转弯后进入目标车道后再直行。自行车（代替品）拟穿过测试车辆转弯后直行的车道。如不加以干预，测试车辆与自行车将发生碰撞，如图8-18所示。

① 第一种测试场景：测试车辆分别以10km/h、15km/h和20km/h的车速，先沿当前车道直行，进入交叉路口后左转弯，再进入目标车道直行，三种车速的行驶轨迹见表8-2。自行车从测试车辆的初始行驶方向的对向车道驶来，自行车行驶轨迹距车道线2.75m，自行车的稳定行驶速度为15km/h。

② 第二种测试场景：测试车辆以10km/h的车速，先沿当前车道直行，进入交叉路口后右转弯，再进入目标车道直行，测试车辆行驶轨迹见表8-4。自行车从测试车辆将驶入车道的远端穿过测试车辆的行驶轨迹，自行车行驶轨迹距车道线5m，自行车的稳定行驶速度为15km/h。

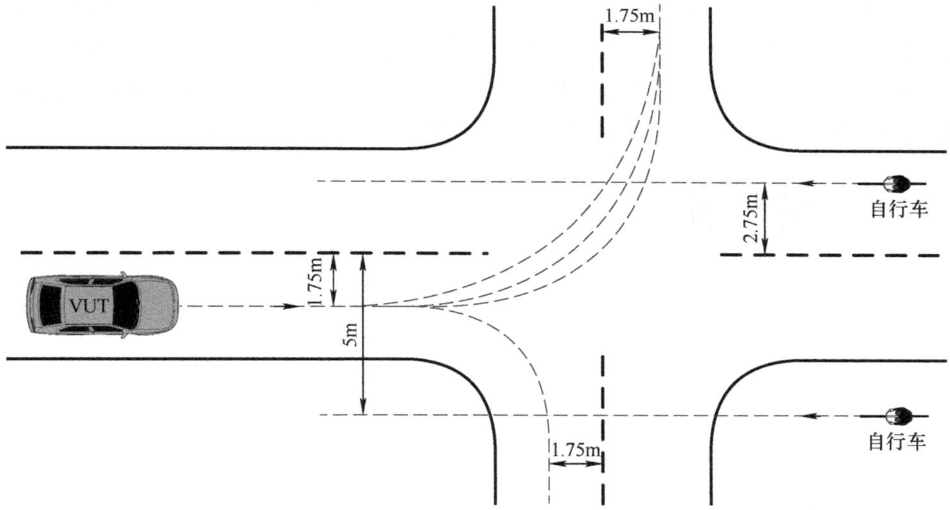


图8-18　车辆转弯与自行车碰撞自动紧急制动测试场景

2）测试方法。

① 按照图8-18所示布置第一种测试场景。首先，不开启测试车辆的自动紧急制动系统，测试车辆分别以10km/h、15km/h和20km/h的车速沿着表8-2所示的行驶轨迹行驶，调整自行车从对向车道上释放的时刻，使测试车辆与自行车发生碰撞，并记录下测试车辆在自行车释放时刻所在位置。然后，开启测试车辆的自动紧急制动系统，使测试车辆按照规定的行驶轨迹行驶。当测试车辆经过记录的释放自行车位置时，从对向车道上释放自行车，完成自动紧急制动测试，直至遍历此场景的所有测试场景。

② 按照图8-18所示布置第二种测试场景。首先，不开启测试车辆自动紧急制动系统，测试车辆以10km/h的车速沿着表8-4所示的行驶轨迹行驶，调整自行车从测试车辆驶入车

道远端释放的时刻，使测试车辆与自行车发生碰撞，并记录下测试车辆在自行车释放时刻的位置。然后，开启测试车辆的自动紧急制动系统，使测试车辆按照规定的行驶轨迹行驶，当测试车辆经过记录的释放自行车位置时，从测试车辆驶入车道的远端释放自行车，完成自动紧急制动测试，直至遍历此场景的所有测试场景。

3）测试要求。

下列情况之一发生时，测试结束：

① 测试车辆的车速降为0km/h，即测试车辆完全制动。

② 测试车辆与自行车碰撞。

③ 自行车离开测试车辆的行驶路径。

## 8.2.4 车辆对两轮机动车自动紧急制动测试

（1）车辆与电动两轮车垂直碰撞自动紧急制动（近端）

1）测试场景。

① 测试车辆分别以20km/h、40km/h和60km/h的车速行驶。电动两轮车以15km/h的速度沿与测试车辆行驶轨迹线相垂直的方向从近端穿越行驶轨迹。

② 两辆目标车辆首尾相连排列在平行于测试车辆且与测试车辆行驶轨迹相距10m近端的直线上，即目标车辆与电动两轮车垂直排列，构成测试车辆对电动两轮车的有效遮挡。

③ 两辆目标车辆的间距为1m，电动两轮车的行驶轨迹与目标车辆1前端距离为1m。电动两轮车从目标车辆中心线处垂直驶向测试车辆行驶轨迹线，如图8-19所示。

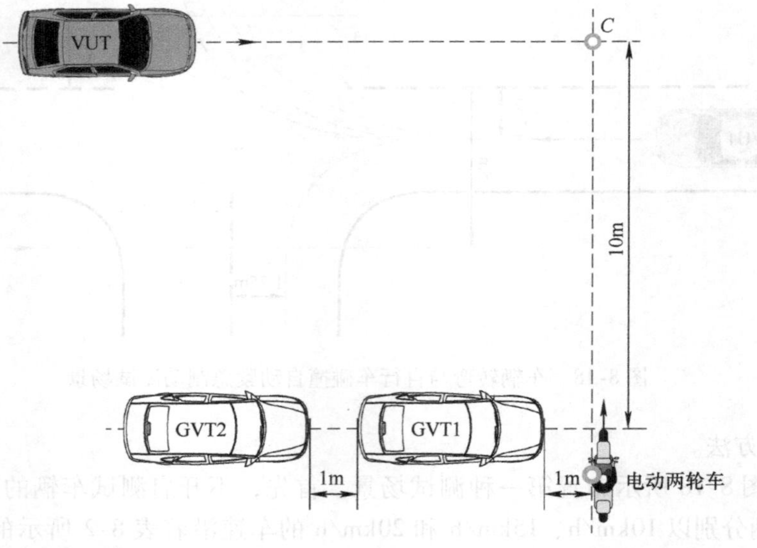


图8-19 车辆与电动两轮车垂直碰撞自动紧急制动测试场景（近端）

2）测试方法。

① 在关闭测试车辆的自动紧急制动系统的情况下，测试车辆按照测试用例车速从最低速逐渐升高的顺序，调整电动两轮车从近端释放的时刻，使测试车辆与电动两轮车在测试车辆宽度50%的位置上发生碰撞，并记录下测试车辆在电动两轮车释放时的位置。

② 开启测试车辆的自动紧急制动系统，使其按照测试用例车速由低速到高速依次行驶。当测试车辆经过记录的释放电动两轮车位置时，从近端释放电动两轮车垂直驶向测试车辆的行驶轨迹线，直至完成此场景所有测试场景。

3）测试要求。

下列情况之一发生时，测试结束：

① 测试车辆的车速降为0km/h，即测试车辆完全制动。

② 测试车辆与电动两轮车碰撞。

③ 电动两轮车驶离测试车辆的行驶路径。

（2）车辆与踏板摩托垂直碰撞自动紧急制动（远端）

1）测试场景。

① 测试车辆分别以20km/h、40km/h和60km/h的车速行驶。踏板摩托（代替品）以20km/h的速度沿与测试车辆行驶轨迹线相垂直的方向从远端穿越行驶轨迹。

② 两辆目标车辆首尾相连排列在平行于测试车辆且与测试车辆行驶轨迹相距17m远端，即目标车辆与踏板摩托垂直排列，构成测试车辆对踏板摩托的有效遮挡。

③ 两辆目标车辆的间距为1m，踏板摩托的行驶轨迹与最前端目标车辆的前保险杠距离为1m。踏板摩托从目标车辆中心线处垂直驶向测试车辆行驶轨迹，如图8-20所示。

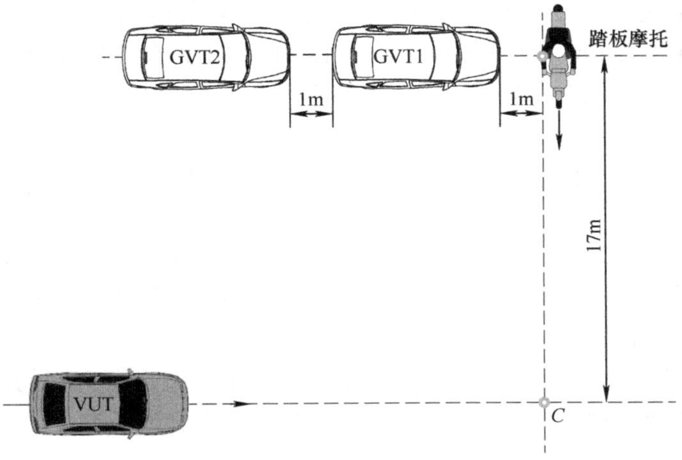


视频8-7　车辆与踏板摩托车垂直碰撞

图8-20　车辆与踏板摩托垂直碰撞自动紧急制动测试场景（远端）

2）测试方法。

① 在关闭测试车辆自动紧急制动系统的情况下，测试车辆按照测试用例车速从最低速逐渐升高的顺序，调整踏板摩托从远端释放的时刻，使测试车辆与踏板摩托在测试车辆宽度50%的位置上发生碰撞，并记录下测试车辆在踏板摩托释放时的位置。

② 开启测试车辆的自动紧急制动系统，使其按照测试用例的车速行驶。当测试车辆经过记录的释放踏板摩托位置时，从远端释放踏板摩托使其垂直驶向测试车辆的行驶轨迹线，直至完成此场景所有测试场景。

3）测试要求。

下列情况之一发生时，测试结束：

① 测试车辆的车速降为0km/h，即测试车辆完全制动。

② 测试车辆与踏板摩托碰撞。

③ 踏板摩托驶离测试车辆的行驶路径。

（3）车辆与电动两轮车纵向碰撞自动紧急制动

1）测试场景。

测试道路为至少包含两条车道的长直道路，中间车道线为白色虚线。测试车辆沿一条车道中心线匀速行驶。电动两轮车（代替品）沿与测试车辆行驶轨迹平行向右25%车宽的直线同向行驶，且电动两轮车的速度低于测试车辆的速度。如不加以干预，测试车辆与电动两轮车将在C点发生碰撞，如图8-21所示。

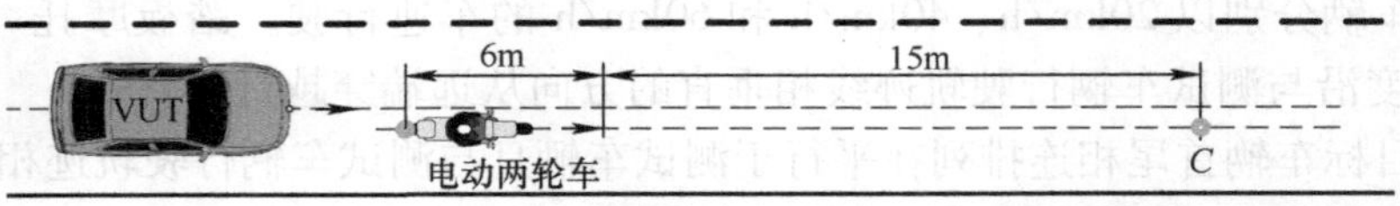


图8-21　车辆与电动两轮车纵向碰撞自动紧急制动测试场景

① 测试车辆分别以20km/h和40km/h的车速沿直线向前行驶。

② 电动两轮车以15km/h的速度沿与测试车辆行驶轨迹平行向右偏移25%车宽的直线同向行驶，电动两轮车的加速距离为6m。如不加以干预，电动两轮车将在完成加速后15m的位置被测试车辆从正后方碰撞，碰撞点在测试车辆宽度的25%处，如图8-21所示。

2）测试方法。

按照图8-21所示布置测试场景，将电动两轮车布置在与测试车辆行驶轨迹平行向右偏移25%车宽的直线上。

① 在关闭测试车辆自动紧急制动系统的情况下，按照测试用例车速由最低逐渐升高的顺序，分别调整电动两轮车释放的时刻，使测试车辆与电动两轮车在C点发生碰撞，并记录测试车辆在释放电动两轮车时的位置。

② 开启测试车辆的自动紧急制动系统，再按照测试用例车速由最低逐渐升高的顺序，在记录的测试车辆经过位置时释放电动两轮车，直至完成此场景的所有测试场景。

3）测试要求。

下列情况之一发生时，测试结束：

① 测试车辆的车速降为0km/h，即测试车辆完全制动。

② 测试车辆与电动两轮车碰撞。

（4）车辆转弯与踏板摩托碰撞自动紧急制动

1）测试场景。

测试道路为至少包含双向两车道的交叉路口，交叉路口没有交通信号灯和人行横道。测试车辆沿测试道路匀速直行行驶，拟通过交叉路口转弯后进入目标车道再直行。踏板摩托（代替品）拟穿过测试车辆转弯的测试车辆行驶轨迹。如不加以干预，测试车辆与踏板摩托将发生碰撞，如图8-22所示。

① 第一种测试场景：测试车辆分别以10km/h、15km/h和20km/h的车速，先沿当前车道直行，进入交叉路口后左转弯，再进入目标车道直行，三种车速的行驶轨迹见表8-2。踏

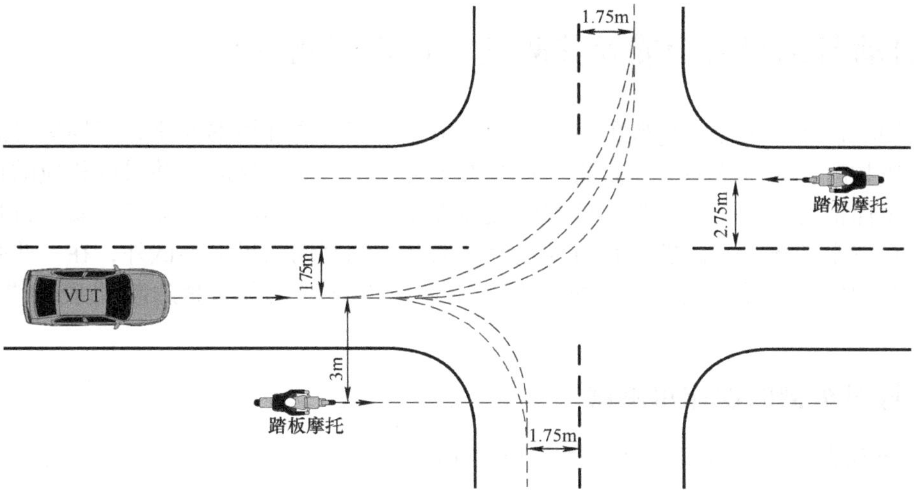


图 8-22　车辆转弯与踏板摩托碰撞自动紧急制动测试场景

板摩托从测试车辆初始行驶车道的对向车道驶来，从近端穿过测试车辆的行驶轨迹踏板摩托行驶轨迹距车道线 2.75m，踏板摩托的稳定行驶速度为 20km/h。

② 第二种测试场景：测试车辆分别以 10km/h 和 20km/h 的车速，先沿当前车道直行，进入交叉路口后右转弯，再进入目标车道直行，测试车辆行驶轨迹见表 8-4。踏板摩托从近端穿过测试车辆的行驶轨迹，踏板摩托行驶轨迹距测试车辆行驶轨迹线 3m，踏板摩托的稳定行驶速度为 20km/h。

2）测试方法。

① 按照图 8-22 所示布置第一种测试场景。首先，不开启测试车辆的自动紧急制动系统，测试车辆分别以 10km/h、15km/h 和 20km/h 的车速沿着表 8-2 所示的行驶轨迹行驶，调整踏板摩托从对向车道上释放的时刻，使测试车辆与踏板摩托发生碰撞，并记录下测试车辆在踏板摩托释放时刻所经过的位置。然后，开启测试车辆的自动紧急制动系统，使测试车辆按照表 8-2 中规定的行驶轨迹行驶。当测试车辆经过记录的释放踏板摩托位置时，从对向车道上释放踏板摩托，完成自动紧急制动测试，直至遍历此场景要求的所有测试场景。

② 按照图 8-22 所示布置第二种测试场景。首先，不开启测试车辆的自动紧急制动系统，测试车辆以 10km/h 和 20km/h 的车速沿着表 8-4 所示的行驶轨迹行驶，调整踏板摩托从测试车辆驶入车道近端释放的时刻，使测试车辆与踏板摩托发生碰撞，并记录下测试车辆在踏板摩托释放时刻所处的位置。然后，开启测试车辆的自动紧急制动系统，使测试车辆按照表 8-4 中规定的行驶轨迹行驶。当测试车辆经过记录释放踏板摩托位置时，从测试车辆驶入车道的近端释放踏板摩托，完成自动紧急制动测试，直至遍历此场景要求的所有测试场景。

3）测试要求。

下列情况之一发生时，测试结束：

① 测试车辆的车速降为 0km/h，即测试车辆完全制动。

② 测试车辆与踏板摩托碰撞。

③ 踏板摩托离开测试车辆的行驶路径。

## 8.3 自动紧急制动功能及其测试（误作用测试）

智能网联汽车在道路上行驶的过程中，会实时感知周边环境的变化，当周边可感知范围内出现障碍物时，系统应对其是否将与自车发生碰撞及时做出判断，并采取相应的操控执行措施。为了保证行车安全和顺畅，该判断应准确无误。智能网联汽车除了需要进行自动紧急制动系统在特定的场景下能够执行自动紧急制动并达到制动效果的测试外，在一些智能网联汽车按照预期轨迹行驶不会发生碰撞的场景下还应进行避免自动紧急制动系统“误作用”的测试。

### 8.3.1 针对车辆的误作用测试

（1）车辆直行避让本车道前方静止车辆测试

1）测试场景。

测试道路为至少包含两条车道的长直道路，中间车道线为白色虚线。测试车辆沿一条车道中心线以 40km/h 的车速匀速直线向前行驶。目标车辆（假车）静止在测试车辆所在的车道中央，目标车辆的朝向与测试车辆相同，如图 8-23 所示。

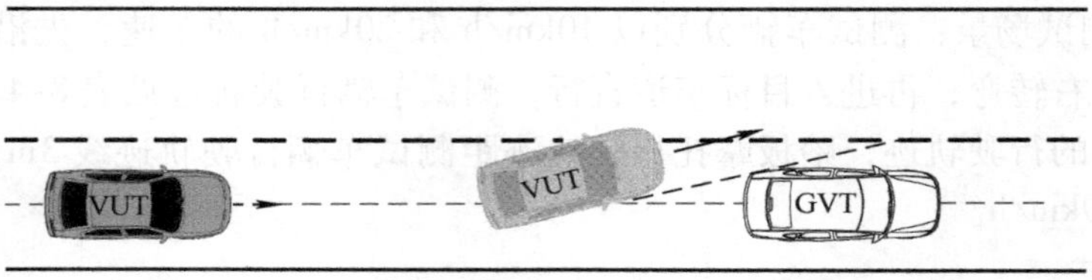


图 8-23　车辆直行避让本车道前方静止车辆测试场景

2）测试方法。

① 当测试车辆与目标车辆的碰撞时间为 TTC＝4.2s 时，目标车辆与测试车辆的重叠率为 100%，测试车辆开始向左侧邻近车道转向避让。在换道过程中，测试车辆车速保持 40km/h。

② 当测试车辆与目标车辆的碰撞时间为TTC＝3.3s 时，目标车辆与测试车辆的重叠率为 0%，测试车辆开始向左侧邻近车道转向避让。在换道过程中，测试车辆车速保持 40km/h。

③ 当测试车辆与目标车辆距离为 100m 时开始测试，当测试车辆车身完全经过目标车辆时，测试结束。

测试车辆换道过程中所走过的路径如图 8-24 所示，图中参数见表 8-5。

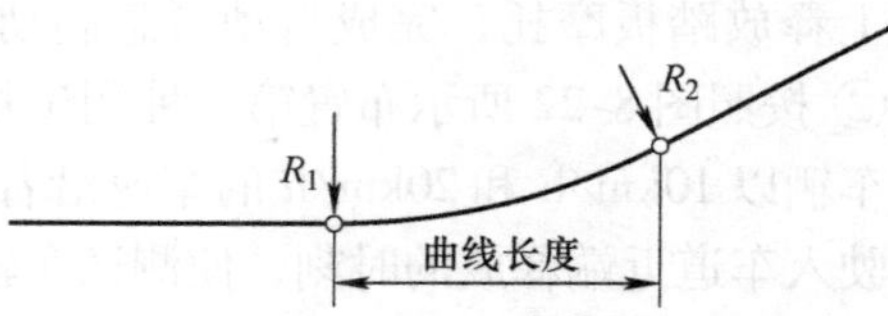


图 8-24　车辆直行避让前方车辆路径

**表 8-5　车辆直行避让本车道前方静止车辆测试场景路径参数**

| 起始半径 $R_1$/m | 结束半径 $R_2$/m | 曲线长度/m |
|---|---|---|
| 300 | 170 | 30 |

3）测试要求。

① 自动紧急制动系统功能被触发，测试结束（AEB 系统被误作用）。

② 前向碰撞预警系统功能被触发，测试结束（FCW 系统被误作用）。

③ 测试车辆车身完全通过目标车辆（AEB 系统功能没有被误作用，测试成功）。

（2）车辆直行经过双侧顺序停放的车辆测试

1）测试场景。

测试车辆以 20km/h 的车速沿直线行驶，经过两侧停放的四辆静止目标车辆（假车），同侧目标车辆之间的纵向距离为 2m。左右两侧车辆在纵向上错位停放，左侧第一辆目标车辆车头最外缘超过右侧第二辆目标车辆车尾最外缘 1m。在测试车辆经过静止目标车辆时，左右两侧第一辆目标车辆最外缘（不含后视镜，靠近测试车辆一侧）与测试车辆车身最外缘（不含后视镜，靠近目标车辆一侧）之间的横向距离为 0.8m。左右两侧第二辆目标车辆最外缘（不含后视镜，靠近测试车辆一侧）与测试车辆车身最外缘（不含后视镜，靠近目标车辆一侧）之间的横向距离为 0.5m，如图 8-25 所示。

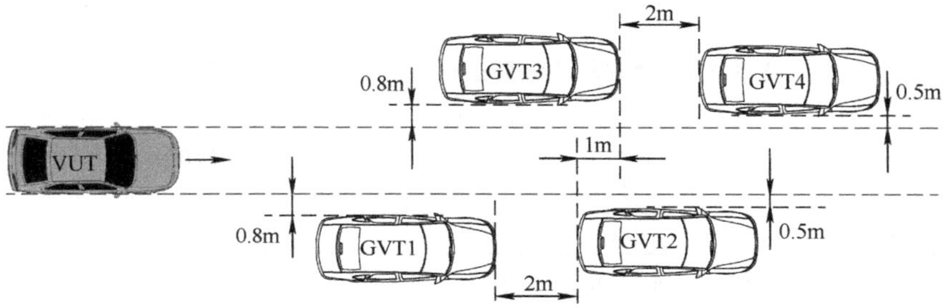


图 8-25 车辆直行经过双侧顺序停放的车辆测试场景

2）测试方法。

测试车辆最前缘与右侧第一辆目标车辆最后缘的纵向距离为 100m 时测试开始，当测试车辆车身完全经过四辆目标车辆时，测试结束。

3）测试要求。

① 自动紧急制动系统功能被触发，测试结束（AEB 系统被误作用）。

② 前向碰撞预警系统功能被触发，测试结束（FCW 系统被误作用）。

③ 测试车辆车身完全经过目标车辆（AEB 系统功能没有被误作用，测试成功）。

（3）车辆交叉路口左转遇到前方静止车辆测试

1）测试场景。

测试道路为至少包含双向两车道的交叉路口，交叉路口没有交通信号灯和人行横道。测试车辆以 30km/h 的车速向交叉路口行驶，一辆静止的目标车辆（假车）停驶在测试车辆的对向相邻车道上，目标车辆左前侧与其车道线外缘平齐，且与其车道线的夹角为（20 ± 10）°，如图 8-26 所示。

2）测试方法。

测试车辆在开始左转向时制动减速至 16km/h 以上，与迎面目标车辆的碰撞时间 TTC≤2.8s。测试车辆在十字路口左转过程中，速度降低到 10km/h 以上。当测试车辆与对向目标车辆的重叠率变为 0% 时，与对向目标车辆的碰撞时间 TTC≤1.7s。

测试过程中，测试车辆的行驶轨迹如图 8-27 所示。

图 8-27 中的几何参数见表 8-6。

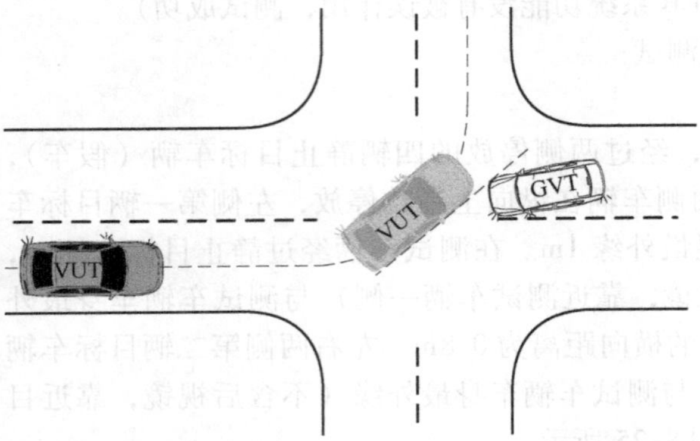


图 8-26　车辆交叉路口左转遇到前方静止车辆测试场景

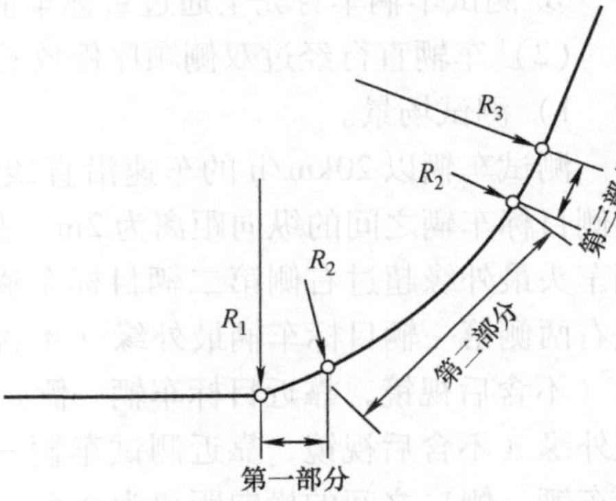


图 8-27　车辆左转避让静止车辆路径

**表 8-6　车辆左转避让静止车辆过程中路径几何参数**

| 第一部分 | | | 第二部分 | | | 第三部分 | | |
|---|---|---|---|---|---|---|---|---|
| 起始半径/m | 结束半径/m | 角度/(°) | 起始半径/m | 结束半径/m | 角度/(°) | 起始半径/m | 结束半径/m | 角度/(°) |
| 1500 | 20 | 14.75 | 20 | 20 | 46.42 | 20 | 1500 | 14.75 |

当测试车辆距离目标车辆 100m 时测试开始，当测试车辆完成左转弯时，测试结束。

3）测试要求。

① 自动紧急制动系统功能被触发，测试结束（AEB 系统被误作用）。

② 前向碰撞预警系统功能被触发，测试结束（FCW 系统被误作用）。

③ 测试车辆车身完全通过目标车辆（AEB 系统功能没有被误作用，测试成功）。

（4）车辆直行遇到前方右转车辆测试

1）测试场景。

测试道路为至少包含双向两车道的丁字路口，交叉路口没有交通信号灯和人行横道。测试车辆跟随目标车辆（假车）以 40km/h 的车速在直路上行驶。目标车辆通过制动减速至 10km/h，以便在丁字路口向右转弯行驶。测试车辆通过制动减速，使测试车辆与目标车辆保持适当距离。

2）测试方法。

当目标车辆开始向右转弯时，测试车辆的车速要求不低于 26km/h，与目标车辆的碰撞时间 TTC≤4.7s。然后，测试车辆减速至不低于 20km/h，随后稳定匀速行驶。当测试车辆与目标车辆的重叠率变为 0% 时，测试车辆与目标车辆的碰撞距离应≤2.5s。测试过程中，目标车辆的转向角度为向右 90°，转向行驶的弧线半径为 12m，如图 8-28 所示。

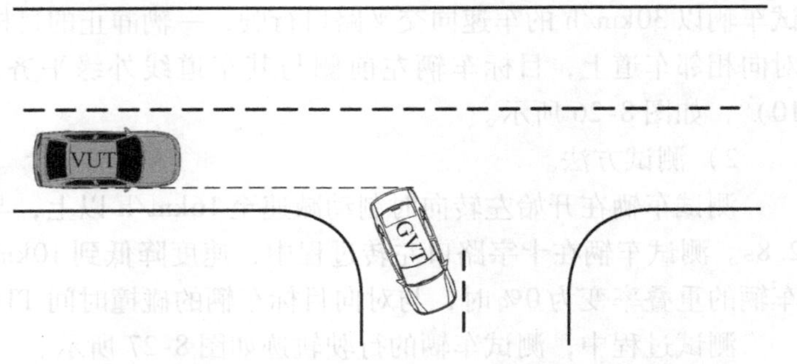


图 8-28　车辆直行遇到前方右转车辆测试场景

3）测试要求。

① 自动紧急制动系统功能被触发，测试结束（AEB 系统被误作用）。

② 前向碰撞预警系统功能被触发，测试结束（FCW 系统被误作用）。

③ 测试车辆车身完全通过目标车辆（AEB 系统功能没有被误作用，测试成功）。

（5）车辆弯道行驶超越相邻车道车辆测试

1）测试场景。

测试道路为至少包含两条车道的弯道，弯道的外缘曲率半径为 30m。测试车辆以 25km/h的车速在弯道的内侧行驶，目标车辆（假车）停放在弯道的外侧车道中央，其车尾中心线在测试车辆直线行驶路径的延长线上，如图 8-29 所示。

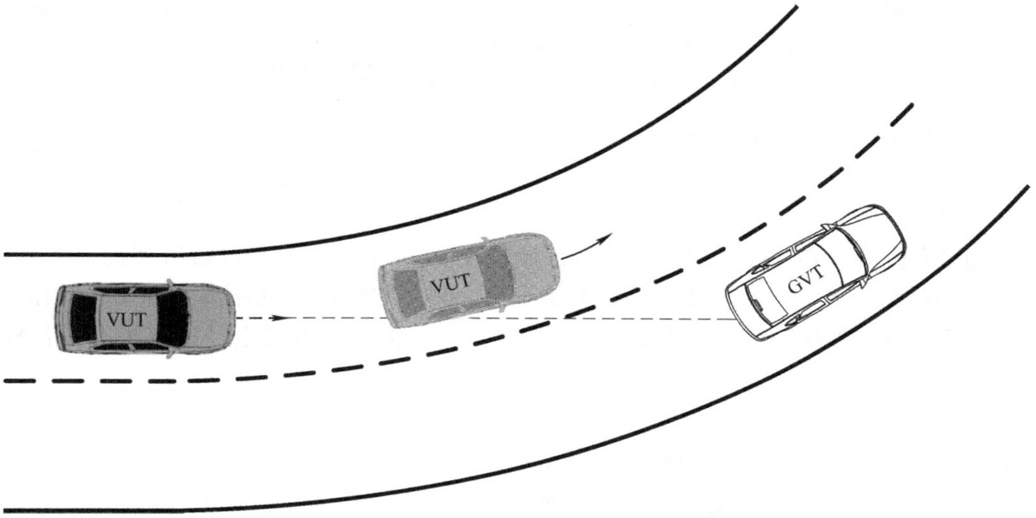


图 8-29　车辆弯道行驶超越相邻车道车辆测试场景

2）测试方法。

测试车辆开始转弯时，其对目标车辆的碰撞时间 TTC≤1.9s。在过弯过程中沿着车道中心线行驶，并超越右侧车道静止的目标车辆。当测试车辆距离弯道起始处为 50m 时测试开始，当测试车辆车身完全经过邻近车道的目标车辆时，测试结束。

3）测试要求。

① 自动紧急制动系统功能被触发，测试结束（AEB 系统被误作用）。

② 前向碰撞预警系统功能被触发，测试结束（FCW 系统被误作用）。

③ 测试车辆车身完全通过目标车辆（AEB 系统功能没有被误作用，测试成功）。

## 8.3.2　针对弱势交通参与者的误作用测试

（1）车辆直行经过前方运动的行人测试

1）测试场景。

测试车辆以 30km/h 的车速沿直线行驶，行人（假人）在测试车辆路径右侧以 5km/h 的速度向前移动，行人行走的方向与测试车辆行驶的方向相同，如图 8-30所示。

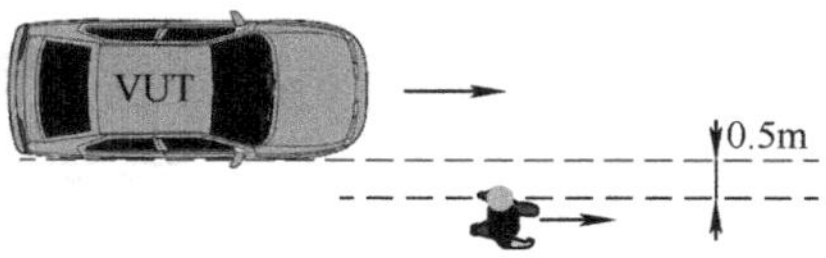


图 8-30　车辆直行经过前方运动的行人测试场景

2）测试方法。

在测试车辆经过行人目标时，保证测试车辆的最外缘（不包括后视镜，靠近行人目标的一侧）与行人最外侧（靠近测试车辆一侧）之间的横向距离为0.5m。当测试车辆与行人目标的纵向距离为100m时测试开始，当测试车辆完全经过行人目标时，测试结束。

3）测试要求。

① 自动紧急制动系统功能被触发，测试结束（AEB系统被误作用）。

② 前向碰撞预警系统功能被触发，测试结束（FCW系统被误作用）。

③ 测试车辆车身完全通过行人目标（AEB系统功能没有被误作用，测试成功）。

（2）车辆直行经过对向运动的踏板摩托测试

1）测试场景。

测试车辆以30km/h的车速沿直线行驶，踏板摩托（代替物）在测试车辆路径左侧以10km/h的速度向前移动，踏板摩托与测试车辆行驶的方向相反，如图8-31所示。

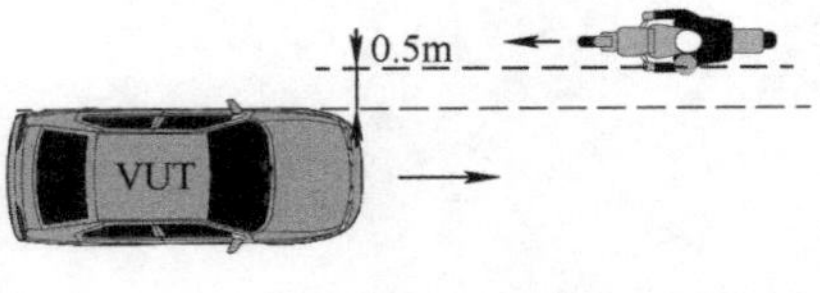


图8-31　车辆直行经过对向运动的踏板式摩托测试场景

2）测试方法。

在测试车辆经过踏板摩托目标时，保证测试车辆的最外缘（不包括后视镜，靠近行人目标的一侧）与踏板摩托最外侧（靠近测试车辆一侧）之间的横向距离为0.5m。当测试车辆与踏板摩托目标的纵向距离为100m时测试开始，当测试车辆完全经过踏板摩托目标时，测试结束。

3）测试要求。

① 自动紧急制动系统功能被触发，测试结束（AEB系统被误作用）。

② 前向碰撞预警系统功能被触发，测试结束（FCW系统被误作用）。

③ 测试车辆车身完全通过踏板摩托目标（AEB系统功能没有被误作用，测试成功）。

（3）车辆直行经过单侧顺序停放的车辆及行人测试

1）测试场景。

测试车辆以20km/h的车速沿直线行驶，经过路径一侧停放的三辆静止目标车辆（假车），目标车辆之间的纵向距离为1m。在测试车辆经过静止目标车辆时，第一、二辆目标车辆最外缘（不含后视镜，靠近测试车辆一侧）与测试车辆车身最外缘（不含后视镜，靠近目标车辆一侧）之间的横向距离为0.8m。第三辆目标车辆最外缘（不含后视镜，靠近测试车辆一侧）与测试车辆车身最外缘（不含后视镜，靠近目标车辆一侧）之间的横向距离为0.5m。在第一、二辆目标车辆中间站立着一个行人（假人）目标，朝向测试车辆一侧，行人目标最外缘与第三辆目标车辆最外缘（不含后视镜）平齐，如图8-32所示。

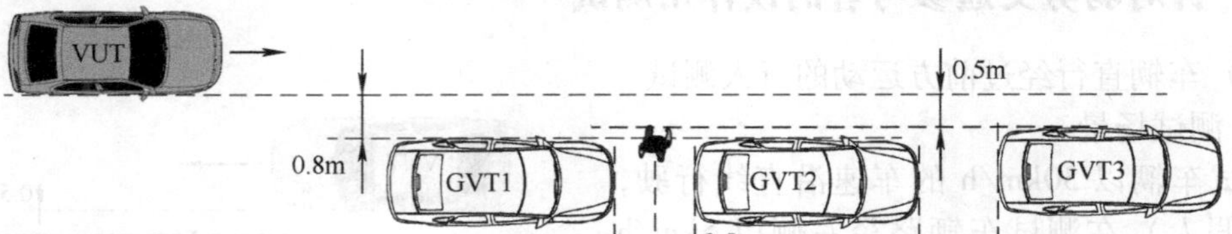


图8-32　车辆直行经过单侧顺序停放的车辆及行人测试场景

2）测试方法。

测试车辆最前缘与第一辆目标车辆最后缘的纵向距离为100m时测试开始，当测试车辆车身完全经过三辆目标车辆时，测试结束。

3）测试要求。

① 自动紧急制动系统功能被触发，测试结束（AEB系统被误作用）。

② 前向碰撞预警系统功能被触发，测试结束（FCW系统被误作用）。

③ 测试车辆车身完全通过目标车辆及行人目标（AEB系统功能没有被误作用，测试成功）。

（4）车辆转弯经过弯道外侧行人测试

1）测试场景。

测试道路为至少包含两条车道的弯道，弯道的外缘曲率半径为30m，外侧弯道有连续的护栏。测试车辆以30km/h的车速在弯道的外侧行驶，行人（假人）目标站立在弯道的外缘护栏外与测试车辆路径中心线延伸的交点上，行人目标朝向沿车道外缘切线方向，与测试车辆行驶方向相同，如图8-33所示。

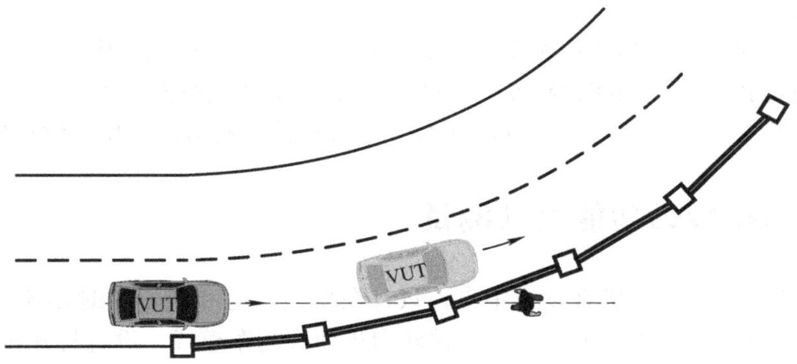


图8-33 车辆转弯经过弯道外侧行人测试场景

2）测试方法。

测试车辆在进入弯道前制动减速，使之在开始转向时车速不低于22km/h，其相对于站立行人目标的碰撞时间TTC≤1.6s。

然后，测试车辆继续以22km/h的恒定速度在弯道内转弯。当测试车辆与行人目标的重叠率变为0%时，其相对于行人目标的TTC≤1.1s。

当测试车辆距离弯道起始处为100m时，测试开始。当测试车辆车身完全经过行人目标时，测试结束。

3）测试要求。

① 自动紧急制动系统功能被触发，测试结束（AEB系统被误作用）。

② 前向碰撞预警系统功能被触发，测试结束（FCW系统被误作用）。

③ 测试车辆车身完全通过行人目标（AEB系统功能没有被误作用，测试成功）。

（5）车辆直行前方行人横穿终止测试

1）测试场景。

测试车辆以30km/h的车速直线稳定行驶，在测试车辆的右侧平行于行驶轨迹放置一组护栏，护栏边缘（护栏本体，不包括底座）到测试车辆最外缘（不包括后视镜，靠近护栏侧）的距离为0.5m。行人（假人）行驶轨迹左侧部分的护栏长度不小于10m。行人目标以5km/h的速度，沿测试车辆行驶轨迹相垂直的方向走向测试车辆，在到达护栏时行人目标停止，行人目标停止后其轮廓最外缘距离测试车辆车身最外缘（不包括后视镜，靠近行人目标侧）的距离为0.5m。行人停止时，测试车辆对行人目标的碰撞时间TTC≤1.4s。行人目标的行驶路径总长度为5m，其中加速和减速段各1m，均速行驶段为3m，如图8-34所示。

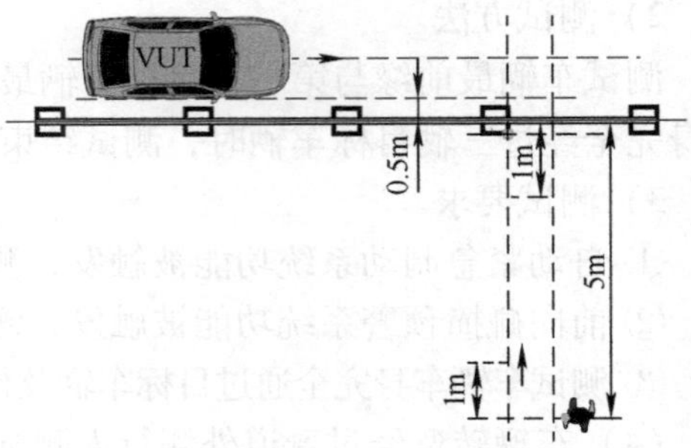

图8-34　车辆直行前方行人横穿终止测试场景

2）测试方法。

当测试车辆距离行人目标的轨迹为100m时，测试开始。当测试车辆的车身完全通过行人目标时，测试结束。

3）测试要求。

① 自动紧急制动系统功能被触发，测试结束（AEB系统被误作用）。

② 前向碰撞预警系统功能被触发，测试结束（FCW系统被误作用）。

③ 测试车辆车身完全通过行人目标（AEB系统功能没有被误作用，测试成功）。

## 8.4　车道保持辅助功能及其测试

正常情况下，汽车要行驶在车道中央，只有在变换车道和转弯的时候才会穿越车道线，而此时正确的操作是要求先打开转向灯，再转向进而穿越车道线。没有打开转向灯就穿越车道线的驾驶行为被认为是非正常操作。有数据显示，非正常的车道穿越行为往往是一些交通事故的开始，因此如果能够通过技术手段使车辆始终保持在车道中间行驶可以有效地避免交通事故的发生。

### 8.4.1　车道保持辅助系统的定义

车道保持辅助（LKA）系统能够实时监测车辆与车道线的相对位置，持续或在必要的情况下采取车辆横向控制，使车辆保持在原车道内行驶，从而减轻驾驶员的负担，减少事故的发生。

车道保持辅助系统是车道偏离预警（LDW）系统功能的升级和延伸，在车辆即将偏离本车道时，车道偏离预警系统首先发出警报，提醒驾驶员车辆即将偏离本车道。如果驾驶员没有及时采取正确驾驶操作，车道保持辅助系统将会控制转向系统使车辆保持在本车道中心行驶。

车道保持辅助系统可以进一步细分为两种情况：一种称之为车道居中控制（LCC）系统，该系统可以持续控制车辆横向运动，使车辆始终行驶在车道中央区域；另一种称之为紧急车道保持（ELK）系统，当邻近车道上有车辆经过时，该系统可以暂时阻止车辆有意识地变换车道操作，从而避免变换车道引起交通事故。

### 8.4.2　车道保持辅助系统的基本原理

车道保持辅助系统可以在行车的全过程或速度达到某一阈值后自动开启，并可以手动关闭，实时保持车辆的行驶轨迹处于车道的正确位置。当车道保持辅助系统正常工作时，信息采集单元通过车载传感器采集车速信号、转向盘转角信号以及车辆速度信息。电子控制单元对信息进行处理，比较车道线和车辆的行驶方向，判断车辆是否偏离行驶车道。当车辆行驶可能偏离车道线时，首先发出报警信号，提示驾驶员采取相应的操作行为。如果驾驶员没有做出响应，车辆与偏离侧车道线距离达到一定阈值或车轮已经偏离出车道线，电子控制单元计算出辅助的转向角度和减速度，根据偏离的程度控制转向盘和制动器的操纵模块，施加转向力矩和制动力使汽车稳定回到车道中心线上行驶。

### 8.4.3　车道保持辅助系统的应用场景

当驾驶员驾驶车辆在高速公路上行驶时，长途旅途的劳累，加上路边的风景抑或应接不暇，抑或枯燥乏味，都能使本应注视着车辆前方的注意力转移到其他事物上去，车辆开始逐渐进入了“自由行驶”模式，不经意间车辆已经“侵入”到其他车道了。如果此时其他车道上没有车辆尚属万幸，如果刚好有其他车辆在行驶，且自车刚好处于该车的视野盲区，则后果不堪设想。如果该车装有车道保持辅助系统，则在出现上述现象时，车道偏离预警系统会首先发出报警信息，提示驾驶员做出正确的响应。如驾驶员未能及时有效地进行干预操作，则车道保持辅助系统发挥作用，避免交通事故的发生。

如果驾驶员打开转向灯，则表明驾驶员有转向的意图，进行正常变道行驶，车道保持辅助系统不会发出警报。

### 8.4.4　车道保持辅助系统的测试

（1）直线路径虚线偏离车道保持辅助测试

1）测试场景。

测试道路为至少包含两条车道的长直道路，中间车道线为白色虚线。测试车辆沿左（或右）侧车道中心线以 80km/h 的车速匀速行驶。测试车辆在无意识（没有打开右、左转向灯）下向右（左）侧虚线车道线偏离驶出本车道，如图 8-35 所示。

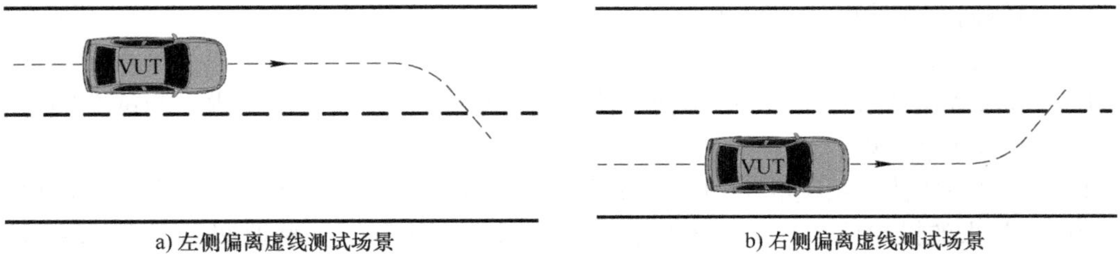


a) 左侧偏离虚线测试场景　　b) 右侧偏离虚线测试场景

图 8-35　直线路径虚线偏离车道保持辅助测试场景

2）测试方法。

测试车辆分别以 0.3m/s、0.5m/s 的横向偏离速度，按照表 8-7 中路径参数行驶，分别从左右两侧向虚线偏离展开测试。

**表 8-7　车道保持辅助测试场景的路径参数**

| 横向偏离速度/（m/s） | 车辆行驶轨迹半径 R/m | 横摆角度/（°） | 曲线部分车辆行驶横向位移 $d_1$/m | 切出车道部分横向位移 $d_2$/m |
|---|---|---|---|---|
| 0.3 | 1200 | 0.77 | 0.11 | 0.90 |
| 0.5 | | 1.29 | 0.30 | 0.75 |

表 8-7 中参数的定义如图 8-36 所示。

3）测试要求。

① 车道保持辅助系统未能将测试车辆保持在允许的车道偏离距离内，测试车辆穿越虚线车道线 2s 后测试结束。

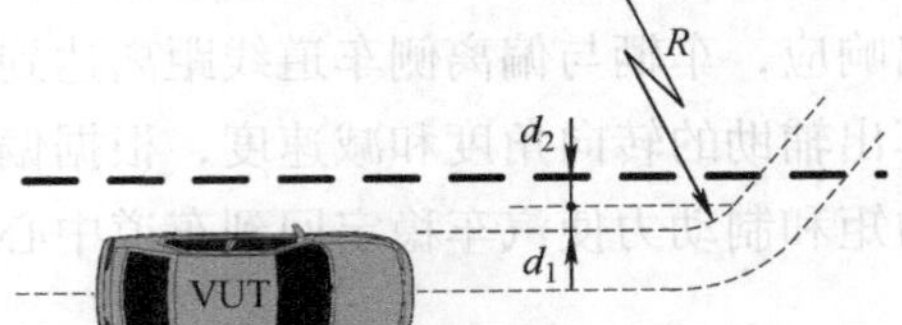


图 8-36　车道保持辅助测试场景的路径参数定义

② 在车道保持辅助系统的干预下，使测试车辆保持在允许的车道偏离内。此过程测试车辆会产生最大的横向位移，随后该位移减小，最后，使测试车辆返回车道内，2s 后测试结束。

（2）直线路径实线偏离车道保持辅助测试

1）测试场景。

测试道路为至少包含两条车道的长直道路，中间车道线为白色实线。测试车辆沿左（或右）侧车道中心线以 80km/h 的车速匀速行驶。测试车辆在无意识（没有打开右、左转向灯）下向右（左）侧实线车道线偏离驶出本车道，如图 8-37 所示。

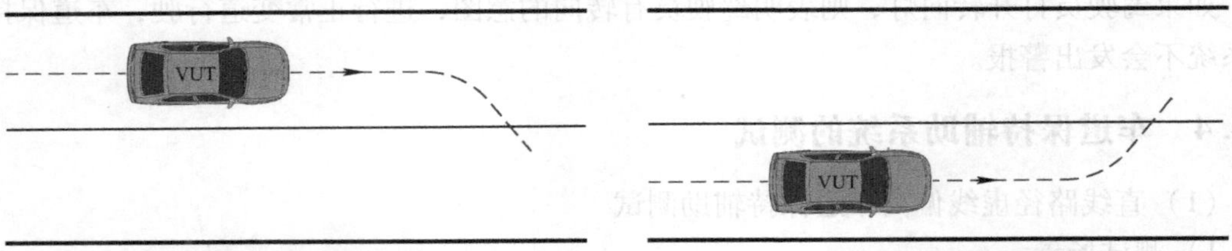


a) 左侧偏离实线测试场景　　b) 右侧偏离实线测试场景

图 8-37　直线路径实线偏离车道保持辅助测试场景

2）测试方法。

测试车辆分别以 0.3m/s、0.5m/s 的横向偏离速度，按照表 8-7 中路径参数行驶，分别从左、右两侧向实线偏离展开测试。

3）测试要求。

① 车道保持辅助系统未能将测试车辆保持在允许的车道偏离距离内，测试车辆穿越实线车道线 2s 后测试结束。

② 在车道保持辅助系统的干预下，使测试车辆保持在允许的车道偏离内。此过程测试车辆会产生最大的横向位移，随后该位移减小，最后，使测试车辆返回车道内，2s 后测试结束。

（3）紧急车道保持系统车辆超车测试

1）测试场景。

测试道路为至少包含两条车道的长直道路，中间车道线为白色虚线。测试车辆与目标车辆（假车）同向行驶在相邻车道上。测试车辆在前，目标车辆在后。测试车辆以70km/h的车速匀速行驶在右侧车道中间。目标车辆以 80km/h 的车速行驶在左侧车道中间。目标车辆的行驶轨迹与车道间隔线的距离为 1.8m。测试车辆有意识地（打开转向灯）向左侧变换车道，在紧急车道保持系统不工作的情况下，目标车辆前缘将会与测试车辆位于后轴的撞击点碰撞，如图 8-38 所示。

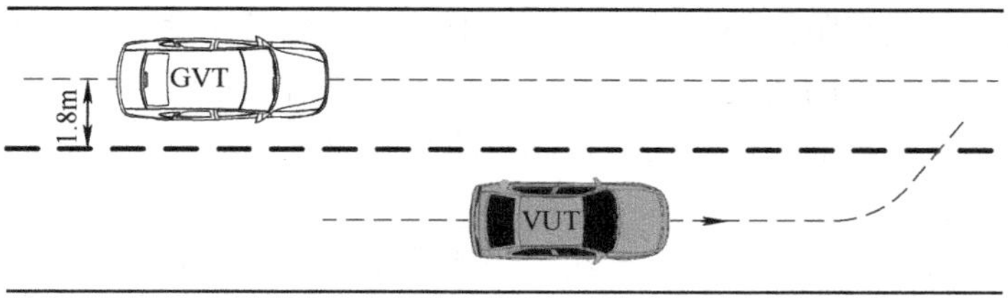

图 8-38 紧急车道保持系统车辆超车测试场景

2）测试方法。

测试中，测试车辆在转向前至少 1s 打开转向灯，然后以 0.6m/s 的横向偏离速度向左侧变换车道。

3）测试要求。

① 在紧急车道保持系统的干预下，未能使测试车辆与目标车辆发生碰撞，测试结束。

② 当测试车辆和目标车辆之间横向距离小于 0.3m 时，认为紧急车道保持系统未能或未能充分干预测试车辆，将导致测试车辆与目标车辆发生碰撞，测试结束。

## 8.5 自适应巡航控制功能及其测试

车辆在道路上行驶，一方面要保持一定的目标行驶车速，另一方面要与前车保持安全距离，这两方面的要求均与车辆的纵向行驶速度控制有关。由定速巡航系统（CCS）演变而来的自适应巡航控制（ACC）就可以实现这一功能，从而将驾驶员从乏味的车辆纵向控制中解放出来，用环境感知系统的感知和运算代替驾驶员的观察和判断，用执行系统忠实运转代替了驾驶员的操作，确保了车辆的行驶车速和安全距离，有效地避免了由于纵向控制不当造成的交通事故。

### 8.5.1 自适应巡航控制的定义

自适应巡航控制系统是一种通过安装在车辆前部的传感器感知前方目标车辆行车状态，从而调整车辆纵向行驶速度以达到保持目标车速和车间时距的 ADAS 功能。自适应巡航控制系统在定速巡航系统设置目标车速的基础上，又增加了保持跟车时距等功能，是实现最终自动驾驶的重要基础功能之一。

为了适应各种道路情况，自适应巡航控制系统在弯道上也应该照常发挥自适应行驶的功能。根据对弯道行驶的适应能力，自适应巡航控制系统可以分为 4 种类型：ACC Ⅰ型，仅适用于直道，曲率半径为无穷大；ACC Ⅱ型，可适应曲率半径不小于 500m 的弯道；ACC Ⅲ型，可适应曲率半径不小于 250m 的弯道；ACC Ⅳ型，可适应曲率半径不小于 125m 的弯道。

### 8.5.2 自适应巡航控制的基本原理

自适应巡航控制系统通过环境感知系统监测前方的行驶环境，采集前方有无车辆、与前车的间距、目标车辆行驶速度及自车行驶速度等信息，在未监测到前方目标车辆或目标车辆远在安全车距以外时，自适应巡航控制系统以预设定的巡航速度定速行驶，此时，类似于定速巡航系统的功能。而当前方目标车辆在监测范围以内且目标车辆速度小于自车设定的巡航速度时，车辆将以一定的控制策略跟随目标车辆行驶，从而始终保持与目标车辆适当的车间时距。

对于发动机驱动的车辆，当前方没有目标车辆或与目标车辆相距很远且车速很快时，就会进入定速巡航模式。自适应巡航控制系统将根据驾驶员设定的车速和转速传感器采集的车辆速度自动调节加速踏板行程，使车辆达到设定的车速并巡航行驶；当前方有目标车辆存在且离本车较近或车速很慢，就会进入跟随模式，自适应巡航控制系统将根据驾驶员设定的车间时距和转速传感器采集的车辆速度计算出期望车距（车间时距），并与测距传感器采集的实际距离比较，自动调节节气门开度和制动压力，使车辆以一个安全车距稳定地跟随前方目标车辆行驶。

对于电机驱动的车辆在原理上是相似的，区别仅在于电动汽车调节电机输出的转矩而且增加了再生制动控制。

### 8.5.3　自适应巡航控制的典型应用

自适应巡航控制系统最典型的应用是在高速公路、高架桥和快速道路上，它可以对车辆的纵向运动进行控制，使其保持一个期望的车速，同时保持与前方目标车辆的安全距离。

自适应巡航控制系统的主要工作模式有：

1）定速巡航。当车辆前方无目标车辆行驶时，车辆将处于定速巡航状态，自适应巡航控制系统按照设定的行驶车速对汽车进行定速巡航控制。

2）减速控制。当车辆前方目标车辆的行驶车速小于自车时，自适应巡航控制系统将控制自车进行减速，以保证自车与前方目标车辆之间的安全距离。

3）跟随控制。当前方目标车辆的速度低于自车设定的巡航车速时，自适应巡航控制系统将自车的车速降至与前方目标车辆相同后，再采用跟随控制，与前方目标车辆以相同的速度行驶。

4）加速控制。当前方目标车辆加速行驶或换入其他车道行驶，或自车换入其他车道而使得前方无目标车辆行驶时，自适应巡航控制系统将对自车进行加速控制，使自车恢复到巡航车速。

5）停车控制。当前方目标车辆减速停车时，自车也减速停车。

6）起动控制。当自车处于停车等待状态时，若前方目标车辆突然起动，自车也将起动与目标车辆行驶状态保持一致。

### 8.5.4　自适应巡航控制的测试

（1）直道目标识别能力测试

1）测试场景。

测试道路为至少包含两条车道的长直道路，中间车道线为白色虚线。两辆同型号的目标车辆（假车）并排以相同车速行驶在两相邻车道上，两辆目标车辆的纵向中心线间的距离为（3.5±0.25）m，两辆目标车辆宽度均在1.4~2m之间。测试车辆位于目标车辆1（假车）的后方，且测试车辆的纵向中心线与目标车辆1的纵向中心线横向偏差小于0.5m，如

图 8-39 所示。

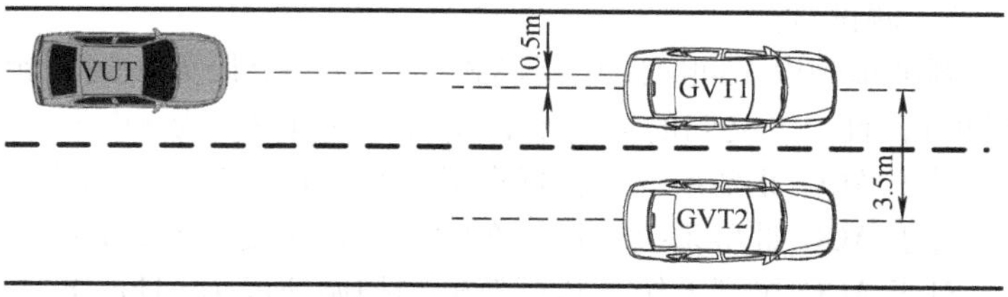

图 8-39　直道自适应巡航控制系统目标识别能力测试场景

2）测试方法。

将目标车辆 1 加速至 100km/h，目标车辆 2 加速至 93km/h，同时将测试车辆置于车间时距控制模式下，以 100km/h 的车速稳定跟踪目标车辆 1。

3）测试要求。

如果测试车辆能够超过目标车辆 2，则直道上自适应巡航控制系统的目标识别能力测试合格。

如果测试车辆受车速较慢的目标车辆 2 的影响，距离目标车辆 1 越来越远，则直道上自适应巡航控制系统的目标识别能力测试不合格。

（2）弯道适应能力测试

1）测试场景。

测试道路为包含一段足够长的曲线道路，弯道的曲率半径取值范围在 $R_{min}$ 的 80% ~100% 之间。测试道路为双向道路，对车道标线和护栏等设施没有限制要求，如图 8-40 所示。

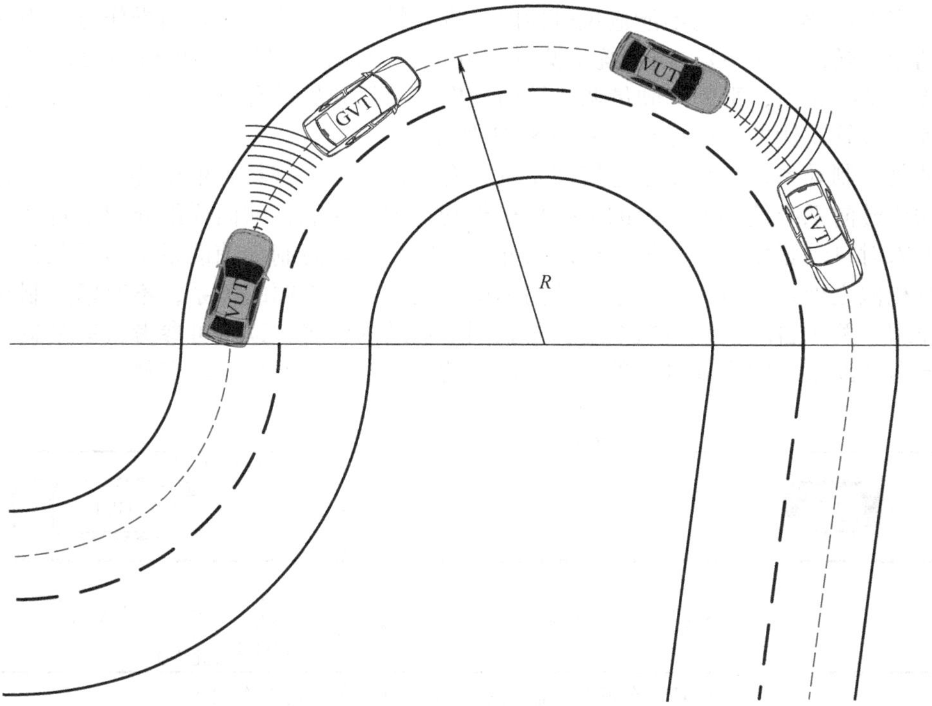

图 8-40　弯道自适应巡航控制系统目标识别能力测试场景

对于 ACC Ⅱ型系统，要求 $R_{min,Ⅱ}$ =500m。

对于 ACC Ⅲ型系统，要求 $R_{min,Ⅲ}$ =250m。

对于 ACC Ⅳ型系统，要求 $R_{min,Ⅳ}$ =125m。

2）测试方法。

测试车辆以车间时距控制模式（设置一个最大车间时距）跟随同一车道上的目标车辆（假车），且二者之间的纵向中心线间的横向偏差为±0.5m。

对于ACC Ⅱ型系统，目标车辆的初始速度为114km/h。

对于ACC Ⅲ型系统，目标车辆的初始速度为86km/h。

对于ACC Ⅳ型系统，目标车辆的初始速度为61km/h。

选择合适的时机（2s后），使目标车辆减速10.8～14.4km/h，观察测试车辆的反应。

3）测试要求。

① 测试车辆开始减速，测试结束（目标识别能力测试合格）。

② 测试车辆与目标车辆的车间时距降至2/3预设的最大车间时距时，测试结束（目标识别能力测试不合格）。

## 8.6 紧急转向辅助功能及其测试

当车辆与前车存在碰撞危险时，首先考虑的是制动，当制动不能化解危机时，再考虑转向操作。制动分为驾驶员制动和自动紧急制动（AEB），当驾驶员制动且系统检测到驾驶员的制动输入不足以避免碰撞时，紧急制动辅助（EBA）系统介入，帮助驾驶员调整制动操作。当车辆存在碰撞危险且驾驶员没有及时制动时，自动紧急制动系统介入，接管车辆的制动操作。当系统感知到制动不能避免碰撞时，进入转向操作阶段，转向操作也分为驾驶员转向和自动紧急转向（AES）。当系统检测到驾驶员转向操作不足以避免碰撞时，紧急转向辅助（ESA）系统介入，帮助驾驶员调整转向操作；当驾驶员没有及时转向时，自动紧急转向系统介入，接管车辆的转向操作，如图8-41所示。

自动紧急制动系统与自动紧急转向系统具有相似之处，都具有根据感知到的信息控制车辆的制动或转向系统使车辆所处的碰撞危机得到化解的功能，前面详细介绍了自动紧急制动系统，但未对自动紧急转向系统进行深入介绍。同理，紧急制动辅助系统与紧急转向辅助系统也具有相似之处，本节只介绍紧急转向辅助系统，由于篇幅的关系，不对紧急制动辅助系统进行介绍。关于自动紧急转向系统和紧急制动辅助的内容，读者可参考自动紧急制动系统和紧急转向辅助系统的内容自学理解，更深入的内容请参考专项学习资料。

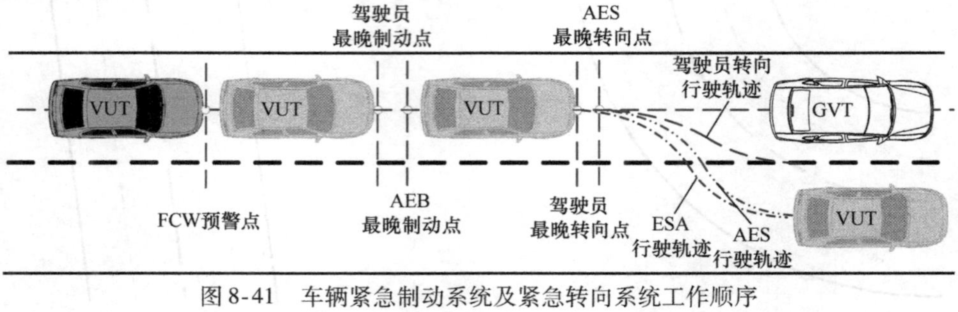


图8-41　车辆紧急制动系统及紧急转向系统工作顺序

### 8.6.1 紧急转向辅助的定义

行驶在道路上的车辆突然发现前方出现的障碍物可能与自车发生碰撞，驾驶员通过转向系统明确表达了其转向的意图，但转向的幅度、速度或力度并未达到足以避开障碍物的要求或该转向可能导致自车车身的失稳状态，引发侧向倾翻等事故。紧急转向辅助系统利用车辆的环境感知系统实时监测车辆前方和侧方的行驶环境，根据行驶环境的变化并遵照车辆安全行驶的规律，规划出一条能够躲避障碍物的行驶轨迹，并协调控制转向系统、制动系统和车身稳定系统等，使车辆按照规划的行驶轨迹运行，以避免与障碍物发生碰撞，同时保证车身稳定状态。

### 8.6.2　紧急转向辅助的基本原理

配备紧急转向辅助系统的车辆要装配功能强大的环境感知系统，如视觉传感器和毫米波雷达等，实时感知车辆周边环境的变化，还需要有车速传感器、转向角传感器、制动压力传感器和加速度传感器等感知车辆自身运行状态的传感器。当车辆进入紧急转向辅助状态时，电子控制单元会迅速获取环境感知系统传感器的数据信息，并进行实时分析和判断，根据自身运行状态控制转向盘转动的方向、转速和幅值，并据此计算出车辆对应的偏航角度。紧急转向辅助系统分析当前转向输入下对应的行驶轨迹，再根据环境感知系统的数据，分析当前车辆所处的位置及周边环境的变化趋势。如果当前转向输入的响应不能避免碰撞，电子控制单元将其修正为一个适当的转向输入指令，进而控制执行机构。执行机构通常为电动转向系统，通过电动力矩来辅助驾驶员进行转向，按照修正后的指令进行转向操作，最终，改变车辆的行驶轨迹以避开障碍物。

紧急转向辅助系统除了利用电动转向系统，还可以利用车辆的制动系统来实现紧急转向辅助控制。在紧急转向时，电控单元自动控制制动压力，通过在不同的车轮上分配不同的制动压力达到转向的目的。

另外，紧急转向辅助系统还可以结合车身稳定控制系统来提高转向的安全性。车身稳定控制系统可以通过控制车辆的制动减速度和侧向加速度来保持车身的稳定性。当紧急转向辅助系统工作时，车身稳定控制系统可以根据车辆状态和转向需求，实时调整车辆的制动力和驱动力分配，以确保车辆保持稳定并按照规划的轨迹躲避前方的障碍物。

### 8.6.3　紧急转向辅助的典型工况

紧急转向辅助系统与自动紧急制动系统、紧急制动辅助系统和自动紧急转向系统的典型应用工况都与汽车的前向碰撞有关。当车辆在道路上行驶时，发现自车道的前方车辆处于慢行、减速或停车等状态，自车应当在满足减速停车的距离内采取必要的制动或转向措施。首先，前向碰撞预警系统发出警报，如果驾驶员及时采取有效的制动，且制动强度足够，将车辆在安全距离内停下，则危机解除；如果车辆检测到驾驶员输入的制动强度不够，仍有可能与前方车辆发生碰撞，则启动紧急制动辅助系统，紧急制动辅助系统能根据车距自动调整合适的制动强度，确保在安全距离内将车辆停下来，则危机解除；如果在前向碰撞预警系统发出警报后，驾驶员未采取任何制动措施，则自动紧急制动系统开始起作用，在相对安全的距离内，先采用较低的制动强度对车辆进行减速（此时，兼顾乘员的舒适性要求），当系统判断当前制动强度不足以将车辆在安全距离内停下来时，再采用较高的制动强度将车辆快速制动（此时，应以安全性为首要要求，乘员的舒适性要求退居其次）直至停车，则危机解除；如果车辆继续前行且仍存在与前车碰撞的危险时，驾驶员可以采取紧急转向操作且该操作准确及时，则可成功地更改车辆的行驶轨迹，避免车辆碰撞，危机解除；如果车辆检测到驾驶员输入的转向指令不能有效避免碰撞，则启动紧急转向辅助系统，紧急转向辅助系统能根据车辆所处状态自动调整合适的运行参数，在确保安全的前提下躲避前方车辆，则危机解除；如果在车辆制动不能有效地避免碰撞且驾驶员仍未响应时，车辆将启动自动紧急转向系统，自动改变本车的行驶轨迹，避免与前车发生碰撞，来化解危机。车辆的紧急制动系统及紧急转向系统的整个工作顺序如图 8-41 所示。

## 8.6.4 紧急转向辅助的测试

到目前为止尚未出台针对紧急转向辅助系统的测试规程，这里参考自动紧急制动系统测试中的行人横穿测试车辆行驶轨迹的场景对紧急转向辅助系统进行测试。

（1）行人从远端横穿车辆行驶轨迹测试

1）测试场景。

测试道路为至少包含两条车道的长直道路，中间车道线为白色虚线，测试场地的地面附着系数分别为 $\mu=0.4$ 和 $\mu=0.8$。测试车辆沿右侧车道中心线匀速直线行驶，行驶速度分别为 40km/h、60km/h 和 80km/h。行人（假人）沿垂直于测试车辆行驶轨迹的方向，从远端距离测试车辆轨迹 6m 处以 6.5km/h 的速度垂直穿过测试车辆行驶轨迹。如不加以干预，测试车辆与行人将在 $M$ 点（测试车辆宽度的 25% 处）或 $L$ 点（测试车辆宽度的 50% 处）碰撞，如图 8-42 所示。

2）测试方法。

按照图 8-42 所示布置测试场景。首先，在测试车辆的紧急制动辅助系统不干预的情况下，按照测试用例车速由低到高的顺序，分别调整行人从远端释放的时刻，使测试车辆与行人在 $L$ 点或 $M$ 点发生碰撞，并记录下测试车辆在行人释放时刻的位置。

然后，开启测试车辆的紧急转向辅助系统，再依次使测试用例车速按照由低到高的顺序测试。当测试车辆经过释放行人位置时刻，从远端释放行人横穿车道。当车辆到达预计 TTC 时间，驾驶机器人向既定的方向转动转向盘，但转动的幅度和力度不足以避开横穿行人。完成一次测试后更改参数继续下一次测试，直至遍历此场景要求的所有测试用例。

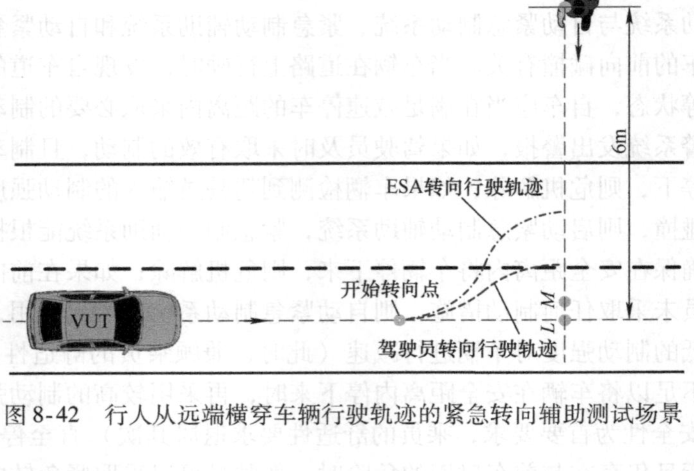


图 8-42 行人从远端横穿车辆行驶轨迹的紧急转向辅助测试场景

3）测试要求。

下列情况之一发生时，测试结束：

① 测试车辆与行人相撞，则紧急转向辅助功能测试失败。

② 测试车辆绕过行人，则紧急转向辅助功能测试成功。

（2）行人从近端横穿车辆行驶轨迹测试

1）测试场景。

测试道路为至少包含两条车道的长直道路，中间车道线为白色虚线，测试场地的地面附着系数分别为 $\mu=0.4$ 和 $\mu=0.8$。测试车辆沿右侧车道中心线匀速直线行驶，行驶速度分别为40km/h、60km/h 和 80km/h。行人（假人）沿垂直于测试车辆行驶轨迹的方向，从近端距离测试车辆轨迹 4m 处以 5km/h 的速度垂直穿过测试车辆行驶轨迹。如不加以干预，测试车辆与行人将在 *M* 点（测试车辆宽度的25%处）或 *K* 点（测试车辆宽度的75%处）碰撞，如图 8-43 所示。

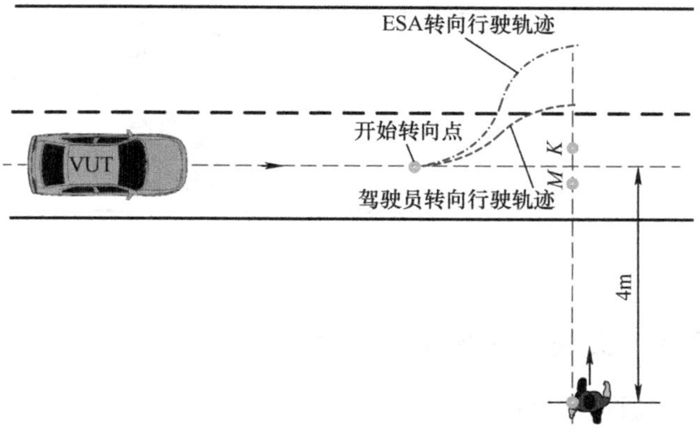


图 8-43　行人从近端横穿车辆行驶轨迹的紧急转向辅助测试场景

2）测试方法。

按照图 8-43 所示布置测试场景。首先，在测试车辆紧急转向辅助系统不干预的情况下，按照测试用例车速由低到高的顺序，分别调整行人从近端释放的时刻，使测试车辆与行人在 *K* 点或 *M* 点发生碰撞，并记录下测试车辆在行人释放时刻的位置。

然后，开启测试车辆的紧急转向辅助系统，再依次使测试用例车速按照由低到高的顺序测试。当测试车辆经过释放行人位置时，从近端释放行人横穿车道。当车辆到达预计 TTC 时间，驾驶机器人向既定的方向转动转向盘，但转动的幅度不足以避开横穿的行人。完成一次测试后更改参数继续测试，直至遍历此场景要求的所有测试场景。

3）测试要求。

下列情况之一发生时，测试结束：

① 测试车辆与行人相撞，则紧急转向辅助功能测试失败。

② 测试车辆绕过行人，则紧急转向辅助功能测试成功。

## 8.7　交通拥堵辅助功能及其测试

当车辆处于交通拥堵的路段时，驾驶员的情绪往往很烦躁。一方面，由于车速较低，车辆需要操纵动作的幅度较小，注意力容易分散；另一方面，由于车辆密度很大，需要密切关注周边车辆的动态，稍有疏忽就有可能掉队或被其他车辆插队甚至与其他车辆发生剐蹭。如果车辆同时拥有自适应巡航（ACC）控制系统功能和车道保持辅助（LKA）功能，则在纵向和横向上均能控制车辆。将这两项功能融合，利用自适应巡航控制系统根据前车的车速变化自动加速或减速，使车辆与前车保持预设的车间时距。同时，利用车道保持辅助系统根据车辆在车道线之间所处的位置，适时地调整车辆的横向位置，使车辆行驶在车道中间，防止车辆驶出车道线就形成了交通拥堵辅助（TJA）系统，如图 8-44 所示。

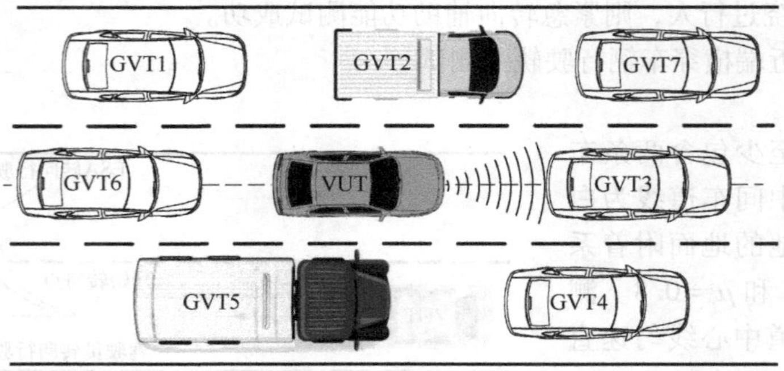


图 8-44　交通拥堵辅助系统

## 8.7.1　交通拥堵辅助系统的定义

交通拥堵辅助系统（TJA）是针对高速公路和城市道路的拥堵路况，当车辆行驶速度低于 60km/h 时，辅助驾驶员完成转向、制动、加速等操作，既具有自适应巡航控制系统的纵向控制功能，又具有车道保持辅助系统的横向控制功能的更高级别的 ADAS。交通拥堵辅助系统可以在完全感知不到车道线的情况下，根据前车或邻近车道上的车辆的行驶轨迹跟车行驶而不偏离车道，使驾驶员能够更轻松地应对车速较低、车流量较大、车距较近和车辆频繁起-停的交通拥堵路况。

## 8.7.2　交通拥堵辅助系统的基本原理

交通拥堵辅助系统同时包括横向控制和纵向控制，且横向控制与纵向控制系统的某些信息可以交叉共用。其中，横向控制利用前方的视觉传感器感知车道线，建立车道模型并根据环境感知系统的信息不断地修正车道模型，进而确定车辆的行驶轨迹和曲率半径等，再修正车辆的横向动态控制参数，最后，通过转向系统和车身稳定系统控制车辆的横向运动。在此过程中，如果发生车道线被遮挡或车道线缺失的情况，则根据前方或周边车辆行驶轨迹拟合车道模型，完成车辆的横向控制。纵向控制主要利用毫米波雷达确定前车的距离和车速，结合自车车速判定前车的位置和速度，再根据设定的巡航车速和车间时距，决定车辆的加速、减速和巡航等运动状态。最后，通过驱动系统和制动系统实现车辆的纵向运动状态控制，有些极限工况还要考虑道路附着条件对纵向运动状态的影响。当遇到前车突然制动、加速或有其他车辆切入/切出等状况时，交通拥堵辅助系统也要在保证车辆安全的前提下保持适当的跟车距离，这也是交通拥堵辅助系统最具挑战的工况。

## 8.7.3　交通拥堵辅助系统的典型应用

通常交通拥堵辅助系统工作在车速小于 60km/h、车流较密集、车距较小的交通拥堵环境下，车辆能够在中低车速实现定速巡航、低速保持稳定跟车距离、跟随目标车辆逐步停车、跟随目标车辆逐步起步和弯道降速等功能。交通拥堵辅助系统的典型应用场景包括以下几种。

（1）中低速定速巡航

当车辆在车道上行驶，且前方道路没有目标车辆时，则交通拥堵辅助系统进入中低速定速巡航状态，此时，车辆按照驾驶员预先设定的巡航车速行驶，车速一般不高于 30km/h。当驾驶员主动调节设定车速时，交通拥堵辅助系统可以控制车辆达到目标巡航车速。当前方出现高于自车车速的目标车辆时，自车仍然保持定速巡航行驶，不会跟随目标车辆加速行驶。当车辆稳定跟随的目标车辆开始换道至其他车道且本车道上没有其他目标车辆时，交通拥堵辅助系统可以控制车辆仍然按照预设的巡航车速行驶。

（2）识别并跟随目标车辆

当车辆在车道上行驶，且前方较远距离出现车速较低的目标车辆时，首先，按照设定车速定速巡航行驶，逐渐接近目标车辆。然后，交通拥堵辅助系统控制驱动系统和制动系统降低车速，与目标车辆保持设定的纵向车间时距。此时，驾驶员设定车速不再起作用，自车将保持与前车相同的车速稳定行驶。

（3）稳定跟随目标车辆

当车辆在车道上行驶，前方有中低速行驶的稳定目标，目标车辆在本车道内，且在一定的车速区间内变速行驶时，交通拥堵辅助系统也可以控制自车跟随目标车辆行驶。当目标车辆行驶车速超过设定的巡航车速时，自车不会跟随目标车辆加速，而是保持设定的巡航车速行驶。

（4）逐渐跟停和起步

当车辆在车道上行驶，前方有中低速行驶的稳定目标车辆，且目标车辆逐渐减速至停车时，交通拥堵辅助系统可以控制自车跟随目标车辆减速并直至跟停，且保持一定的停车距离。当目标车辆开始起步，自车达到起步条件时，可以跟随目标车辆起步行驶，最终实现稳定跟随前车行驶。当前方道路上存在静止的目标车辆时，自车在较低车速下定速巡航接近目标车辆后，交通拥堵辅助系统可以控制自车逐渐减速并停靠在前车后方。

（5）及时响应目标车辆的临时切入

当车辆在车道上行驶，前方有中低速行驶的稳定目标车辆且自车稳定跟随其后，此时邻近车道上存在另一辆目标车辆向本车道并线换道，交通拥堵辅助系统能够提前识别该目标车辆的切入意图并做出及时的响应动作，随后切换跟踪的目标车辆，控制自车纵向运动系统，保持与新目标车辆的车间距以避免发生剐蹭或碰撞事故。

（6）降速过弯

当车辆在车道上行驶，前方道路车道线清晰可见，经过前方道路一段直道后开始进入弯道，此时，若自车以一定的车速定速巡航行驶，在入弯时，由于车速较大易发生侧向倾翻或侧向滑移等危险工况，交通拥堵辅助系统可以在入弯之前通过环境感知系统采集车道信息，经过控制器计算出安全的巡航车速并控制自车从当前设定车速逐渐降至新的巡航车速，从而安全平稳地进入弯道行驶。当弯道行驶结束即将出弯时，交通拥堵辅助系统控制巡航车速再次回到驾驶员设定的车速值，继续按设定速度巡航行驶。

### 8.7.4 交通拥堵辅助系统的测试

交通拥堵辅助系统既包括对车辆的横向控制也包括纵向控制，属于典型的 L2 级别的 ADAS 功能，因此要对其功能测试所涉及的场景必然很多，这里仅选取较有代表性的 4 种典型场景加以介绍。

（1）前车低速起停测试

1）测试场景。

测试道路为至少包含一条车道的长直道路。测试车辆与目标车辆（假车）同在一条车道的中心线上，且向一个方向行驶，测试车辆在后，目标车辆在前。目标车辆先以 $a_1$ 加速度加速至比测试车辆的设定车速还低 10km/h 的速度，待测试车辆稳定跟随目标车辆行驶后，目标车辆再以 $a_2$ 减速度减速至停止，如图 8-45 所示。

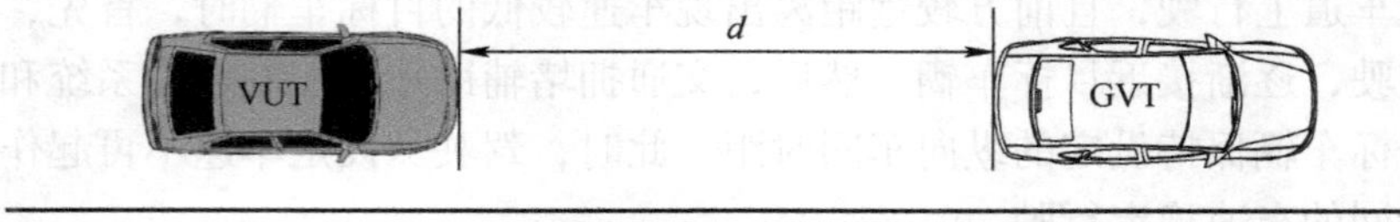


图 8-45　前车低速起停交通拥堵辅助系统测试场景

2）测试方法。

在测试车辆激活交通拥堵辅助系统的情况下，按照表 8-8 中所列出的 4 组测试用例设置测试车辆和目标车辆的车速，并保持匀速行驶一段时间。待测试车辆跟随目标车辆达到稳定交通拥堵辅助系统默认的跟车距离 $d$ 时（1$d$ 值是 TJA 算法默认的跟车距离），目标车辆再开始减速直至停车。

**表 8-8　前车低速起-停交通拥堵辅助系统测试场景参数**

| 序号 | 测试车辆巡航车速/(km/h) | 目标车辆测试车速/(km/h) | 目标车辆加速度 $a_1/g$ | 目标车辆减速度 $a_2/g$ |
|---|---|---|---|---|
| 1 | 20 | 10 | 0.12 | 0.3 |
| 2 | 30 | 20 | 0.12 | 0.3 |
| 3 | 40 | 30 | 0.12 | 0.3 |
| 4 | 40 | 30 | 0.12 | 0.6 |

3）测试要求。

在所有测试用例中测试车辆都不能与目标车辆发生碰撞且在测试车辆纵向控制过程中不应出现打滑现象。

（2）前车切出车道（Cut out）测试

1）测试场景。

测试道路为至少包含两条车道的长直道路，中间车道线为白色虚线。测试车辆、目标车辆 1（假车）和目标车辆 2（假车）均在同一车道的中线上，目标车辆 2 静止在远方，测试车辆的巡航车速比目标车辆 1 的车速高 10km/h，目标车辆 1 在距离换道点为 $d$ 的时候（$d$ 的取值需足够大，如 $d=100$m）开始测试，从而保证测试车辆在激活交通拥堵辅助系统后能够达到稳定状态，如图 8-46 所示。

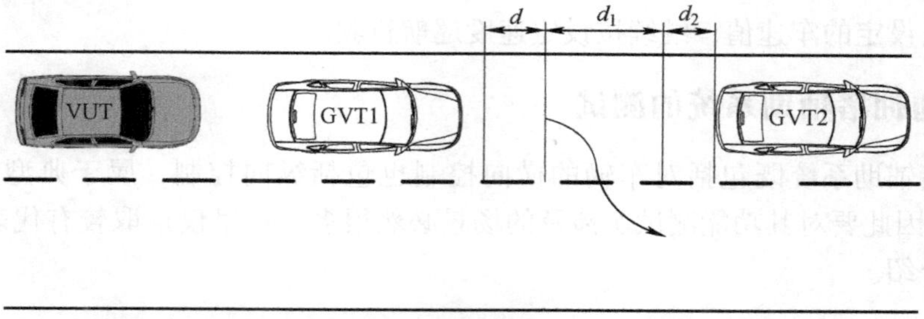


图 8-46　前车切出车道交通拥堵辅助系统测试场景

2）测试方法。

在测试车辆激活交通拥堵辅助系统的情况下，按照表8-9中所列出的4组测试用例设置测试车辆和目标车辆1与目标车辆2的车速，并保持匀速行驶一段时间，待测试车辆跟随目标车辆1达到稳定行驶状态后，目标车辆1在与目标车辆2相距 $d_1+d_2$（设 $d_1=11\text{m}$，$d_2=3\text{m}$）处开始切出当前车道，并在与目标车辆2相距 $d_2$ 处完成切出。

**表8-9　前车切出车道交通拥堵辅助系统测试场景参数**

| 序号 | 测试车辆的巡航车速/(km/h) | 目标车辆1的测试车速/(km/h) | 目标车辆2的测试车速/(km/h) |
|---|---|---|---|
| 1 | 20 | 10 | 0 |
| 2 | 30 | 20 | 0 |
| 3 | 50 | 40 | 0 |
| 4 | 70 | 60 | 0 |

3）测试要求。

当目标车辆1切出后，测试车辆的跟踪目标将由目标车辆1更换成目标车辆2（假车，静止），在所有测试用例中要求测试车辆都不能与目标车辆2发生碰撞且在测试车辆制动过程中不应出现打滑现象。

（3）切入车道（Cut in）车辆制动测试

1）测试场景。

测试道路为至少包含两条车道的长直道路，中间车道线为白色虚线。测试车辆和目标车辆2（假车）在同一车道中心线处，目标车辆1（假车）在测试车辆所在车道的邻近车道上，测试车辆的交通拥堵辅助系统设置的巡航车速比目标车辆车速高10km/h，并将测试车辆的交通拥堵辅助系统跟车距离设置到最大，从而保证测试车辆与目标车辆2之间有足够长的距离让目标车辆有机会切入测试车辆与目标车辆之间的位置，如图8-47所示。

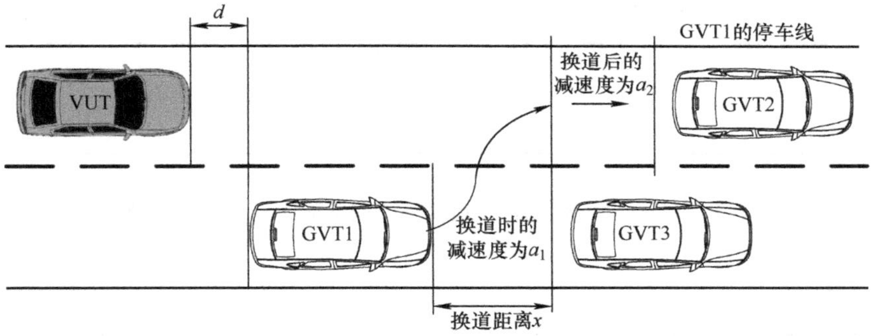


图8-47　切入车道车辆制动交通拥堵辅助系统测试场景

2）测试方法。

在测试车辆激活交通拥堵辅助系统的情况下，按照表8-10中所列出的7组测试用例设置测试车辆和目标车辆1与测试车辆2的运动状态。测试车辆在交通拥堵辅助系统控制下跟随目标车辆2行驶，待测试车辆、目标车辆1和目标车辆2都达到测试车速稳定行驶状态后，目标车辆1在测试车辆的相邻车道前方 $d$（当测试车辆的设定巡航车速在40km/h以上时，$d=20m$；当测试车辆的设定巡航车速在 40km/h 以下时，$d=4.5m$）处开始变道，变道距离为 $x$（$x=7.6m$），变道过程中的减速度为 $a_1$，切入测试车辆所在车道后，目标车辆 1 继续以减速度 $a_2$ 减速至停车。

**表 8-10　切入车道车辆制动交通拥堵辅助系统测试场景参数**

| 序号 | 测试车辆巡航车速/(km/h) | 目标车辆 1、2 初始车速/(km/h) | 换道过程的减速度 $a_1/g$ | 切入测试车辆车道后的减速度 $a_2/g$ |
|---|---|---|---|---|
| 1 | 30 | 20 | 0.05 | 0.3 |
| 2 | 50 | 40 | 0.05 | 0.3 |
| 3 | 50 | 40 | 0.05 | 0.6 |
| 4 | 70 | 60 | 0.05 | 0.3 |
| 5 | 70 | 60 | 0.1 | 0.3 |
| 6 | 70 | 60 | 0.05 | 0.6 |
| 7 | 70 | 60 | 0.1 | 0.6 |

3）测试要求。

当目标车辆 1 减速切入测试车辆所在车道后，测试车辆的跟踪目标将由目标车辆 2 换成目标车辆 1，在测试车辆 1 制动减速直至停车的过程中，要求测试车辆都不能与目标车辆 1 发生碰撞且在测试车辆制动过程中不应出现打滑现象。

（4）前方车辆遮挡车道线测试

1）测试场景。

测试道路为至少包含两条车道的长直道路，中间车道线为白色虚线。测试车辆行驶在其中一条车道中心线上，目标车辆（假车）位于相邻车道，由于前方交通拥堵，目标车辆静止在相邻车道的边缘且遮挡了测试车辆所在车道的车道线，如图 8-48所示。

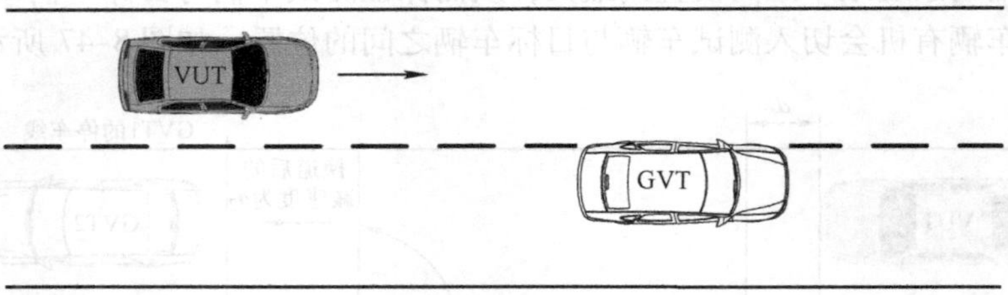


图 8-48　前方车辆遮挡车道线交通拥堵辅助系统测试场景

2）测试方法。

在测试车辆激活交通拥堵辅助系统的情况下，将测试车辆的巡航车速分别设置为 10km/h、20km/h、40km/h 和 60km/h，测试车辆在到达与目标车辆距离为 50m 的位置之前已经达到了稳定行驶状态。测试车辆分别以设定的巡航车速通过前方车道线，以检测在车道线被目标车辆遮挡时，测试车辆的车道居中表现。

3）测试要求。

在一侧车道线被目标车辆遮挡的情况下，测试车辆不受目标车辆的影响，在不与目标车辆发生剐蹭的前提下，仍能保持相对车道居中行驶。

# 复　习　题

**简答题**

1. 按照本书前车静止自动紧急制动测试所述，完整的测试流程需要完成多少个测试场景？

2. 在转弯穿越道路自动紧急制动测试中，测试车辆的行驶轨迹如此复杂且细致，驾驶员是难以精准完成的，你认为应该采用什么设备才能达成如此细腻的行驶轨迹控制？

3. 在智能网联汽车碰撞类测试中，通过什么方法能够确保在不加以干预的情况下使测试车辆与目标车辆相碰撞？

4. 通过查找资料的方式了解什么是车间时距？什么是车头间距？

5. 简述自动紧急制动（AEB）系统、自动紧急转向（AES）系统、紧急制动辅助（EBA）系统和紧急转向辅助（ESA）系统的区别与联系。

6. 结合生活实践，说明切出（Cut out）场景对被切出车辆的危险性。

7. 结合生活实践，分析切入（Cut in）场景对被切入车辆的挑战性。

8. 什么叫近端，什么叫远端，它们之间有何区别和联系？

9. 自动紧急制动（AEB）系统主要考虑交通安全还是考虑车辆的乘坐舒适性？为什么要进行自动紧急制动系统的误作用测试？

10. 简述误作用测试的意义。

11. 如何界定车辆的“有意识变道”和“无意识变道”？

12. 什么叫“鬼探头”，在现实生活中这种工况是否经常发生，在测试时应该如何模拟这种工况？

13. 简述车道偏离预警（LDW）、车道保持辅助（LKA）、车道居中控制（LCC）和紧急车道保持（ELK）四个系统的不同之处。

14. 当对车辆的车道保持辅助（LKA）系统测试时，一般要进行哪几项测试？

15. 简述定速巡航（CCS）系统与自适应巡航控制（ACC）系统的关系。

16. 为什么紧急转向辅助（ESA）系统除了要控制转向系统外还要控制制动系统呢？

17. 在对车辆紧急转向辅助功能的测试中为什么严格的要求地面附着系数达到某一数值？

18. 弱势交通参与者都包括哪些？

19. 测试时参考目标越偏离测试车辆行驶轨迹线，测试的难度越大，这种说法对不对？为什么这样判断？

20. 在自动紧急制动（AEB）系统测试中，在测试车辆的前向碰撞预警（FCW）系统功能也被激活的情况下，前向碰撞预警（FCW）系统警报应该在自动紧急制动之前还是之后被触发？

# 第9章

# 智能网联汽车自动驾驶功能测试

按照智能化程度来分，智能网联汽车可以分为三个阶段：低级别的辅助驾驶阶段-ADAS（L1级和L2级）、高级别的自动驾驶阶段（L3级和L4级）和完全自动驾驶阶段（L5级），见表1-1。这里的自动驾驶系统（Automated Driving System，ADS）是指智能网联汽车处于高级别自动驾驶阶段，自动驾驶系统相比ADAS具有两个特点：一是可以完成车辆驾驶所有的任务；二是可以规划行进路线和决策行驶方案，即自动驾驶系统可以代替驾驶员做出“意志”性的决定。

## 9.1 自动驾驶系统的定义

自动驾驶系统特指在限定或不限定条件下，执行全部驾驶操作和部分或全部功能决策的车辆操控系统。自动驾驶系统对应着智能网联汽车的L3级和L4级，二者都要求在限定的设计操作域内行驶，它们的区别在于L3级智能网联汽车需要由驾驶员随时准备接管车辆的驾驶操纵权，在特殊情况下，需要人类驾驶员下达明确的指令；L4级智能网联汽车在限定的设计作用域内能够完成所有车辆驾驶操作和决策任务，无需人类驾驶员接管。

L1级和L2级智能网联汽车聚焦于某一种或几种驾驶操作的自动化，是一种面向局部的自动化功能。L3级和L4级智能网联汽车则需要执行汽车驾驶过程中的全部操作，是一种全面代替人类驾驶员的综合解决方案，二者存在着从量变到质变的差别。L5级智能网联汽车是自动驾驶系统发展的最终目标，其要求在自动驾驶系统的基础上，消除设计作用域的限制，在人类驾驶员理论上能够驾车通行的所有环境中，L5级智能网联汽车都能自主地通行。

## 9.2 自动驾驶系统的基本功能

自动驾驶系统首先要能够自动完成汽车行驶过程中所有的基本操作，根据当前工况的需求，在具体的交通环境下自动驾驶系统能够做出最佳的行为决策，通过灵活地调用各项碎片化的基本功能，达到安全、精准、高效、舒适地操控车辆并完成既定车辆操控任务。当前自动驾驶系统的基本操控项目主要包括以下18项功能。

（1）自主停车

自动驾驶系统利用其环境感知系统寻找一个最佳的停车位，并控制车辆完成在该车位停靠的全部操作。该项操作可以根据停车位平行或垂直的方向决定车辆的停车操作程序，并根据地段类型和停放要求等来确定相应的停车策略以及其他有关停车的事宜。

（2）保持车速

自动驾驶系统通过纵向控制系统将车辆行驶速度控制在一定的安全范围内，使车辆与前车始终保持一个安全的车间时距，即：在当前车速下，当前距离内，以本车的制动性能，有充足的距离将车辆制动，免于发生碰撞。

（3）车辆跟随

自动驾驶系统在安全车间时距内，识别并跟踪前方的目标车辆。当目标车辆的车速低于自动驾驶系统设定的安全车速时，自动驾驶系统将控制车辆与目标车辆保持同速，并保持车间时距跟随目标车辆；当目标车辆车速超过自动驾驶系统设定的安全车速时，自动驾驶系统将控制车辆维持安全车速。与此同时，通过横向控制系统使车辆保持在本车道内行驶。

（4）车道居中

自动驾驶系统通过横向控制系统，使车辆始终保持在当前车道中间行驶。

（5）车道转换/超车

自动驾驶系统根据预测的前车行驶轨迹和危险评估的结果，操控车辆穿越车道线进入邻近车道，以超越本车道内前方行驶缓慢的车辆。与此同时，保持与其他交通参与者进行必要的信息交互，以确保交通安全。

（6）警示其他交通参与者

在必要的时候，自动驾驶系统通过开启车辆的转向灯、前照灯、喇叭或采用其他用于与其他交通参与者交流的方法，引起其他交通参与者的注意并关注自车的行为和运行状态。

（7）规避障碍物

自动驾驶系统能够辨识并采取适当的操作步骤应对道路上可能出现的各种障碍物，比如行人、动物以及从车辆上脱落的各种物品，包括但不限于碎片、轮胎或货物等。

（8）并线

自动驾驶系统能够捕捉到邻近车道上空闲的位置，并调整自车的行驶速度使之与即将并入的车流相适应，选择合适的时机并入车流。与此同时，与其他交通参与者进行必要的信息交互，以确保交通安全，比如：从一个出口匝道并入主路的车流。

（9）上下匝道

匝道上行驶的车辆往往都具有同一个行驶方向、纵向坡度较大、曲率半径较小和侧向坡度较大等特点，自动驾驶系统能够引导车辆在上下匝道过程中安全行驶。与此同时，与其他交通参与者进行必要的信息交互。

（10）选择并确定路权

自动驾驶系统能够按照交通法规的要求，遵守相关的行驶方向限制和控制（比如，识别单行道并遵照相应的规定行驶），主动选择与规划路径相适应的车道，包括在城市道路上选择直行车道、左转车道和右转车道，在高速公路入口上选择合适的入口和道路等。

（11）遵守交通法规

自动驾驶系统可以根据地理坐标确定所处的行政区域，再根据该行政区的交通法规调整行驶策略，比如，车道的行进方向、车速限制并遵守当地的交通法规和风土人情等。

（12）环岛绕行

自动驾驶系统能够根据当前的路权情况，引导车辆驶入、绕行和驶离环岛，并在必要的时候与其他交通参与者进行信息交互，以确保交通安全、顺畅。

(13) 通过十字路口

自动驾驶系统能够根据当前的路权情况，引导车辆驶入、通过（包括左转或右转）和驶离十字路口，并可以与其他交通参与者进行必要的信息交互，以确保交通安全。十字路口可以配置信号灯、交通标志等，也可以没有这些设施。

(14) 穿越人行横道

自动驾驶系统能够根据当前的路权情况，引导车辆进入、穿越和离开人行横道，并在必要时与其他交通参与者进行必要的信息交互，以确保交通安全、顺畅。

(15) 在工作区和建筑区内行驶

自动驾驶系统能够根据当前的路权和交通模式，引导车辆进入、导航和离开工作区和建筑区，并在工作区和建筑区遵守相关规定和道路交通法规。

(16) 修正行驶方向

自动驾驶系统能够根据当前车辆的行驶方向与行驶目标进行必要的方向调整，包括交替地前进和后退行驶，并调整行驶方向，使车辆在狭小空间内重新定位。

(17) 掉头行驶

自动驾驶系统能够根据当前的路权情况，启动并完成掉头行驶任务，并在掉头期间与其他交通参与者进行必要的信息交互，以确保交通安全、顺畅。

(18) 路线规划

自动驾驶系统能够利用各种信息来确定一条车辆即将行驶的道路交通路线，具体到路段的选择、转弯和变道的时机等，还可以随时接收来自各方面的更新信息，并在车辆行进过程中不断更新信息并同步优化行驶路线。

## 9.3 自动驾驶系统的典型应用

自动驾驶系统尚在研发阶段，各大汽车制造商分别在其擅长的方向展开了各具特色的尝试。因此，上述各项自动驾驶功能未必在每一款新概念车型上都能得到应用和体现。根据车辆实现自动驾驶系统功能的不同又将其分为 L3 级和 L4 级，下面按照实现自动驾驶功能和属性分类进行介绍。

### 9.3.1 有条件的交通拥堵自动驾驶功能

具有该功能的自动驾驶汽车可以实现保持车速、车辆跟随和车道居中等 3 项功能。它允许车辆在较慢的速度下不需要驾驶员的操作输入就可以跟踪前面的汽车，在走走停停的交通环境下自主行驶，在特殊情况下仍需驾驶员接管，属于 L3 级自动驾驶车辆。代表车型为 2015 年奥迪的交通拥堵自动驾驶车辆，它将自适应巡航控制系统和车道保持辅助系统功能融合，实现了在交通拥堵条件下缓慢自动行驶的功能。2017 年在奥迪 A4 和 Q7 上实现了车辆跟随，在系统限定的设计作用域内自动操作加速和制动踏板，使车辆行驶在车道内。汽车自动转向、加速和制动，并允许驾驶员在慢速行驶的交通中双手离开转向盘，但不能超过 15s。

### 9.3.2 有条件的高速公路自动驾驶功能

拥有该项功能的自动驾驶汽车可以实现保持车速、车辆跟随、车道居中、车道转换/超车、并线和遵守交通法规等 6 项功能。车辆能够在高速公路上以理想的速度行驶，并根据周围的交通情况调整速度，还能超越较慢的车辆或在高速公路口并线，在特殊情况下仍需驾驶员接管，属于 L3 级自动驾驶车辆。代表车型为奔驰汽车公司于 2015 年提出的未来货车模型。

### 9.3.3 高度自动化低速自动驾驶功能

拥有该项功能的自动驾驶汽车可以实现自主停车、保持车速、车辆跟随、车道居中、车道转换/超车、警示其他交通参与者、并线、遵守交通法规、环岛绕行、通过十字路口、穿越人行横道、特殊区域行驶、修正行驶方向、掉头行驶和路线规划等 15 项功能。该类型自动驾驶车辆能够在特定的设计作用域内，沿着预定的路线低速（40km/h 以下）行驶，无需驾驶员接管，属于 L4 级自动驾驶车辆。代表车型为 2016 年 Local Motors 推出的 Olli，Olli 能在限定的设计作用域内自动驾驶，主要面向大型校园和市政当局的交通需求，通过一部智能手机，用户就可以查找现有的路线，分享乘坐，并输入接驳地点，以实现门到门服务。

### 9.3.4 高度自动代客泊车功能

拥有该功能的自动驾驶汽车可以实现自主停车、保持车速、车辆跟随、车道居中、警示其他交通参与者、遵守交通法规、通过十字路口、穿越人行横道、修正行驶方向、掉头行驶和路线规划等 11 项功能。该类型车辆可以自己搜寻停车位并自行停车，能够在特定的设计作用域内实现自动驾驶，无需驾驶员接管，属于 L4 级自动驾驶车辆。博世公司结合自身专长提出的代客泊车概念汽车，集中体现了该项自动驾驶功能，驾驶员只需将车辆放到停车场入口附近的指定区域，车辆自行完成搜寻车位和停车等一系列任务，当驾驶员想要再次使用车时只要预约在指定区域取车即可。

### 9.3.5 高度的高速公路自动化驾驶功能

拥有该功能的自动驾驶车辆可以实现保持车速、车辆跟随、车道居中、车道转换/超车、警示其他交通参与者、并线、遵守交通法规和路线规划等 8 项功能。自动驾驶系统可以应对从进入匝道口到出匝道口的所有的动态驾驶任务（DDT），驾驶员可以在车辆行驶期间从事其他工作，车辆行进过程中无需驾驶员接管，属于 L4 级自动驾驶车辆。其典型代表包括奥迪的高速公路自动驾驶系统、博世的高速公路自动驾驶系统和奥拓的自动化货车等。

### 9.3.6 高度自动化区间穿梭班车

该类型自动驾驶汽车可以实现自主停车、保持车速、车辆跟随、车道居中、车道转换/超车、警示其他交通参与者、并线、上/下匝道、遵守交通法规、环岛绕行、通过十字路口、穿越人行横道、特殊区域行驶、修正行驶方向、掉头行驶和路线规划等 16 项功能。区间穿梭班车能够在无需驾驶员的情况下，接载乘客或货物并将其安全地运送到指定的目的地，几乎完全实现了自动驾驶。由于要限定在规定的设计作用域内运行，所以该类型的自动驾驶车辆仍被归为 L4 级。其代表包括谷歌 Waymo、特斯拉 FSD、大众 I. D. Pilot、沃尔沃 IntelliSafe 和日产 Autonomous Drive 等。

## 9.4 自动驾驶系统的测试

由于自动驾驶车辆尚在研发和完善阶段，针对自动驾驶系统具体可操作的测试标准和法规尚在健全中，这里参照《自动驾驶仿真测试场景集要求》列举 7 类典型的仿真测试场景以供学习和参考。

### 9.4.1 自动泊车测试

（1）自动泊入平行车位测试场景

1）测试场景。

测试道路为至少包含两条车道的长直道路，中间的车道线为虚线，两侧的车道线为实线，车道宽度均为 3.5m。在测试道路右侧至少有 3 个与测试道路平行的停车位，停车位规格统一为长 6m、宽 3m，且有两辆目标车辆（假车）分别停驶在前后两个停车位上。测试车辆拟泊入两辆目标车辆之间的目标停车位，如图 9-1 所示。

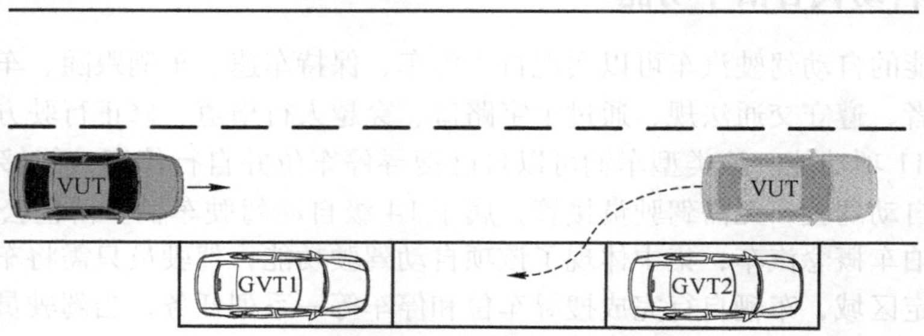


图 9-1 自动泊入平行车位测试场景

2）测试方法。

测试车辆在测试道路的右侧车道上行驶，车速为当前设计作用域的最高车速。测试车辆先经过目标停车位观测到有空余停车位，然后再采取后退式侧方位停车方式将测试车辆泊入目标停车位。

3）测试要求。

测试车辆能及时发现空余车位并控制测试车辆，最终，将测试车辆泊入目标停车位。在泊车过程中不得与目标车辆发生任何剐蹭，泊车过程中前进、后退交替调整车身位姿的次数和总时长应满足相关要求。

（2）平行车位自动泊出测试场景

1）测试场景。

测试道路为至少包含两条车道的长直道路，中间的车道线为虚线，两侧的车道线为实线，车道宽度为 3.5m。在测试道路右侧至少有 3 个与测试道路平行的停车位，停车位规格统一为长 6m、宽 3m，且有两辆目标车辆（假车）分别停驶在前后两个停车位上，测试车辆停靠在两辆目标车辆之间的目标停车位上。在测试车辆泊出过程中，恰好目标车辆 1 从停车位左侧邻近车道上经过停车位，如图 9-2 所示。

2）测试方法。

目标车辆 1 与测试车辆的纵向距离从 10m 到 100m 每间隔 10m 设置一个测试用例。同时，目标车辆1在测试道路的右侧车道上行驶车速从10km/h到70km/h，每间隔10km/h设置一个测试用例，交叉循环直至遍历所有测试用例。

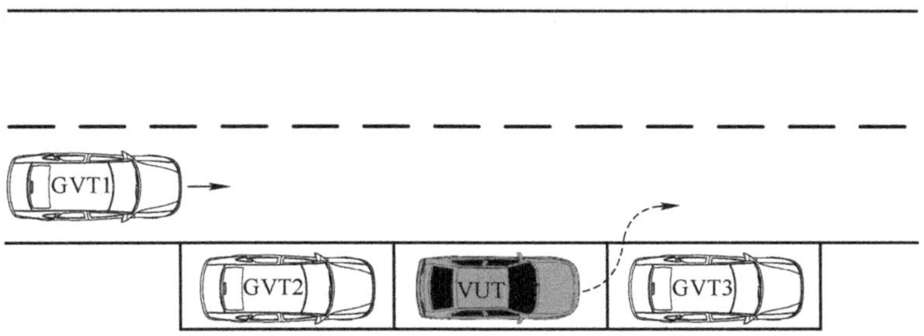

图9-2　平行车位自动泊出测试场景

3）测试要求。

测试车辆在自动泊出过程中能够及时发现左侧道路上驶过的目标车辆1，并在泊出过程中不能与目标车辆1、目标车辆2及目标车辆3发生剐蹭。

（3）靠边停车及起步测试场景

1）测试场景。

测试道路为至少包含两条车道的长直道路，中间的车道线为虚线，两侧的车道线为实线，车道宽度均为3.5m。在测试道路最右侧的机动车道内设置接驳点，测试车辆与接驳点的初始纵向距离大于200m。目标车辆（假车）停驶在测试道路外侧的实线上，目标车辆左侧边界线与外侧车道线的横向距离$e$从0到1m每间隔0.1m设置一个测试用例，目标车辆的停靠位置在距离接驳点的距离$d$从0到50m每间隔5m设置一个测试用例，如图9-3所示。

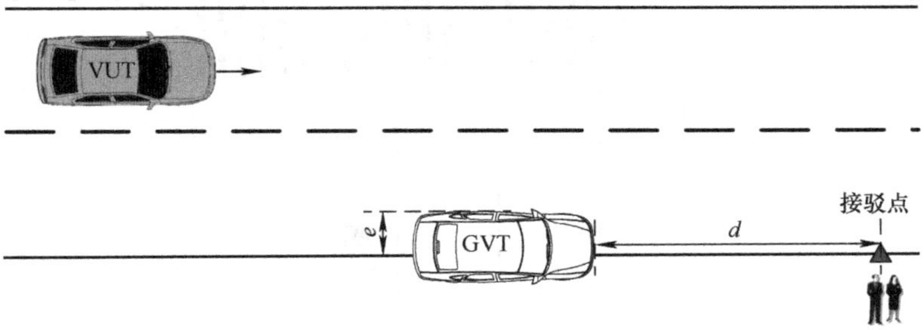

图9-3　靠边停车及起步测试场景

2）测试方法。

测试车辆在测试道路的最内侧车道上行驶，车速为当前设计作用域允许的最高车速。在所有测试用例交叉循环直至遍历全部场景的情况下，要求测试车辆均从当前位置前往接驳点搭载乘客，完成至少一次测试任务。

3）测试要求。

测试车辆在前往接驳点过程中，操作要符合交通法规要求，且不能与目标车辆发生剐蹭；完成乘客的接驳任务后测试车辆应能够自动驶离接驳点继续沿测试道路行驶。

## 9.4.2　十字路口左转测试

（1）路口左转遇到障碍物遮挡场景

1）测试场景。

测试道路为至少包含四条车道的垂直相交路口，车道为双向四车道，每个方向包含两条车道。每个方向的两条车道中间的车道线为虚线，两侧的车道线为实线，车道宽度均为

3.5m。测试车辆沿其中一个方向的内侧车道向十字路口行驶过来，拟向左转弯通过十字路口继续行驶；目标车辆（假车）沿与测试车辆初始车道相垂直方向的车道也驶向该十字路口，且沿最外侧车道行驶，在不采取干预措施的情况下，测试车辆将与目标车辆在碰撞点相碰撞。在目标车辆左侧有遮挡障碍物遮挡测试车辆的视线，影响测试车辆采取正常观测方法发现目标车辆，如图 9-4 所示。

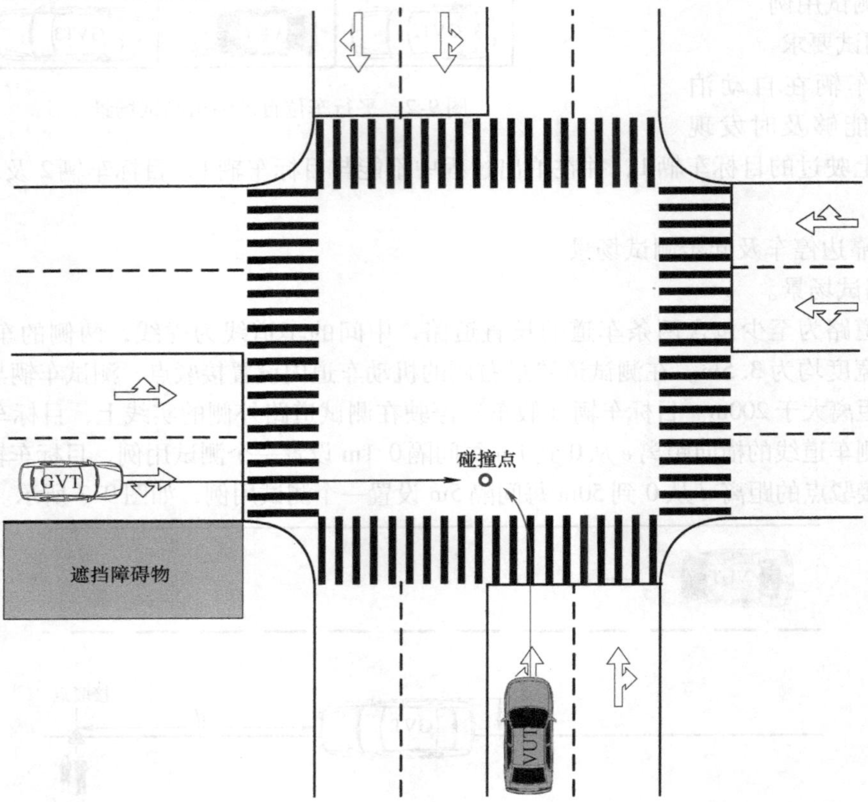


图 9-4　路口左转遇到障碍物遮挡测试场景

2）测试方法。

测试车辆以当前设计作用域允许的最高车速行驶。目标车辆的行驶速度从 10km/h 到 50km/h 每间隔 10km/h 设置一个测试用例，测试车辆和目标车辆行驶到碰撞点的时间间隔从 5s 到 25s 每间隔 5s 设置一个测试用例，所有测试用例交叉循环直至遍历全部场景。

3）测试要求。

测试车辆在左转弯行驶过程中，操作要符合交通法规要求，与其他交通参与者进行有效的信息交互，以免与目标车辆发生剐蹭甚至碰撞事故，且不能干扰目标车辆的正常行驶。

（2）路口左转遇到对向直行车队场景

1）测试场景。

测试道路为至少包含双向四条车道的垂直相交路口，每个方向包含两条车道。同一方向的两条车道中间车道线为虚线，两侧的车道线为实线，车道宽度均为 3.5m。测试车辆沿其中一个方向的内侧车道驶向十字路口，拟向左转弯通过十字路口继续行驶；三辆目标车辆

（假车）构成车队以相同的车速沿测试车辆所在车道对向道路的内侧车道等间距行驶，测试车辆刚好与目标车队相遇，如图 9-5 所示。

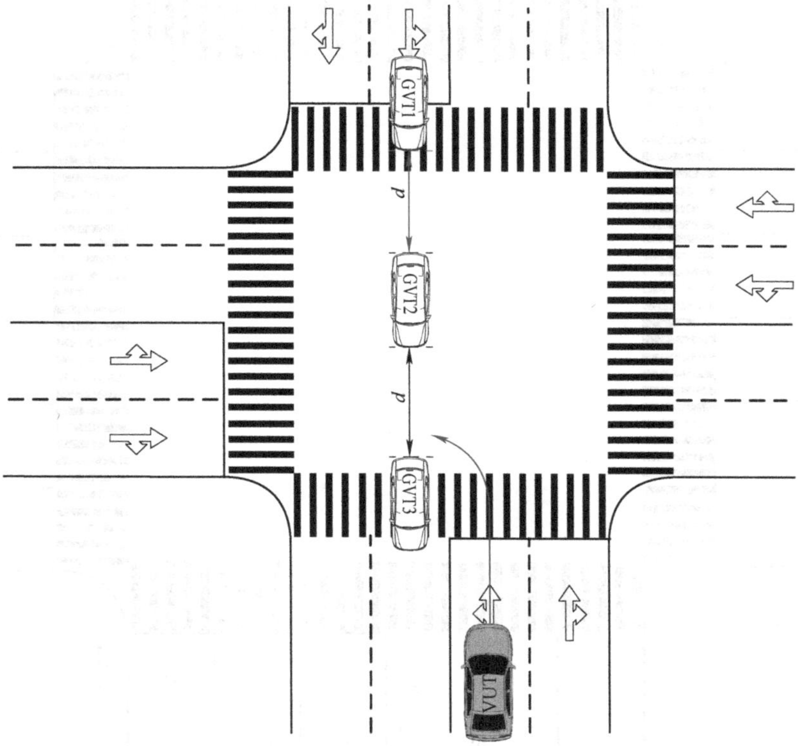


图 9-5　路口左转遇到对向直行车队测试场景

2）测试方法。

测试车辆以当前设计作用域允许的最高车速行驶。三辆目标车辆的行驶速度从 10km/h 到 50km/h 每间隔 10km/h 设置一个测试用例，目标车辆之间的距离 $d$ 从 10m 到 120m 每隔 10m 设置一个测试用例，所有测试用例交叉循环直至遍历全部场景。

3）测试要求。

测试车辆在左转弯行驶过程中，操作要符合交通法规要求，与其他交通参与者进行有效的信息交互，以免与目标车辆发生剐蹭甚至碰撞事故，且不能干扰目标车辆的正常行驶。

（3）路口左转遭遇临近障碍场景

1）测试场景。

测试道路为至少包含双向六条车道的垂直相交路口，每个方向包含三条车道，中间车道两侧的车道线均为虚线，两边车道的外侧车道线均为实线，车道宽度均为 3. 5m。测试道路的左侧两车道均为左转车道，测试车辆沿中间车道拟左转通过十字路口，进入目标车道继续行驶。目标车辆（假车）沿最左侧车道也拟左转通过十字路口，也要进入同一目标车道继续行驶，如图 9-6 所示。

2）测试方法。

测试车辆以当前设计作用域允许的最高车速行驶。目标车辆的行驶速度从 10km/h 到 30km/h 每间隔 10km/h 设置一个测试用例，测试车辆距停车线的距离 $d_1$ 为 50m，目标车辆

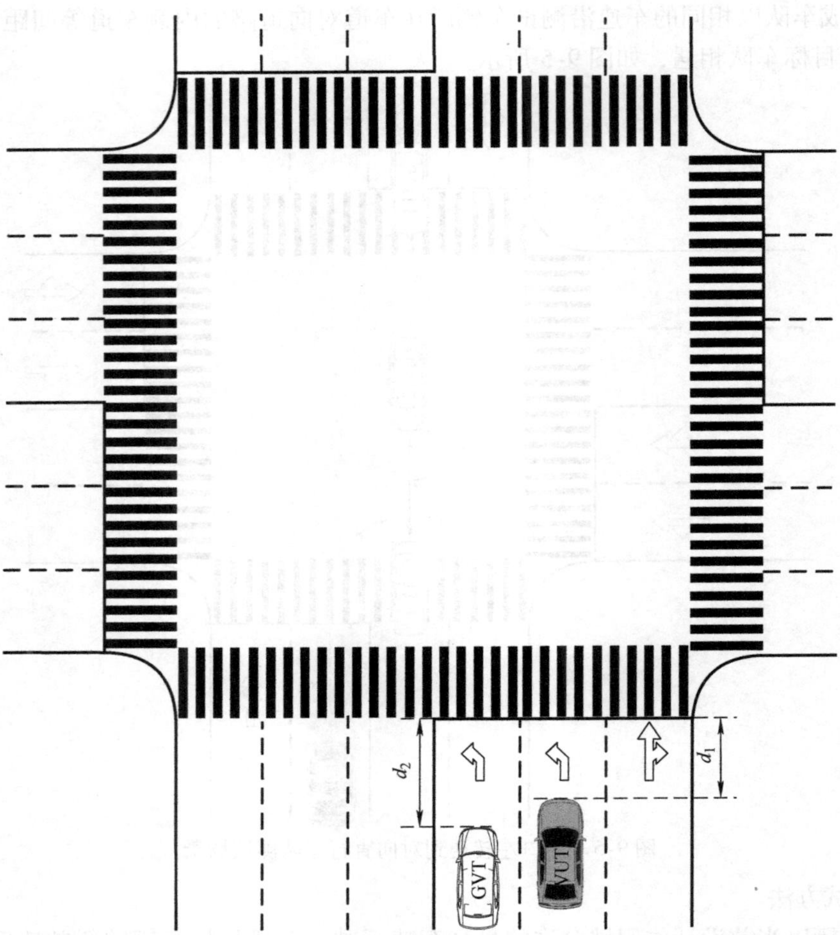


图 9-6　路口左转遭遇临近障碍测试场景

距停车线的距离 $d_2$ 从 0 到 100m 每隔 10m 设置一个测试用例，所有测试用例交叉循环直至遍历全部场景。

3）测试要求。

测试车辆在左转弯行驶过程中，操作要符合交通法规要求，与其他交通参与者进行有效的信息交互，以免与目标车辆发生剐蹭甚至碰撞事故，且不能干扰目标车辆的正常行驶（目标车辆与测试车辆的行驶路线在转弯过程中可能交叉重叠）。

## 9.4.3　十字路口右转测试

（1）路口右转遭遇左侧直行车队场景

1）测试场景。

测试道路为至少包含双向四条车道的垂直相交路口，每个方向均包含两条车道。同一方向的两条车道中间车道线为虚线，两侧的车道线为实线，车道宽度均为 3.5m。测试车辆沿其中一个方向的外侧车道驶向十字路口，拟向右转弯，进入目标车道继续行驶；三辆目标车辆（假车）构成车队以相同的车速沿与测试车辆相垂直的车道外侧等间距从左向右行驶，且测试过程中测试车辆刚好遭遇目标车队，如图 9-7 所示。

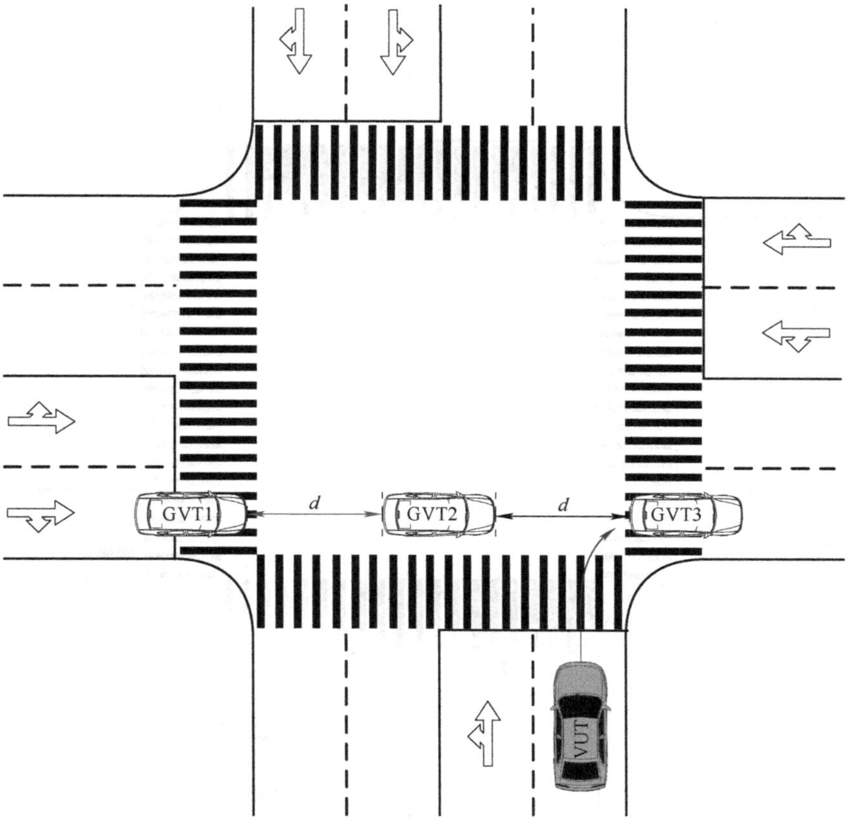

图 9-7　路口右转遭遇左侧直行车队测试场景

2）测试方法。

测试车辆以当前设计作用域允许的最高车速行驶。三辆目标车辆的行驶速度从 10km/h 到 50km/h 每间隔 10km/h 设置一个测试用例，目标车辆之间的距离 $d$ 从 10m 到 120m 每隔 10m 设置一个测试用例，所有测试用例交叉循环直至遍历全部测试场景。

3）测试要求。

测试车辆在右转弯行驶过程中，操作要符合交通法规要求，与其他交通参与者进行有效的信息交互，以免与目标车辆发生剐蹭甚至碰撞事故，且不能干扰目标车辆的正常行驶。

（2）路口右转遭遇人行横道上的骑行者场景

1）测试场景。

测试道路为至少包含双向四条车道的垂直相交路口，每个方向均包含两条车道。同一方向的两条车道中间车道线为虚线，两侧的车道线为实线，车道宽度均为 3.5m，如图 9-8 所示。

测试车辆沿其中一个方向的外侧车道驶向十字路口，拟向右转弯，进入目标车道继续行驶。测试车辆拟驶入的右侧人行横道上有穿越的骑行者（代替品），骑行者到预计碰撞点的距离 $d$ 为 17m。在不采取干预措施的情况下，测试车辆与骑行者将在碰撞点发生碰撞。

2）测试方法。

测试车辆以当前设计作用域允许的最高车速行驶。骑行者的行驶速度从 5km/h 到 30km/h

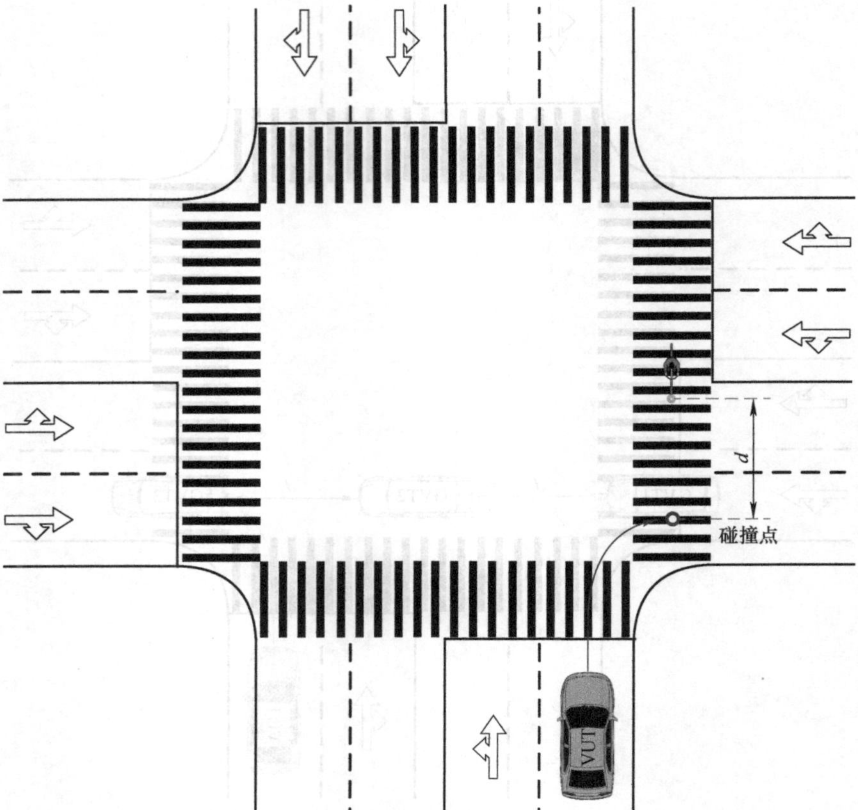


图 9-8　路口右转遭遇人行横道上的骑行者测试场景

每间隔 5km/h 设置一个测试用例，所有测试用例交叉循环，直至遍历全部测试场景。

3）测试要求。

测试车辆在右转弯行驶过程中，操作要符合交通法规要求，与其他交通参与者进行有效的信息交互，以免与骑行者发生剐蹭甚至碰撞事故，且不能干扰其他交通参与者的正常行驶。

### 9.4.4　干线掉头测试

（1）干线掉头行驶遭遇对向直行车辆场景

1）测试场景。

测试道路为双向至少四车道的长直道路，每个方向均包含两条车道。中间的车道线均为虚线，两侧的车道线为实线，车道宽度均为 3.5m。两个行车方向之间用双实线隔开，中间有一段为双虚线（可以掉头行驶）。测试车辆初始在一个方向的内侧车道行驶，拟在双虚线处掉头至对向外侧车道上行驶，如图 9-9 所示。

目标车辆（假车）在测试车辆初始行驶方向的对向道路的内侧车道上行驶。在不采取干预措施的情况下，测试车辆与目标车辆将在碰撞点发生碰撞。

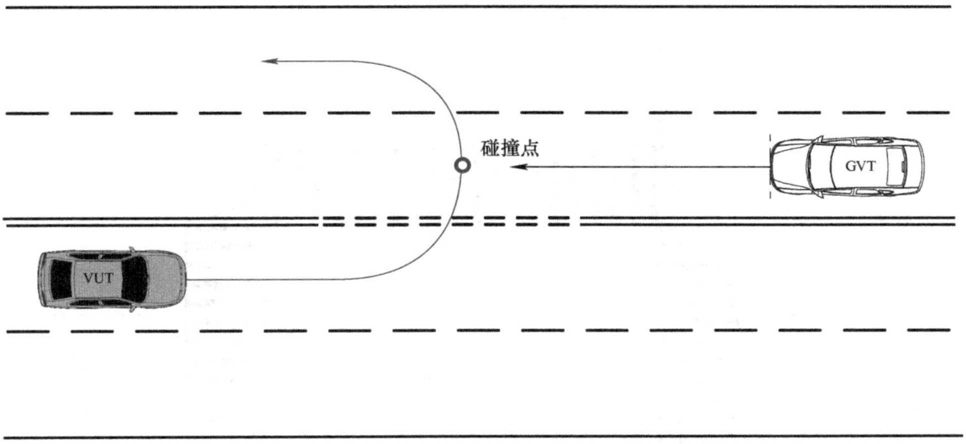


图 9-9 干线掉头行驶遭遇对向直行车辆测试场景

2）测试方法。

测试车辆以当前设计作用域的最高车速行驶。目标车辆的行驶速度从 10km/h 到60km/h 每间隔 10km/h 设置一个测试用例，所有测试用例交叉循环，直至遍历全部测试场景。

3）测试要求。

测试车辆在干线掉头行驶过程中，操作要符合交通法规要求，与其他交通参与者进行有效的信息交互，以免与目标车辆发生剐蹭甚至碰撞事故，且不能干扰其他交通参与者的正常行驶。

（2）跨越停止线掉头遭遇车辆场景

1）测试场景。

测试道路为至少包含双向四条车道的垂直相交路口，每个方向均包含两条车道。同一方向的两条车道中间车道线为虚线，两侧的车道线为实线，车道宽度均为 3.5m。测试车辆沿其中一条道路的内侧车道驶过停止线，拟掉头驶向对向的外侧车道，目标车辆 1（假车）在测试车辆的左侧垂直车道上，拟右转弯后与测试车辆驶入同一车道，两辆车存在碰撞的风险。目标车辆 2（假车）在与测试车辆所在车道对向道路的内侧车道上行驶，拟驶入测试车辆左侧的对向车道，两辆车存在碰撞的风险，如图 9-10 所示。

2）测试方法。

测试车辆以当前设计作用域的最高车速行驶。目标车辆 1 和目标车辆 2 的行驶速度均从 10km/h 到 60km/h 每间隔 10km/h 设置一个测试用例，测试车辆到达碰撞点 1 的时间间隔为 10s。目标车辆 1 到达碰撞点 1 的时间间隔从 5s 到 15s 每间隔 5s 设置一个测试用例。目标车辆 2 到达碰撞点 2 的时间间隔从 5s 到 15s 每间隔 5s 设置一个测试用例。所有测试用例交叉循环直至遍历全部测试场景。

3）测试要求。

测试车辆在跨越停止线掉头行驶过程中，操作要符合交通法规要求，与其他交通参与者进行有效的信息交互，以免与目标车辆 1 或目标车辆 2 发生剐蹭甚至碰撞事故，且不能干扰其他交通参与者的正常行驶。

（3）未跨越停止线掉头遭遇对向直行车辆场景

1）测试场景。

测试道路为至少包含双向四条车道的垂直相交路口，每个方向均包含两条车道。同一方

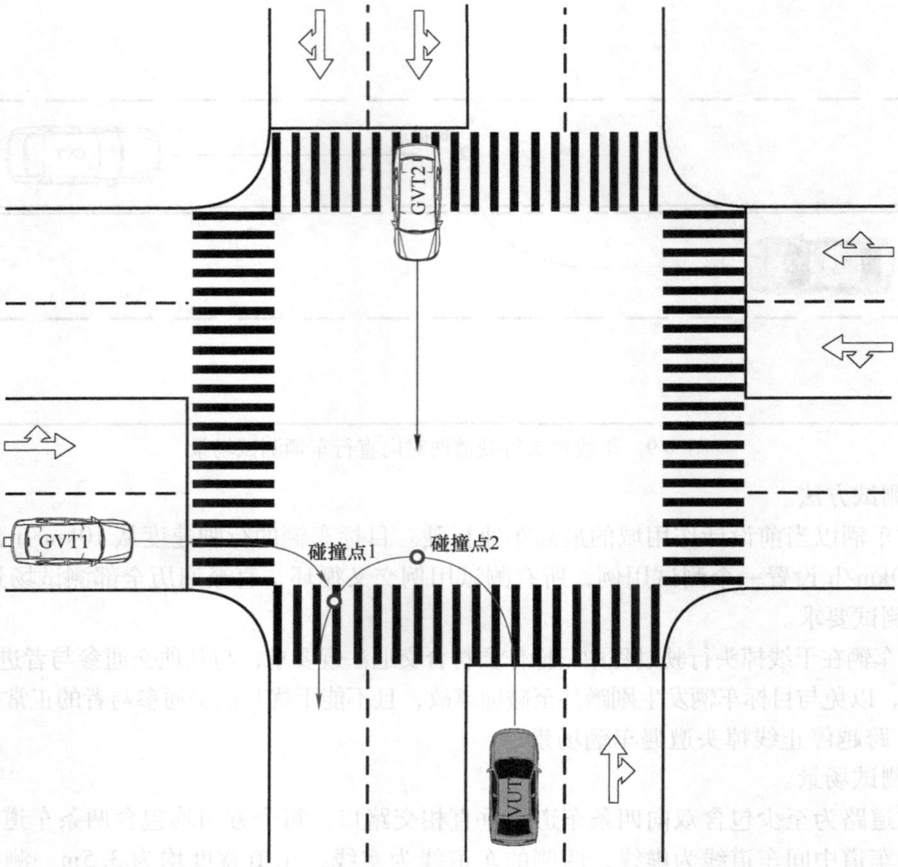


图 9-10　跨越停止线掉头遭遇左侧右转和对向直行车辆测试场景

向的两条车道中间车道线为虚线，两侧的车道线为实线，车道宽度均为 3.5m。测试车辆沿其中一条道路的内侧车道行驶接近十字路口，拟在跨越停止线之前掉头驶向对向道路的外侧车道，目标车辆（假车）在测试车辆所在道路的对向外侧车道上行驶，拟与测试车辆驶入同一车道，测试车辆与目标车辆存在碰撞风险。在不采取干预措施的情况下，两辆车将在碰撞点发生碰撞，如图 9-11 所示。

2） 测试方法。

测试车辆以当前设计操作域的最高车速行驶。目标车辆的行驶速度从 10km/h 到60km/h 每间隔 10km/h 设置一个测试用例，所有测试用例交叉循环，直至遍历全部测试场景。

3） 测试要求。

测试车辆在未跨越停止线掉头行驶过程中，操作要符合交通法规要求，与其他交通参与者进行有效的信息交互，以免与目标车辆发生剐蹭甚至碰撞事故，且不能干扰其他交通参与者的正常行驶。

（4） 十字路口掉头遭遇红灯场景

1） 测试场景。

测试道路为至少包含双向四条车道的垂直相交十字路口，每个方向均包含两条车道。同

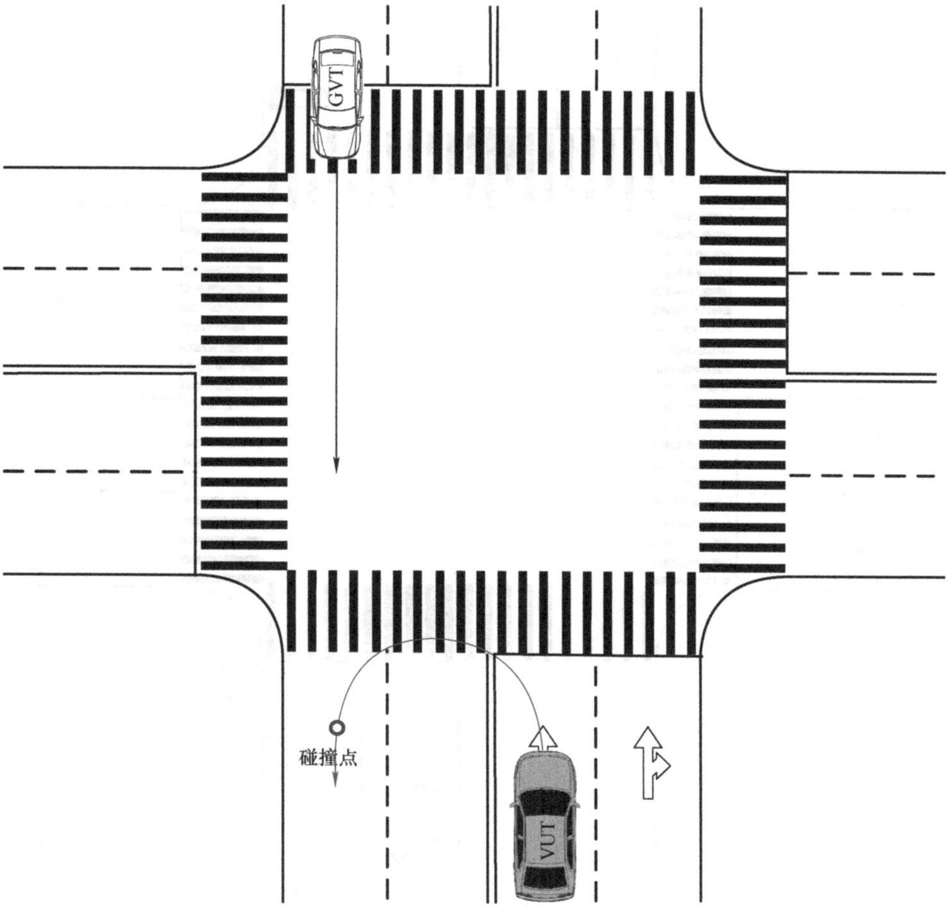


图 9-11　未跨越停止线掉头遭遇对向直行车辆测试场景

一方向的两条车道中间车道线为虚线，两侧的车道线为实线，车道宽度均为 3.5m。测试车辆沿其中一条道路的内侧车道行驶接近十字路口，拟跨越停止线掉头驶向对向道路的外侧车道。测试初始时信号灯状态默认为黄灯，当测试车辆与本车道停止线之间的纵向距离为 $d$ 时，信号灯状态变为红灯，红灯过后，信号灯状态变为绿灯，如图 9-12 所示。

2）测试方法。

测试车辆以当前设计作用域的最高车速行驶。信号灯的红灯持续时间为 60s，测试车辆到本车道停止线之间的距离 $d$ 从 10m 到 50m 每间隔 10m 设置一个测试用例，所有测试用例交叉循环，直至遍历全部测试场景。

3）测试要求。

测试车辆在掉头行驶过程中，驾驶操作要符合交通法规要求。

### 9.4.5　汇入车流测试

（1）变道汇入车流场景

1）测试场景。

测试道路至少为两车道的长直道路，中间的车道线为虚线，两侧的车道线均为实线，车

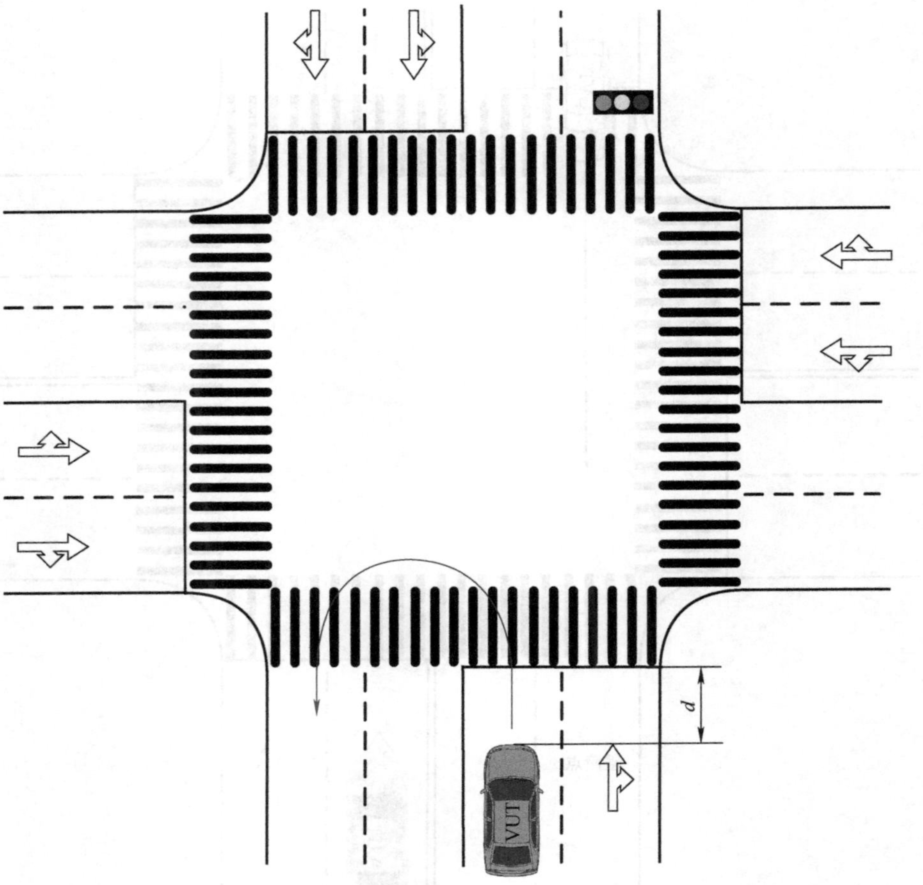


图 9-12　十字路口掉头遭遇红灯测试场景

道宽度均为 3.5m。测试车辆初始时停驶在左侧车道上，前方停驶着目标车辆 1（假车），测试车辆与目标车辆 1 的距离为 $D$。测试车辆起步向左侧变道过程中，遭遇左侧相邻车道上匀速行驶的目标车队，车队由目标车辆 2（假车）、目标车辆 3（假车）和目标车辆 4（假车）3 辆车组成，车队之间的纵向间距为 $d$，如图 9-13 所示。

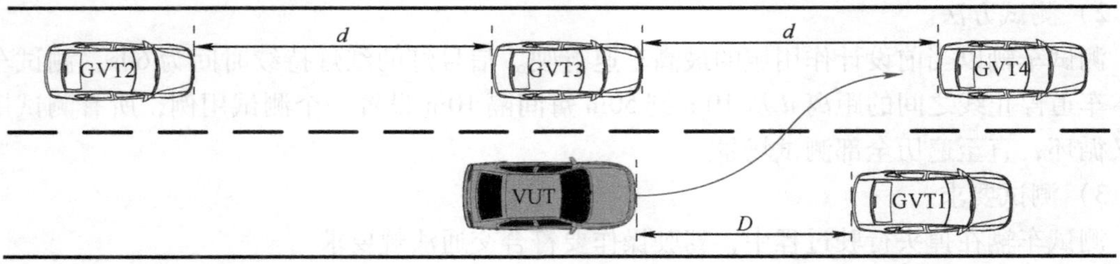


图 9-13　变道汇入车流测试场景

2）测试方法。

测试车辆与目标车辆 1 的距离 $D$ 从 10m 到 120m 每间隔 10m 设置一个测试用例。目标车队之间的纵向距离 $d$ 从 10m 到 120m 每间隔 10m 设置一个测试用例。目标车队的车速从

5km/h 到比当前设计作用域的最高车速还高出 10km/h 每间隔 10km/h 设置一个测试用例。所有测试用例交叉循环，直至遍历全部测试场景。

3）测试要求。

测试车辆在变道汇入车流过程中，驾驶操作要符合交通法规要求，与其他交通参与者进行有效的信息交互，以免与目标车辆发生剐蹭甚至碰撞事故，且不能干扰其他交通参与者的正常行驶。

（2）汇入驶入辅路车流场景

1）测试场景。

测试道路为至少包含两车道的长直道路，附带一条与主路连接的辅道，主路的中间车道线均为虚线，主路和辅路的车道宽度均为 3. 5m。测试车辆在辅路上以稳定车速行驶，目标车辆 1（假车）、目标车辆 2（假车）和目标车辆 3（假车）构成目标车队。目标车辆之间的纵向间距为 $d$，以稳定的车速从主路的外侧车道经过连接通道驶向辅路，测试车辆与目标车队遭遇，如图 9-14 所示。

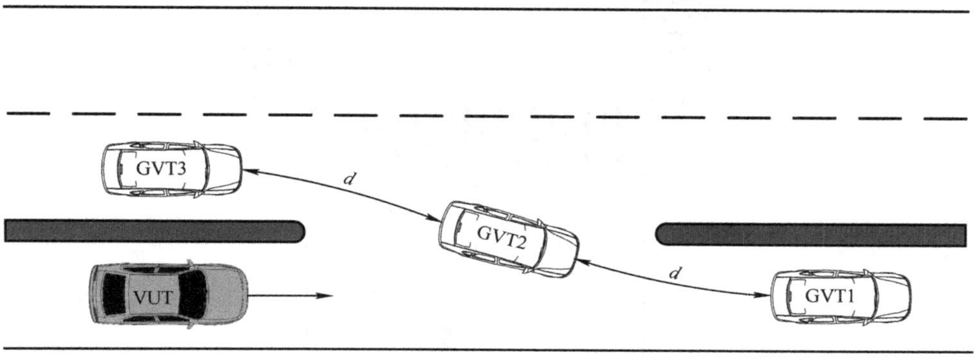


图 9-14　汇入驶入辅路车流测试场景

2）测试方法。

测试车辆以当前设计作用域的最高车速行驶。目标车辆均从 5km/h 到 70km/h 每间隔 10km/h 设置一个测试用例。目标车辆之间的距离 $d$ 均从 10m 到 120m 每间隔 10m 设置一个测试用例。所有测试用例交叉循环，直至遍历全部测试场景。

3）测试要求。

测试车辆在汇入驶入辅路的目标车队过程中，驾驶操作要符合交通法规要求，与其他交通参与者进行有效的信息交互，以免与目标车辆发生剐蹭甚至碰撞事故，且不能干扰其他交通参与者的正常行驶。

## 9. 4. 6　识别信号灯测试

（1）十字路口直行遇红灯场景

1）测试场景。

测试道路为至少包含双向四条车道的垂直相交十字路口，每个方向均包含两条车道。同一方向的两条车道中间车道线为虚线，两侧的车道线均为实线，车道宽度均为 3. 5m。测试车辆沿其中一条道路的直行/左转车道行驶接近十字路口，拟穿过十字路口直行。十字路口配备双排机动车信号灯。测试初始时，信号灯状态默认为黄灯。当测试车辆与本车道停止线之间的纵向距离为 $d$ 时，信号灯状态变为红灯。红灯相位过后，信号灯状态变为绿灯，如图 9-15所示。

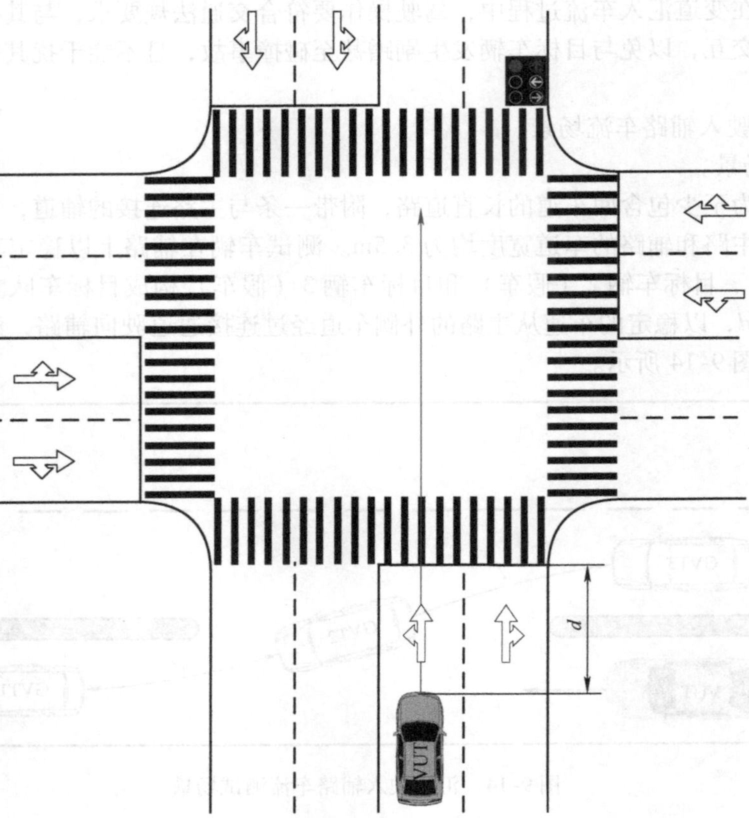


图 9-15　十字路口直行遇红灯测试场景

2）测试方法。

测试车辆以当前设计作用域的最高车速行驶。信号灯变为红色时，测试车辆到停止线的距离 $d$ 从 10m 到 50m 每间隔 10m 设置一个测试用例。红灯持续时间为 60s。所有测试用例交叉循环，直至遍历全部测试场景。

3）测试要求。

测试车辆在直行通过十字路口遇到红灯过程中，操作要符合交通法规要求。

（2）十字路口左转遇红灯场景

1）测试场景。

测试道路为至少包含双向四条车道的垂直相交十字路口，每个方向均包含两条车道。同一方向的两条车道中间车道线为虚线，两侧的车道线均为实线，车道宽度均为 3.5m。测试车辆沿其中一条道路的直行/左转车道行驶接近十字路口，拟左转通过十字路口，进入目标车道后继续行驶。十字路口配备双排机动车信号灯，左侧为方向指示信号灯，右侧为机动车信号灯。测试初始时左转方向指示信号灯状态默认为黄灯，当测试车辆与本车道停止线之间的纵向距离为 $d$ 时，左转方向指示信号灯变为红灯，右侧机动车信号灯的顺序是绿灯、绿灯闪烁、黄灯、黄灯闪烁、红灯，如图 9-16 所示。

2）测试方法。

测试车辆以当前设计作用域的最高车速行驶。左转方向指示信号灯变为红色时测试车辆到停止线的距离 $d$ 从 10m 到 50m 每间隔 10m 设置一个测试用例。左转方向指示灯红色持续时间为 60s。所有测试用例均需遍历至少一次。

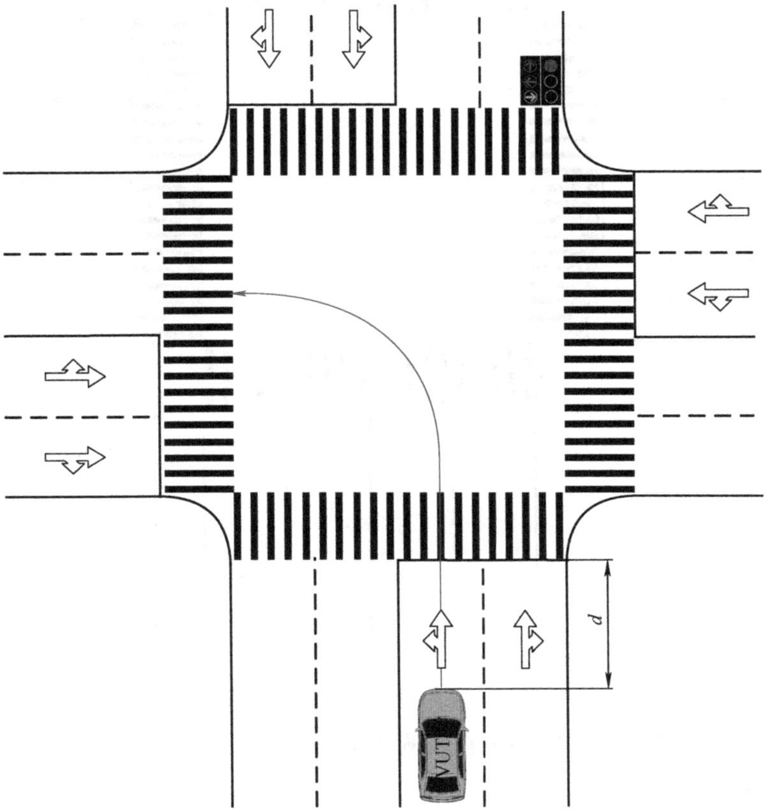


图 9-16 十字路口左转遇红灯测试场景

3）测试要求。

测试车辆在左转通过十字路口遇到红灯过程中，操作要符合交通法规要求。

（3）十字路口右转遇红灯场景

1）测试场景。

测试道路为至少包含双向四条车道的垂直相交十字路口，每个方向均包含两条车道。同一方向的两条车道中间车道线为虚线，两侧的车道线均为实线，车道宽度均为 3.5m。测试车辆沿其中一条道路的右转车道行驶接近十字路口，拟右转通过十字路口，进入目标车道继续行驶。十字路口配备双排机动车信号灯，左侧为机动车信号灯，右侧为方向指示信号灯。测试初始时右转方向指示信号灯状态默认为黄灯，当测试车辆与本车道停止线之间的纵向距离为 $d$ 时，右转方向指示信号灯变为红灯，左侧机动车信号灯的顺序是绿灯、绿灯闪烁、黄灯、黄灯闪烁、红灯，如图 9-17 所示。

2）测试方法。

测试车辆以当前设计作用域的最高车速行驶。右转方向指示信号灯变为红色时测试车辆到停止线的距离 $d$ 从 10m 到 50m 每间隔 10m 设置一个测试用例。右转方向指示灯红色持续

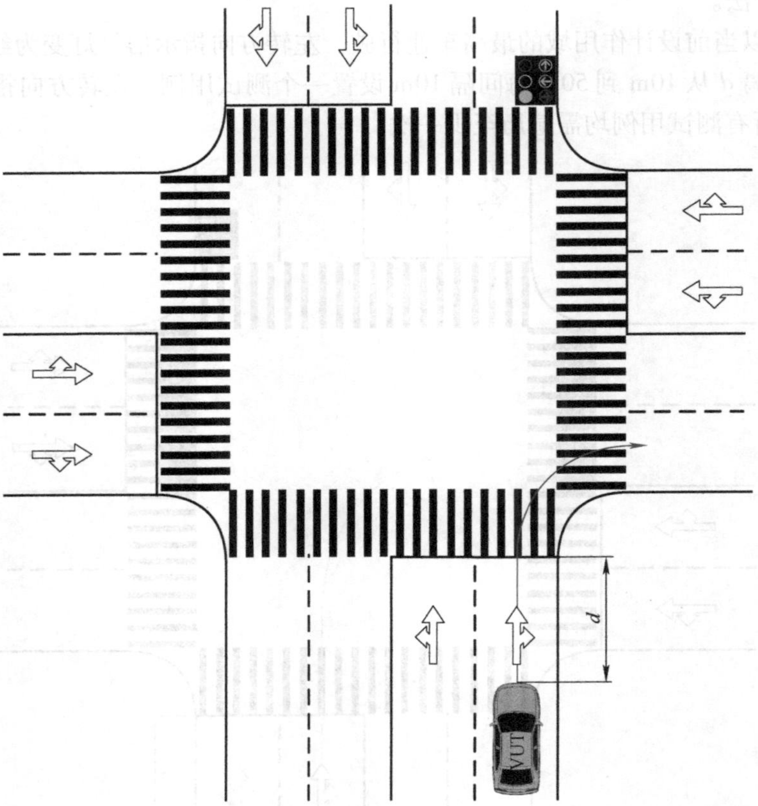


图 9-17　十字路口右转遇红灯测试场景

时间为60s。所有测试用例交叉循环，直至遍历全部测试场景。

3）测试要求。

测试车辆在右转通过十字路口遇到红灯过程中，操作要符合交通法规要求。

（4）待转区左转遇红灯场景

1）测试场景。

测试道路为至少包含双向四条车道的垂直相交十字路口，每个方向均包含两条车道。同一方向的两条车道中间车道线为虚线，两侧的车道线均为实线，车道宽度均为3.5m。测试车辆沿其中一条道路的左转车道行驶接近十字路口，该左转车道处设置左转待转区，测试车辆拟左转通过十字路口，进入目标车道继续行驶。十字路口配备双排机动车信号灯，左侧为方向指示信号灯，右侧为机动车信号灯。测试初始时左转方向指示信号灯默认状态为黄灯，当测试车辆与本车道停止线之间的纵向距离为 $d$ 时，左转方向指示信号灯变为红灯。直行信号灯默认状态为红灯，红灯过后是绿灯。直行信号灯绿灯后，左转方向指示灯变为绿灯，直行信号灯变为红灯，如图9-18所示。

2）测试方法。

测试车辆以当前设计作用域的最高车速行驶。左转方向指示信号灯变为红色时测试车辆到停止线的距离 $d$ 从10m到50m每间隔10m设置一个测试用例。左转方向指示灯红色持续时间为30s。所有测试用例交叉循环，直至遍历全部测试场景。

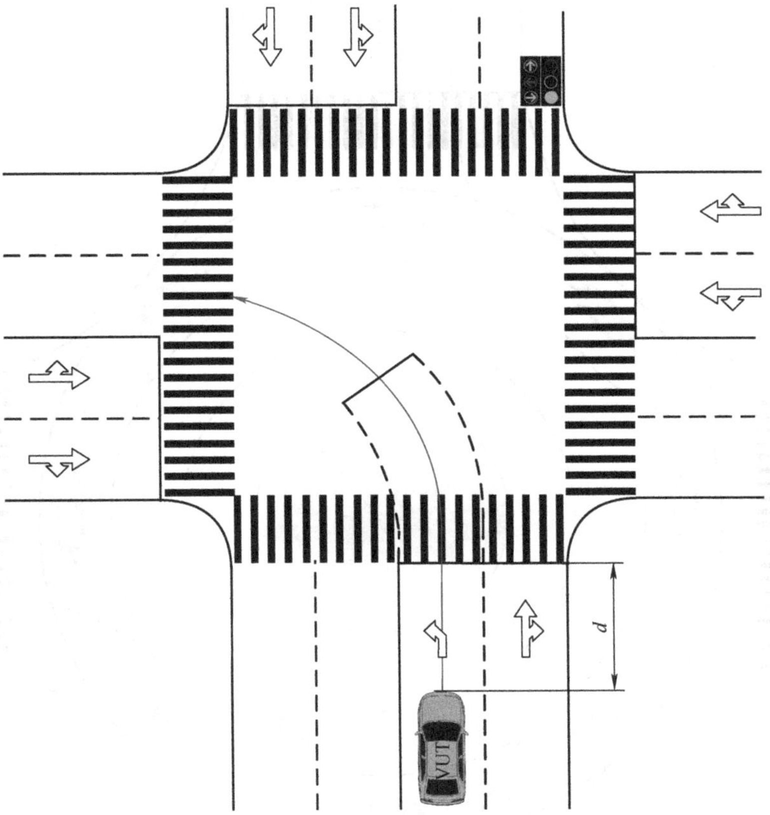


图 9-18 待转区左转遇红灯测试场景

3）测试要求。

测试车辆在左转通过十字路口遇到红灯过程中，操作要符合交通法规要求。

### 9.4.7 通过环岛测试

1）测试场景。

测试道路为至少包含两条车道的交通环岛，环岛的半径为 $R_0$，绕环岛的车道线均为虚线，车道宽度均为 3.5m，如图 9-19 所示。

2）测试方法。

测试车辆从任意车道进入环岛的内侧道路，再从环岛内侧道路驶离环岛驶向指定出口。测试车辆以当前设计作用域的最高车速行驶。多辆目标车辆（假车）组成目标车队。目标车队的稳定车速从 5km/h 到 50km/h 每间隔 5km/h 设置一个测试用例。目标车辆的距离 $d$ 从 10m 到 50m 每间隔 2m 设置一个测试用例。交通环岛的半径 $R_0$ 有 50m 和 100m 两种规格可供选择。所有测试用例交叉循环直至遍历全部测试场景。

3）测试要求。

测试车辆在变道汇入车流过程中，驾驶操作要符合交通法规要求，与其他交通参与者进行有效的信息交互，以免与目标车辆发生剐蹭甚至碰撞事故，且不能干扰其他交通参与者的正常行驶。

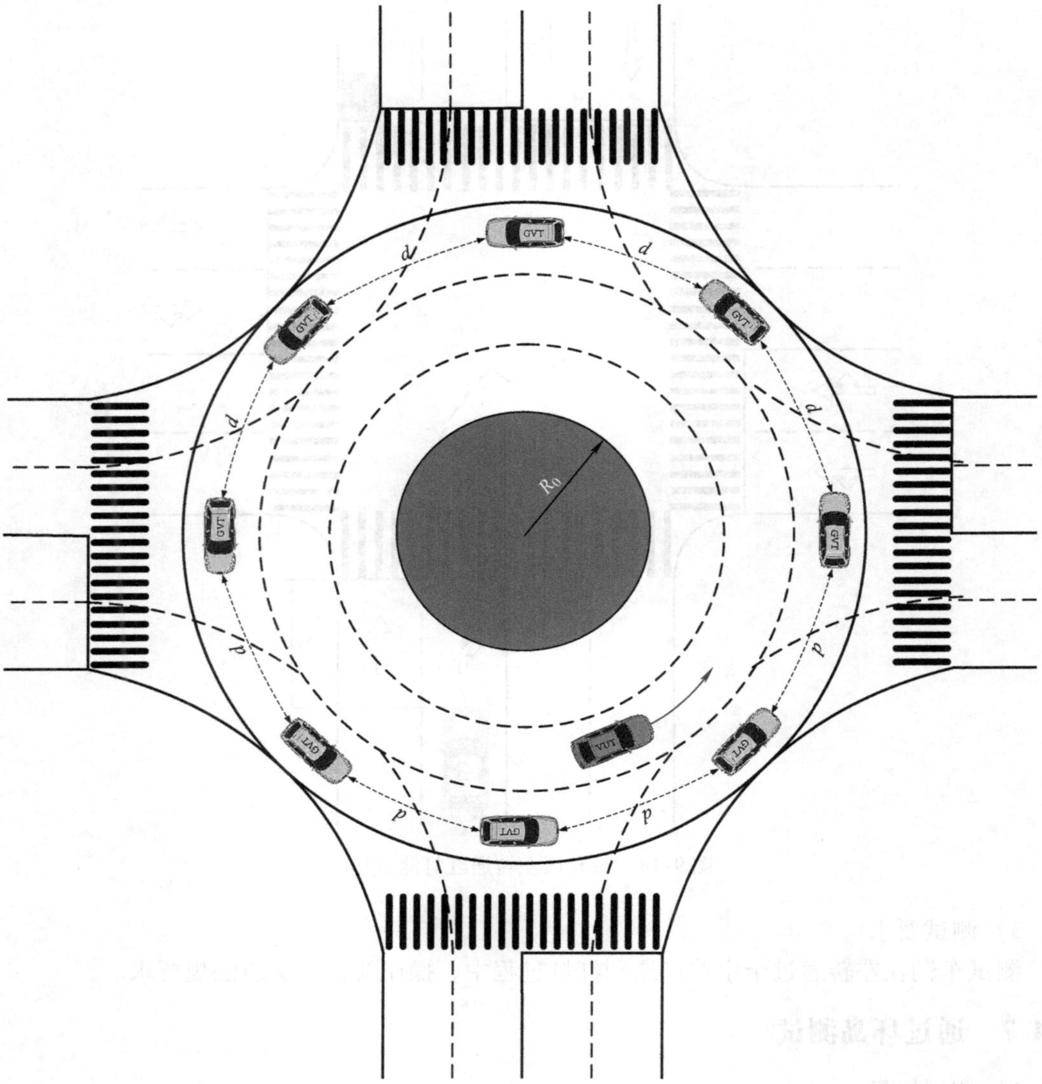


图 9-19 通过环岛测试场景

# 复 习 题

**简答题**

1. 请从功能的角度区分辅助驾驶系统与自动驾驶系统。

2. 匝道具有什么特点？汽车在上下匝道时要注意什么？什么级别的自动驾驶汽车能够自动上下匝道？

3. 自动驾驶汽车可以通过哪些方法实现警示其他交通参与者的目的？哪个级别的自动驾驶汽车可以实现该功能？

4. 智能网联汽车可以通过哪些方法获得交通信号灯的路权信息？

5. 有条件的高速公路自动驾驶功能需要具备哪些自动驾驶基本功能？拥有该功能的汽

车属于哪个级别的自动驾驶汽车？为什么？

6. 高度自动化区间穿梭班车需要具备哪些自动驾驶基本功能？该类汽车属于哪个级别的自动驾驶汽车？为什么？

7. 假设你要设计一个平行车位自动泊出的场景，请问设计该场景需要用到哪些测试仪器和设备？对测试场地又有哪些要求？

8. 十字路口左转测试的基本要求是什么？

9. 简单描述一下设计干线掉头行驶遭遇对向车辆场景的要求。

10. 绘制一下路口右转遭遇左侧直行车队场景图。

# 第10章 智能网联汽车测试报告

智能网联汽车测试报告是对测试车辆技术性能进行评价的重要文件，具有专业性、严谨性、客观性和权威性的特点。每一项测试之后，都应该形成一份对应的测试报告，详细说明测试的背景、目的、内容、步骤及相关结论等，对整个测试过程做一个全面的描述和总结。测试报告一方面可以利用测试指标全面评价测试车辆的性能，另一方面也是对测试车辆的一次全方位的审核。

## 10.1 智能网联汽车测试与法规的关系

测试是按照测试标准和法规对测试车辆做出一系列的操作和记录，通过所获得的各项性能指标评价测试车辆功能的方法，因此法规与测试的关系密切。目前，智能网联汽车尚处于不断发展阶段，所以针对智能网联汽车的测试标准和法规也在不断完善，测试项目不断增加，测试要求也越来越严苛。目的是通过越来越严格的测试项目的规范和引导使智能网联汽车越来越安全，使其各项性能越来越卓越。

### 10.1.1 技术的进步与法规的健全

智能网联汽车技术的进步与测试法规的健全是相互促进、相互影响的两个方面。不断增加的智能网联汽车功能迫使测试标准和法规要随之不断地更新，同时测试标准和法规的严格和细化也促进了相应技术的精进与完善。只有促进智能网联汽车技术与相应测试标准和法规的协同发展，才能推动整个行业的快速、健康发展。

（1）技术进步对测试标准和法规的影响

智能网联汽车综合运用环境感知技术、决策规划技术和控制执行技术协同工作，最终将代替人类驾驶汽车。在智能网联汽车新技术不断涌现并逐步完善的过程中，为了规范这些新技术的应用，同时保护公众利益和维护社会秩序，相关的测试标准和法规需要不断完善和修订，以确保其应用的安全性和可靠性。

（2）标准和法规健全对技术进步的作用

健全的测试标准和法规应该能够对当下的智能网联汽车进行全面的测试与评价，确保其在实际应用中的安全性和可靠性，这也有利于推动智能网联汽车的推广和普及。测试标准和法规还可以为智能网联汽车技术引领方向，并且激发出更强劲的积极性和创造力，推动智能网联汽车技术的持续创新和发展。

### 10.1.2　智能网联汽车的测试法规

为了适应智能网联汽车的快速发展，各个国家和地区，在不同时间段出台了很多针对智能网联汽车各项功能的测试标准和法规。以智能网联汽车的自动紧急制动（AEB）功能为例，就有 C-NCAP AEB 测试规程、ISO 22733-1 AEB 评估方法、i-VISTA 试验规程、ECE R152 AEBS 法规、GB/T 38186—2019 AEB 性能要求及试验方法等多种测试标准和法规。其中，在我国只有 GB/T 38186—2019 是指导性标准；ISO 是国际标准化组织，ISO 22733.1 评估自动紧急制动系统性能的测试方法也是一种指导性的标准；出口的智能网联汽车的主动安全性能强制要求满足 ECE UN R152 AEBS 法规；i-VISTA 是我国国家级智能网联汽车测试平台，其制定的试验规程旨在确保智能网联汽车的技术性能和安全性能达到设计要求，具有一定的影响力；C-NCAP AEB 测试规程是一种非强制性执行的新车测试评价规程，但 C-NCAP 是比现有强制执行标准更严格、更全面的测试规程，在行业内具有更广泛的影响力。本书中介绍的很多智能网联汽车功能的测试方法也参考了 C-NCAP 测试规程。

C-NCAP 即中国新车评价规程，是由中国汽车技术中心主导实施的一项针对新上市车型安全性能评价体系，重点关注新能源汽车和智能网联汽车的安全问题，以中国交通实际情况和中国交通事故构成为研究基础。随着科技的发展和社会的进步，交通状况和事故构成也在不断地变化，如图 10-1 所示。为了适应交通事故构成不断变化的特点，C-NCAP 大约每 3 年就要升级改版一次，每次升级都会新增一些测试项目，测试的要求也会更加细致严格。

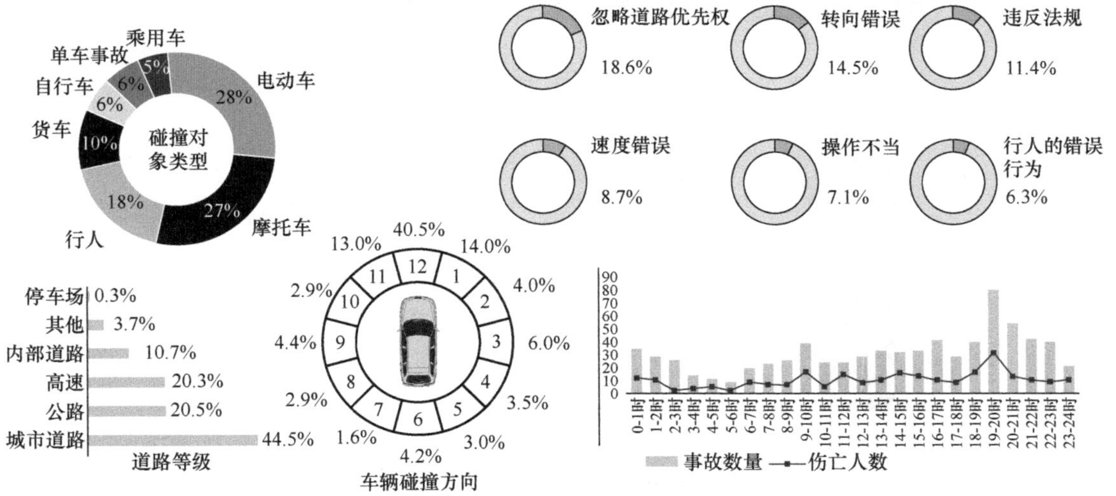


图 10-1　中国道路交通事故构成图

每当市场上有新车型上市的时候，中国汽车技术研究中心就会在市场上购买该车型，按照 C-NCAP 测试规程测试，并将测评成绩单在网站上公开发布，成绩单包括乘员保护得分、行人保护得分、主动安全得分和综合得分率，以及根据得分换算成的五星级评价等内容，如图 10-2 所示。它旨在为消费者提供权威、客观的车辆安全参考信息，同时促进企业按照更高的安全标准研发和生产汽车，从而有效减少道路交通事故的发生。

C-NCAP 测试报告的五星级评价是根据综合得分率给出的，3 个测试维度在综合得分率中的占比是不同的。其中，主动安全测试项目是主要针对 ADAS 功能的，这部分的累计得分占综合得分率的 25%，乘员保护部分得分占 60%，行人保护部分得分占 15%，如图 10-2 所示。

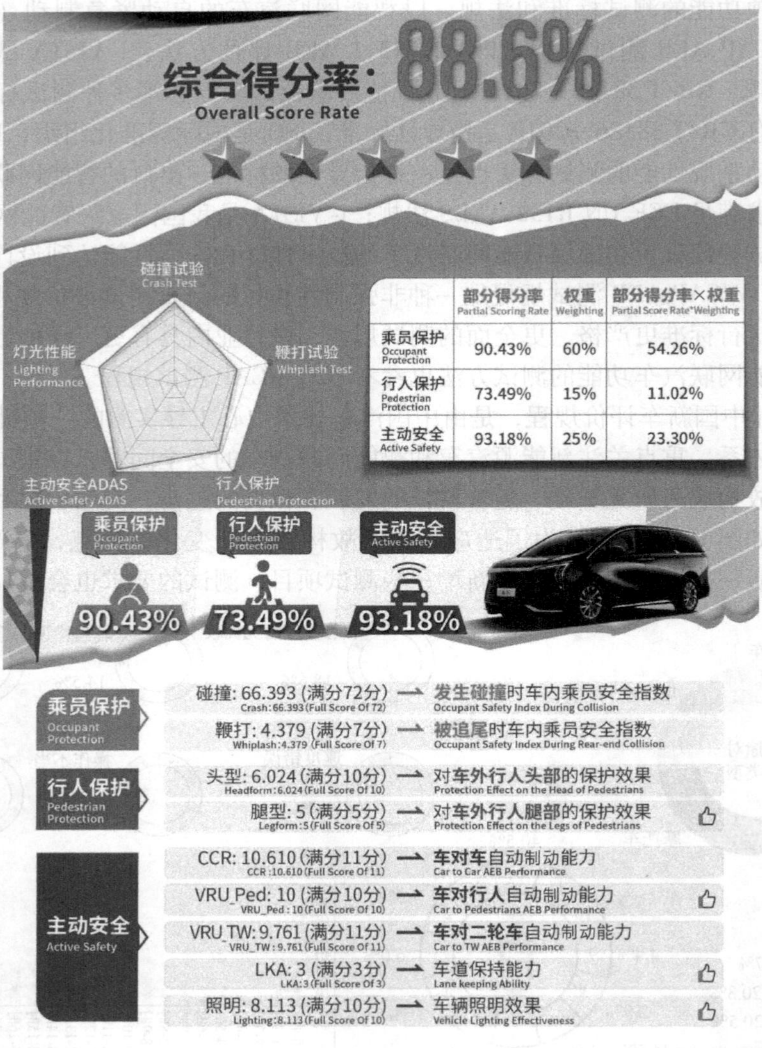


图 10-2 C-NCAP 测试报告

## 10.2 智能网联汽车测试报告的作用与分类

一份测试报告足以成就一个品牌，也足以毁掉一个品牌。测试报告之所以有如此重要的地位完全取决于它的真实性、客观性和权威性。测试报告会以其真实的视角揭露一些制造商想故意隐瞒的秘密，当然，聪明的制造商也会利用测试报告的性质，帮助他们宣传自己产品的优越性能。

### 10.2.1 测试报告的作用

测试报告应具有真实性和客观性，以确保测试结果的准确性和可信度。它既可以实事求是地肯定已经取得的成绩，同时也能够直言不讳地指出尚需改进的问题，有中肯的褒奖，也有尖刻的批评。它给智能网联汽车指明了下一步努力的方向，最终，将指引该行业发展得更加完善。

（1）智能网联汽车量化对比的平台

测试报告忠实记录了智能网联汽车在各种测试标准和法规要求下的测试性能指标，为不同智能网联汽车提供一个可以量化的对比平台，比如C-NCAP测试报告的五星级评价得分率，用同样的标准和法规要求测试各种智能网联汽车，用同样的量化方法在相同的平台上对比各项性能指标，彼此的差距一目了然。通过公平、公正和公开的对比，使各大汽车制造商清楚地认识到自己与竞争对手的差距，进而明确今后努力的方向。

（2）确保智能网联汽车的安全性

所有经过测试的智能网联汽车都要通过严格的测试流程才能获得测试报告。测试报告全面评估了智能网联汽车在各种复杂交通环境中的表现，确保经过测试的车辆在面对各种极端恶劣情况时都能够安全、准确地应对各种突发情况，因此，有理由相信在面对日常交通环境的简单场景时就可以更加轻松地应对。另外，测试报告还能够提前发现智能网联汽车可能存在的安全漏洞和潜在风险，使制造商不断完善和改进智能网联汽车，使其能够更安全地服务于现代交通。

（3）提升智能网联汽车的可靠性

通过测试报告的数据反馈，制造商可以了解智能网联汽车的实际性能表现，进而对控制算法、环境感知等关键技术进行优化，提升智能网联汽车的整体性能。测试报告还是反映智能网联汽车技术成熟度的重要文件，有助于制造商了解当前产品的优势和不足，为技术研发和产品迭代指明方向，引导其产品性能不断提升，使其产品可靠性不断增强。

（4）指导产品开发和持续改进

测试报告中真实的数据和客观的结论可以为智能网联汽车的研发团队提供宝贵的反馈意见，帮助他们认识到产品存在的缺陷和不足，从而明确后续研发工作的努力方向。通过对智能网联汽车不断地测试和优化，再测试和再优化，测试报告可以推动智能网联汽车相关技术的迭代和升级，进而为不断完善产品，提高产品的竞争力和市场占有率做好充足的准备。

（5）推动行业标准制定和完善

智能网联汽车还是一个新生事物，很多标准尚未建立健全，亟需各种有效、权威且完整的数据资料作为支撑。测试报告中的数据和结论可以作为行业标准制定的重要参考依据，推动行业标准的不断完善和升级。通过测试报告的发布和分享，可以促进行业内的技术交流与合作，共同推动整个智能网联汽车行业的健康发展。

（6）为消费者提供购车参考

测试报告为消费者提供智能网联汽车产品的详细测试数据和评价，帮助消费者了解产品的真实性能和优缺点，从而做出更加明智的购车决策。测试报告的客观性和公正性有助于消费者建立起对智能网联汽车的信任，并坚定其购买智能网联汽车的信心，促进市场的健康发展。

### 10.2.2 测试报告的种类

智能网联汽车测试报告的种类有很多，主要依据测试目的、测试内容、测试方法等因素进行分类。测试报告的种类和具体内容可能因测试机构、测试标准、测试车辆等因素而有所不同。在选择测试报告时，应根据实际需求选择合适的报告类型和测试机构。

（1）功能性测试报告

功能性智能网联汽车测试报告主要关注测试车辆在各种交通场景下自动驾驶功能的表现，比如交通标志和标线识别及响应、交通信号灯识别及响应、障碍物识别及响应、行人和两轮车识别及响应、车辆识别及响应、车辆停靠、车辆跟车、换道超车、交叉路口掉头、交叉路口通行和远程驾驶等功能的测试。这种测试报告详细记录了测试车辆在不同场景下的表现，并给出了是否达到预期功能的判定。

（2）性能及可靠性测试报告

智能网联汽车的性能和可靠性是用户关注的重要指标之一。因此，性能及可靠性测试报告也是最常见的测试报告类型。这类测试报告主要评估智能网联汽车在各种工况下的性能表现和可靠性水平，包括动力性能、制动性能、操纵性能、耐久性能等方面。测试方法可能包括封闭测试场地测试、开放道路测试、用户反馈等多种方式，以全面评估智能网联汽车的性能和可靠性。

（3）合规性测试报告

智能网联汽车需要符合国家和地方的相关标准和法规才能上路运行。因此，合规性测试报告也是智能网联汽车测试报告中相当重要的一个组成部分。这类报告主要评价智能网联汽车是否符合交通法规、安全标准等方面的要求，包括车辆尺寸、重量、速度限制、安全装备等方面的测试。通过合规性测试，可以确保智能网联汽车的安全性和合法性。

（4）专项测试报告

针对智能网联汽车的一些特有的功能，需要展开一些专项测试，于是产生了一种只面向特定的技术或场景的测试报告，比如针对自动驾驶系统环境感知算法的测试报告、针对V2X通信系统性能的测试报告等。这些专项测试报告旨在深入评估智能网联汽车在某些特定方面的性能表现。相对来讲，这些测试报告更具有专业性，对于比较智能网联汽车之间的性能差异更具现实意义。

（5）开发项目测试报告

在一些产品立项开发之前，需要做广泛的产品调查，其中一项就是获得市场上相似车辆性能的测试报告。测试报告要比较市场上与拟开发车型功能相似，且存在潜在竞争关系的车辆的各项性能，这些性能在公开的测试报告中往往不包括，因此需要全面测试潜在竞争对手的性能指标，评估拟开发车型在未来市场上能够抢占一席之地的可能性，制定超越现有车型的策略与方法。这种测试报告的形式是不固定的，往往需要与客户共同商定。

## 10.3 智能网联汽车的测试大纲

任何测试都有一定的目的性。在测试之前都需要先根据测试项目的目的制定明确且细致的测试大纲，对测试目的、测试依据、测试车辆、测试条件、测试仪器和设备、测试数据的采集方案、测试实施方案等都做出明确的规定。

### 10.3.1　明确测试目的

测试大纲的测试目的要明确规定测试车辆的具体品牌和批次、测试依据的具体测试标准和法规、具体测试场景以及最终可能输出的测试结果或结论，避免在测试执行过程中产生任何歧义和纷争。

### 10.3.2　申明测试依据

按照测试要求明确每个测试项目所依据的测试标准和法规，以及测试项目的场景参数，对于未说明具体参数的将对该测试项目在所有测试标准和法规中推荐的参数进行一次遍历测试。不同的测试场景可以参考不同的测试标准或法规，在测试大纲中需要明确地说明各个测试场景要参考的法规和标准。

### 10.3.3　介绍测试车辆

测试之前要明确参与测试车辆的品牌、批次、配置、功能、结构参数和技术状态等情况，并将这些详细内容列入测试大纲。如涉及多辆测试车辆，应对测试车辆进行编号处理，以便后续撰写测试报告和对每辆测试车辆进行性能评价和比较。

### 10.3.4　限定测试条件

测试条件包括场地和车辆两方面，场地条件主要包括测试的时间、地点、气候条件、光照条件以及场地上需要配备的设备和仪器等；车辆条件主要包括测试车辆的载荷条件和轮胎型号及压力条件等，要求测试车辆的载荷在一定的范围内，且不能出现偏载现象。如果出现偏载现象，偏载率应控制在一定范围内，测试车辆的轮胎型号及压力要符合出厂标准。

### 10.3.5　测试仪器和设备

测试大纲需要明确测试采用的仪器和设备的种类、数量、功能、量程、精度及检定有效日期等。测试大纲一般不指定测试仪器和设备的品牌和批次，只提出对仪器和设备的要求，由测试执行方负责按照测试大纲要求去落实具体的仪器和设备。

### 10.3.6　测试数据的采集方案

测试数据是测试项目中最需要精准、细致记录的部分，也是测试后期撰写测试报告、分析测试数据的重要依据。测试大纲需要规划严密的测试数据采集方案和步骤，以便在测试时能够合理地安排各测试项目的顺序，不至于遗漏和交叉重复搭建某些测试场景。应该按照由测试项目到测试场景，再到每一层的测试参数的顺序，采用逐级逐次遍历的方法，依次排布测试场次，尽量做到不遗漏任何测试项目和不必安排交叉遍历测试项目。

### 10.3.7　介绍测试实施方案

测试大纲需要明确测试项目的时序安排、场景布置、参数配置、测试步骤以及测试结束条件等内容。测试大纲要参考测试标准和法规中对测试项目的要求，对测试方法、测试要点、现场布置方案以及相关的测试参数做出明确的规定，最好能够图文并茂，以便指导测试场景的搭建。

### 10.3.8 测试的组织和输出物形式

最后，还要指定测试执行方和委托方的负责人和联系人，以及测试最终的输出物形式，一般为测试报告和评分报告等。

测试大纲不但详细限定了测试实施的方方面面，最终，还将决定测试报告的作用和价值。即，有什么样的测试大纲就会有什么样的测试报告，测试大纲与测试报告是一一对应的。测试报告需要按照测试大纲中规定的测试内容如实地贯彻每一项测试项目，客观、忠实地记录测试的全过程，按照测试大纲的评价体系和准则，结合测试项目的执行情况和性能指标记录数据，对所涉及的评价指标给出一份中肯的评价。

## 10.4 智能网联汽车测试的关键步骤

智能网联汽车的测试是一项复杂而系统的工程，测试中，涉及多个关键环节与步骤。在具体测试时，要根据测试大纲的要求，按照一定的先后顺序逐一安排测试。在实施测试的过程中，可能因具体的测试目标和车型等因素而对测试步骤进行灵活的调整和优化。

### 10.4.1 分析测试需求

智能网联汽车的测试都有一定的规模，需要投入大量的人力、物力和时间成本，只有经过评估和分析且认为有必要进行的测试才能够实施测试。因此，在测试立项之前，对测试的需求进行评估和分析是十分必要的。重点评估和分析测试的安全性、实用性、必要性、可行性和经济性等方面。在测试前要进行充分的风险评估，对于存在较大安全隐患、实用性不是很强、意义不是很大、现有技术条件难以保证顺利实施且投入产出比较大的测试尤其需要慎重考虑其测试立项问题。而对于测试标准和法规要求必须做的测试则需要考虑怎样更安全、更经济地逐项实施测试。

### 10.4.2 制定测试计划

经过缜密分析之后，筛选出切实可行且必须做的测试项目。接下来就需要根据测试目标和法规制定详细的测试大纲，规划整个测试进程，重点规划测试流程、测试方法、资源配置和风险防范等问题。详细安排测试各阶段的时间表，使每个阶段之间的衔接顺畅，整个测试周期的用时尽量短。合理配置各项测试资源，包括测试人员、测试设备、测试场地等，力争做到使用尽量少的资源，在有限的时间内完成更多的测试项目。在测试中还要注意识别测试过程中可能遇到的风险，并制定相应的应对措施。

### 10.4.3 组建测试团队

根据测试需求和测试大纲的规划组建一支专业的测试团队。团队成员应该包括测试车辆的驾驶员或安全员，主要负责测试车辆的安全运行等任务；测试现场管理及监控记录技术人员，主要负责测试场景的搭建、测试仪器设备的安装及监控调试和异常处理等工作；数据分析人员，主要负责对测试数据进行适当的后处理和详细深入的分析等工作，从中挖掘出具有指导意义的结论。其中驾驶员或安全员应具有车辆驾驶资格和智能网联汽车专业知识，能够熟练操作智能网联汽车并掌握其应急处理技能。

### 10.4.4 搭建测试环境

首先，根据测试项目的需求选择合适的测试场地，比如封闭测试场地、临时测试场地或开放道路测试场地等。然后，准备必要的测试仪器和设备，比如数据采集系统、驾驶机器人、差分基站、假人、移动平台等，并按相关要求对其进行设置、调试和安装。最后，再根据测试项目的要求设置具体的测试场景，包括选择合适的道路条件、交通条件和天气条件，匹配恰当的其他交通参与者并设定运行参数，为各参与测试的设备设置合理的参数等。

### 10.4.5 准备测试车辆

智能网联汽车测试对测试车辆有明确的要求，测试前需要按照测试大纲对车辆的要求准备好测试车辆。测试车辆的选择要求满足随机抽样的要求，选择出来的样本要能够代表测试对象整体的一般特征。同时，还要对测试车辆进行初始化设置、软件设置、整车状态确认、轮胎状态确认、制动系统磨合、测试设备安装及配载、测试前的轮胎准备和制动系统准备等一系列准备过程，只有上述项目全部合格了才能实施测试项目。

### 10.4.6 执行测试任务

做完所有准备工作后，就可以按照测试大纲规划的步骤逐项逐步实施测试了。智能网联汽车测试是一个复杂且严谨的过程，需要依据各种测试标准和法规，切实保证测试的安全性、严谨性、有效性和合规性。在所有的要求中安全性是最重要的，测试前要进行充分的风险评估，测试时不得擅自更改测试计划或测试超出计划范围的项目，如果发生任何问题或异常情况，应及时报告并采取相应的处理措施。严谨性要求忠实地记录测试过程的所有数据，无论测试数据对委托方有利与否，都不得对数据进行删减和修改，因为测试的目的是发现测试车辆存在的问题，促使整个智能网联汽车行业的技术进步。有效性要求测试要符合测试标准和法规的全部要求，不得为了获得理想的测试结果而对测试条件打折扣、搞变通。合规性要求测试主体需要取得相应的测试资质认证，测试项目必须严格遵守国家的道路交通安全法律法规。

### 10.4.7 分析测试结果

测试结果主要是通过测试数据来体现的，而智能网联汽车测试直接得到的数据往往可读性较差，即这些数据一般不能直接反映出什么问题，需要对这些数据进行必要的整理和分析才能看出各种变量的关系，进而得到我们想要的结论。在智能网联汽车测试领域通常采用得分或得分率的机制来评价不同车辆性能的好坏。得分或得分率利用各种公式将各项性能指标统一地转化为无量纲的得分或得分率，通过加权累加的方法将性能指标迥异的不同车辆用量化指标加以统一，便于它们在同一个平台上进行量化比较。

### 10.4.8 反馈与改进问题

通过对测试结果的分析，测试团队可以发现测试车辆存在的一些问题，经过与研发团队沟通确定问题的属性和根源，共同制定整改措施和修正方案，进而使智能网联汽车更加优化和完善。

### 10.4.9 重复测试与验证

如果研发团队对测试车辆的测试结果不满意，可以限期针对测试中暴露的问题进行专项整改。针对整改后的智能网联汽车再次利用该测试标准或法规的相应测试规程进行对比测试。测试条件的严格一致性有效地排除了其他因素对测试结果的干扰，也能明显地比较出整改前后性能的差异。在智能网联汽车的整个开发周期中，持续进行测试和验证工作，可以确保产品的质量和性能。

### 10.4.10 撰写测试报告

测试的最后要根据测试的准备、执行测试、反馈整改和分析结果的实际运行情况，运用真实的测试数据和结论，撰写一份详细的测试报告。报告应包括测试目标、测试标准、测试对象、测试条件、测试方法、数据处理和测试结论等内容。

## 10.5 智能网联汽车测试报告的具体内容

智能网联汽车测试报告是一个综合性的报告，要求详细记录测试车辆在特定的测试环境和条件下的性能，并运用测试数据和基于各种标准法规计算的得分率来评价测试车辆的各项性能指标。具体的测试报告可能因为要求的侧重点不同包含的内容有所差异，但大致应包含以下几方面内容。

### 10.5.1 介绍标准体系

测试报告需要明确地指出测试所依据的标准和法规的体系。现如今有很多智能网联汽车测试标准和法规，不同的测试标准和法规对测试要求不尽相同。在测试报告的开始就应该明确指出测试所依据的标准和法规的代号、顺序号、专业类号、年号和具体名称等，比如GB/T 33577—2017《智能运输系统 车辆前向碰撞预警系统 性能要求和测试规程》。它一方面限定了此测试报告所能涵盖的内容，另一方面明确地划定了测试报告的功能边界。

任何一项测试标准或法规都有其适用范围，并规定了该标准或法规的适用对象和具体针对的事项。如果明确了测试报告所依据的标准或法规，则测试报告的测试项目和测试内容也就随之确定下来了。

同样，测试报告依据的标准和法规也决定了测试报告具体的功能和作用。目前，关于智能网联汽车的测试标准和法规多数聚焦于测试车辆性能、功能和安全方面。测试报告的功能和作用也要与相应的测试标准和法规一致。

另外，值得说明的是同一份测试报告可以参照几个不同的测试标准和法规。首先，有些测试项目在不同的标准和法规中都有涵盖，且关于相同测试项目的要求也是一致的，在这种情况下，测试项目涉及的测试标准和法规都要在测试报告中加以申明；其次，同一份测试报告中可以包含多个测试项目，如果不同的测试项目需要参考不同的测试标准和法规，也需要在测试报告中把涉及的测试标准和法规都统统加以申明。

### 10.5.2　描述测试车辆

测试车辆一般由委托方提供，在委托方交付测试车辆时，测试承接方需要对其进行全面系统的查验，并将查验的结果如实地写入测试报告。测试报告除了需要明确记录参与测试的具体车辆，还要详细描述测试车辆的整体特征、技术参数、硬件配置、整车和部件技术状态等。

（1）对测试车辆的整体描述

主要记录参与测试智能网联汽车的基本情况，包括测试车辆编号、测试车辆型号、测试车辆动力系统参数（动力来源与工作形式、额定功率、最大转矩等）、视觉传感器数量、毫米波雷达数量、超声波传感器数量、激光雷达数量、软件版本号和测试车辆车架号等信息，目的是明确限定测试对象。值得说明的是，在测试期间严禁委托方对测试车辆进行任何软件或硬件的更改和更换，如发生故障，则需测试承接方根据实际情况给出处置意见。

（2）测试车辆的准备

智能网联汽车的测试标准和法规对测试车辆的整体和相关零部件都有具体详细的要求。在正式测试之前，需要对测试车辆逐项核对，只有满足要求方可进行测试。如未满足要求，应先设法满足相应要求，然后再安排测试。

1）轮胎状态确认。测试之前，要对测试车辆的轮胎生产厂家、型号、大小、速度及载荷等信息予以检查和确认。此外，还要对轮胎的标准冷态气压予以检查和确认。上述检查和确认测试车辆轮胎的过程应在测试报告中有所体现。

2）整车状态确认。测试之前，要检查和确认整车的技术状态，主要包括燃料和冷却液的加注量、随车工具和备胎配备情况以及测试车辆的总质量和轴荷分配等情况，这些情况均需达到相应的标准，并将其作为初始状态数据在测试报告中记录下来。

3）制动系统磨合。众所周知，新车需要经过磨合才能够发挥其正常的性能。要获得智能网联汽车的正常性能，新车的制动系统也需要经过严格的磨合试验过程，以消除新车与正常使用车辆的制动系统存在的差异。在智能网联汽车测试之前要按照规定的流程对其制动系统进行充分的磨合，而在测试报告中应对测试车辆是否进行过充分的磨合试验和磨合试验的执行情况有详实的记录。

4）测试设备安装及配载。测试前需要按照测试要求安装各种测试设备。安装了测试设备的车辆必然影响其载荷分布特性，智能网联汽车测试规程中一般对安装测试设备前后的配载情况有具体而细致的要求。测试报告中关于安装测试设备前后测试车辆的配载情况应予以核验与确认，且应在测试报告中有所体现，同时还要检查测试设备的加固和固定情况。

（3）测试车辆的设置

每天开始测试之前，要对智能网联汽车的系统功能选项进行设置，并将测试车辆的技术状态调整至最佳状态。

1）系统功能设置。智能网联汽车有些系统功能的灵敏度是可以设置的，比如智能限速系统中超速报警的阈值，在测试之前一般要求设置为中等级别或比中等级别更高一级的级别。

2）主动机罩设置。当测试车辆装有“主动机罩系统”时，为了不影响对智能网联汽车功能和性能及安全性的测试结果，要求在测试之前关闭该系统，以免“主动机罩系统”的作用效果干扰了智能网联汽车功能的正常执行。

3）测试前制动准备。开始测试之前要对测试车辆的制动系统做一系列的准备工作，尽量使测试车辆的制动系统处于正常工作的状态，以便在测试中充分展现测试车辆在正常工作状态下的性能，使测试车辆获得更具代表性的性能指标。在测试报告中要说明是否进行了充足的制动准备，以及制动准备流程的执行情况。

4）测试前轮胎准备。测试之前要对测试车辆的轮胎做一系列的准备工作，尽量使测试车辆的轮胎处于正常工作状态，以便在测试中充分展现测试车辆在正常工作状态下的各项性能指标，使测试车辆获得更具代表性的性能指标。在测试报告中要说明是否进行了充足的轮胎准备，以及轮胎准备的执行情况。

### 10.5.3　记录天气因素

天气因素是智能网联汽车测试场景要素之一，天气状况关乎一些测试项目能否顺利进行和测试报告有效性的判定。因此在测试报告中必须对测试执行期间的天气状况如实记录，对于测试持续时间跨度较长的测试，还需要每间隔一段时间记录一次天气状况。特别是天气状况可能对测试车辆产生巨大影响的测试项目，对天气的现状及其变化的记录要求更详细、更精准，最好采用量化指标精准地描述天气状况。比如对降雨的描述可以利用降雨量、雨滴粒度、雨滴密度和能见度等量化指标描述，此外，天气状况还包括气温和风速等。

### 10.5.4　描述测试场地

按照第2章介绍的分类方法，智能网联汽车测试分为虚拟仿真测试、室内测试、封闭场地测试和开放道路测试等四种方法。即使限定为封闭场地测试，也因测试方法的不同而存在显著的差异。封闭场地测试按照实际情况又可以分为：在专用的封闭园区进行的测试和在临时圈建的封闭场地进行的测试。无论在哪种场地上进行测试，在测试报告中都要对测试场地进行清楚的描述，以便于后期评判测试的有效性和合规性。

首先，要清楚地介绍测试场地的属性，是在专用的封闭测试园区还是在临时圈建的封闭场地，测试场地所处的地理位置、气候条件和测试的季节等条件都是可能会影响测试结果的因素。其次，要描述测试场地的道路情况，对车道数量、车道走向、车道标线、道路等级、道路职能、道路几何属性、路面材料以及周围的景观等情况逐一予以清晰地描述。还要对测试场地内的交通状况予以必要的说明，包括车头间距、平均车速、信号灯的配置情况以及交通标识是否齐全等。对于一些特殊的测试，还需要对测试场地的光照条件予以特殊说明，比如夜间 AEB 测试、光照饱和测试以及低对比度测试等都需要营造特殊的光照条件来满足测试要求。

### 10.5.5　介绍测试仪器和设备

测试仪器是专门用于计量、观测、检验或绘图等目的的装置，一般构造较为复杂和精密，由多个部件组成，比如差分基站、惯导系统和多功能数据采集系统等。测试设备则是测试现场使用的工具，旨在完成具体工作或某项控制过程，一般能适应多种测试场景，更注重使用的效率，比如目标车辆代替物、假人目标、移动平台、交通标识牌和交通信号灯等。

智能网联汽车的测试需要使用多种仪器和设备，以便精准、客观地记录和还原测试过程，因此测试报告中需要对一些关键的仪器和设备做必要的说明。对于测试仪器，要详细地介绍其工作特性、测量精度、调试要求、安装过程和检定有效日期等。对于测试设备，要说明其在测试中的作用、驱动方式、功能特性以及使用过程的注意事项等，必要时可以附上图片辅助说明。

### 10.5.6 描述测试内容

这部分内容是整个测试报告的主体内容，要针对每一个具体测试项目的测试场景、测试方法、测试要求以及测试结果都做出明确的说明。一般需要按照测试标准和法规加以介绍，必要的时候还要辅以相应的图片和数据，详细说明测试现场的布置方案。

（1）测试方法

根据测试标准和法规中关于测试项目的要求，再结合测试现场的实际情况，以测试项目为单位，对测试场地、交通参与者的行驶轨迹、选用的仪器和设备、测试的精度要求、测试车辆的运动参数以及测试终止的条件等均予以详细的介绍，以便于日后核对测试项目的每一个步骤的执行标准和实施情况是否达到测试标准和法规的要求，同时也为测试项目的实施提供一个全面的参考和指导。

（2）执行计划

按照测试方法的规划，每一个测试项目中还有可能包含着若干个测试场景，测试场景中详细规定了测试车辆的行驶速度、目标车辆的行驶速度以及预期碰撞点所在的位置等详细信息。测试时，每个场景至少执行 3 次测试，对这 3 次测试都应给出相应的得分率或测试数据。为了合理运用测试资源和有效利用时间，要将这些测试场景按照一定的顺序统一规划，见表 10-1。

**表 10-1 测试场景安排计划表**

| 测试项目 | 测试场景 | 组数 | 得分率 |
|---|---|---|---|
| AEB 前车静止测试 | CCRs-100%-20km/h | 1 | |
| | | 2 | |
| | | 3 | |
| | CCRs-100%-30km/h | 1 | |
| | | 2 | |
| | | 3 | |
| | CCRs-50%-20km/h | 1 | |
| | | 2 | |
| | | 3 | |
| | CCRs-50%-30km/h | 1 | |
| | | 2 | |
| | | 3 | |
| | CPLA-25%-50km/h | 1 | |
| | | 2 | |
| | | 3 | |
| | CPFAO-25%-50km/h | 1 | |
| | | 2 | |
| | | 3 | |

（续）

| 测试项目 | 测试场景 | 组数 | 得分率 |
|---|---|---|---|
| FCW 前车静止测试 | CCRs-100%-50km/h | 1 | |
| | | 2 | |
| | | 3 | |
| | CCRs-50%-80km/h | 1 | |
| | | 2 | |
| | | 3 | |
| 平行车位 AVP 测试 | 平行车位中央存在锥桶 | 1 | |
| | | 2 | |
| | | 3 | |
| | 平行车位线车位两侧有车且中央存在锥桶 | 1 | |
| | | 2 | |
| | | 3 | |
| | 平行车位线车位部分区域被占用 | 1 | |
| | | 2 | |
| | | 3 | |
| 垂直车位 AVP 测试 | 垂直车位线车位单侧（右）存在锥桶 | 1 | |
| | | 2 | |
| | | 3 | |
| | 垂直车位线车位两侧有车且单侧（右）存在锥桶 | 1 | |
| | | 2 | |
| | | 3 | |
| | 垂直车位线车位部分区域被占用 | 1 | |
| | | 2 | |
| | | 3 | |

（3）测试结果

测试结果的展现方式是多种多样的，有数据曲线、数据表格、行驶轨迹、测试现场图片和数据采集仪器截图等，其中最具说服力的还是测试数据。测试数据包括对每一组测试的行驶速度、位置、距离、时间以及对测试环境和结果等的全面数据描述，它是所有测试结果的根源。为了便于比较和说明，可以利用曲线、数表和轨迹等各种表现形式。对测试结果的记录必须做到客观、准确、细致和翔实。如果在测试中有数据存在争议或需要说明的情况，应予以必要的详细说明。

## 10.5.7 计算测试车辆得分

智能网联汽车经过不同的测试项目会得到各种各样的测试数据，最终需要将所有的数据进行汇总处理，形成统一化、标准化的分值，以便不同的智能网联汽车能够在相同的基准下比较各项性能的优劣。测试报告需要根据测试标准和法规对参与测试的车辆进行逐项评分。

（1）测试分值的意义

首先，针对智能网联汽车测试报告的分值反映出来的新问题和新趋势，有关部门可以及时调整和完善相关资助和引导政策及措施，制定更加科学合理的行业标准和规范，促进整个智能网联汽车行业向积极健康的方向发展。其次，行业监管机构可以通过智能网联汽车测试报告的分值，对市场上销售的智能网联汽车进行性能评估和质量监督，确保智能网联汽车符合相关标准和规范。再次，测试报告的分值能够揭示智能网联汽车存在的不足，为汽车制造商提供产品改进的方向和建议，促使制造商追加技术研发投入，推动技术创新和产业升级。最后，测试项目的分值能够客观真实地反映智能网联汽车多个方面的性能，帮助消费者了解在售的智能网联汽车真实的性能水平。通过广泛对比不同车辆的分值，消费者可以更加理性地选择符合自己需求的智能网联汽车。

（2）测试分值的计算方法

由于测试项目的不同，造成了测试数据存在很大的差异，所以很难权衡不同车辆综合性能的优劣，比如要比较两辆智能网联汽车的综合性能时设计了一系列测试项目，其中一辆车在某项性能测试中表现得比另一辆车强，而针对另外一项性能指标的测试则显示另一辆车的表现较好，这样就很难对两辆车的性能做一个全面公正的评比了。所以亟需一套能够权衡各方面性能指标的综合评分体系，将各项性能指标转化成统一的、可量化的，并且可比较的评分体系中。

在C-NCAP新车测试评价规程中，提出了一套将多项测试结果（一系列性能指标）折算成具体分值的评价体系，得到了业内广泛的认可。这套评价体系对于每一类性能指标都有具体赋予分值的方法。这里仅以车辆对车辆AEB功能说明其在某一次测试中得分的计算方法。

对于车辆对车辆的AEB功能测试，分值是以各测试点相对速度的减少量进行计算的。对于完全避免碰撞的测试场景，该测试速度点（场景）得满分；对于没有完全避免碰撞发生的测试场景，使用线性插值的方法来计算对应单次测试的得分率，计算结果保留至小数点后三位。

$$S=\frac{v_{\text{rel,test}}-v_{\text{rel,impact}}}{v_{\text{rel,test}}}S_{\text{full point}} \tag{10-1}$$

式中　$S$——单次测试得分；

$v_{\text{rel,test}}$——测试开始时测试车辆与目标车辆之间的相对速度（km/h）；

$v_{\text{rel,impact}}$——测试车辆与目标车辆相撞时，两者的相对速度，用测试车辆的速度减去目标车辆的速度（km/h）；

$S_{\text{full point}}$——该测试速度点（场景）的满分分值。

其他测试项目也都有其相应的分值计算方法，只要按照相应的公式，代入测试中获得的性能指标参数，就能得到相应的分值。最后，将所有测试项目的得分进行加权求和就得到了该辆智能网联汽车在本次测试中的得分，总得分与星级评价直接相关，总分得分越高，星级评价也越高。

### 10.5.8　测试结论

测试报告的最后要给出测试结论，测试结论往往是查阅一份测试报告时首先要关注的内容，看完测试结论再对存疑或关心的测试项目详细查看。测试结论要求对测试对象是否符合相关标准和法规的要求给出简洁、明确的结论性陈述，必要时还需附上测试的总评得分情况，简要说明测试项目以及每一项测试的具体得分。测试结论仅针对测试中测试车辆的表现和数据给出，具有客观性、准确性和清晰性等特点。一般测试结论都要注明签发日期，以示在签发当日基于当时的认知水平给出的结论。

### 10.5.9　每日检点表

对智能网联汽车的测试项目很多，一般要持续几天甚至几周的时间。在测试持续进行的这段时间内，每天开始测试之前都要对测试车辆、测试仪器、测试设备和测试场地进行例行检查，对于必要的项目要求检查对象达到测试要求方能实施测试。每日检点表就是如实记录相关内容的文件，一般以附件的形式附在测试报告的后面，以备日后对测试实施的细节进行查阅。

## 复　习　题

**一、选择题**

以下哪一项测试标准或法规是强制要求的。（　　）

A. C-NCAP AEB 测试规程

B. ISO 22733-1：2022 道路车辆　评估自动紧急制动系统性能的试验方法

C. GB/T 38186—2019 商用车辆自动紧急制动系统（AEBS）性能要求及试验方法

D. ECE UN R152 AEBS 法规

**二、简答题**

1. 结合 C-NCAP，详细描述一下测试报告中所提到的“测试车辆的准备”的内容。

2. 结合 C-NCAP，详细描述一下测试报告中所提到的“测试车辆的设置”的内容。

3. C-NCAP 测试项目包括哪些项目？C-NCAP 测试的得分率是怎样计算的？C-NCAP 测试综合得分率与星级关系是什么？

4. 为什么智能网联汽车测试标准和测试法规的颁布都要滞后于智能网联汽车技术发展？

5. 某项针对智能网联汽车的车辆对车辆的 AEB 测试，目标车辆静止，测试车辆的初始速度为55km/h，碰撞时的相对速度为15.07km/h，如果该测试场景的满分分值为2，则该场景的测试得分为多少？

6. 某项针对智能网联汽车的车辆对车辆的 AEB 测试，目标车辆初始车速为15km/h，测试开始后马上紧急制动（车速降为 0km/h），测试车辆的初始速度为90km/h，碰撞时的相对速度为35.6km/h，如果该测试场景的满分分值为1，则该场景的测试得分为多少？

7. 请简要概括智能网联汽车测试报告的特点。

8. 对于同一测试项目，先有测试大纲还是先有测试报告？测试大纲与测试报告的关系是怎样的？

9. 在进行智能网联汽车测试中，组建测试团队时需要将团队成员分成哪几类？你认为将来你有可能成为哪一类成员？为了成为合格的目标测试成员，现在你要做哪些准备工作？

# 参考文献

[1] 中国汽车技术研究中心. C-NCAP 中国新车评价规程 [Z]. 2024.
[2] 李克强. 电动汽车工程手册：第六卷　智能网联 [M]. 北京：机械工业出版社，2019.
[3] 陈宁，邹德伟. 智能网联汽车环境感知技术 [M]. 北京：机械工业出版社，2021.
[4] 崔胜民. 智能网联汽车概论 [M]. 北京：人民邮电出版社，2019.
[5] 程增木，杨胜兵. 智能网联汽车技术原理与应用 [M]. 北京：机械工业出版社，2022.
[6] 曲大义. 智能网联汽车与交通 [M]. 北京：机械工业出版社，2022.
[7] 崔胜民. 智能网联汽车导航定位技术 [M]. 北京：机械工业出版社，2021.
[8] 闫建来. 智能网联汽车导论 [M]. 北京：机械工业出版社，2019.
[9] 李晶华，弋国鹏. 智能网联汽车技术与应用 [M]. 北京：机械工业出版社，2021.
[10] 崔胜民. 智能网联汽车环境感知技术 [M]. 北京：机械工业出版社，2020.
[11] 程增木，康杰. 智能网联汽车技术概述 [M]. 北京：机械工业出版社，2021.
[12] 中国电子信息产业发展研究院. 智能网联汽车测试与评价技术 [M]. 北京：人民邮电出版社，2017.
[13] 朱冰. 智能网联汽车技术 [M]. 北京：机械工业出版社，2021.
[14] 秦孔建，吴志新，陈虹. 智能网联汽车测试与评价技术 [M]. 北京：机械工业出版社，2021.
[15] 崔胜民，卞合善. 智能网联汽车先进驾驶辅助系统 [M]. 北京：人民邮电出版社，2021.
[16] 冯屹，王兆. 自动驾驶测试场景技术发展与应用 [M]. 北京：机械工业出版社，2022.
[17] 赵祥模，王贵平，李立，等. 智能网联汽车测控技术 [M]. 北京：人民交通出版社，2022.
[18] 王建强，聂冰冰，王红. 智能网联汽车安全 [M]. 北京：人民交通出版社，2022.
[19] 朱冰，杨志华. 汽车试验学 [M]. 北京：机械工业出版社，2023.
[20] 张代胜. 新能源汽车试验学 [M]. 北京：机械工业出版社，2022.
[21] 邓伟文，任秉涛. 汽车智能驾驶模拟仿真技术 [M]. 北京：机械工业出版社，2021.
[22] 马育林，徐阳，李茹，等. 智能网联汽车测试与评价技术 [M]. 北京：人民交通出版社，2022.
[23] 王启配，刘全周，李占旗. 交通拥堵辅助系统硬件在环仿真测试方法 [C] //中国汽车工程学会. 2021 中国汽车工程学会年会论文集. 北京：机械工业出版社，2021.
[24] 甘坚南，欧阳锐涛，赵辉，等. 交通拥堵辅助系统识别能力策略优化 [J]. 汽车实用技术，2023，48(9)：35-39.
[25] 王雪松，覃定明，叶欣辰，等. 面向自动驾驶的道路适驾性研究进展 [J]. 中国公路，2024，37(1)：175-193.
[26] 刘灿. 城市交通拥堵辅助巡航控制系统策略研究 [D]. 长春：吉林大学. 2020.
[27] 张英泽. 城市工况下紧急转向辅助避障系统开发 [D]. 长春：吉林大学，2019.
[28] 申静峰. 自动驾驶汽车车辆在环测试方法研究 [D]. 长春：吉林大学，2021.
[29] 胡旭东. 自动驾驶汽车测试场景生成方法研究及其应用 [D]. 合肥：合肥工业大学，2021.
[30] 舒孝雄. 车辆测试场景构建及碰撞预警研究 [D]. 广州：华南理工大学，2021.
[31] 全国汽车标准化技术委员会. 道路车辆 盲区监测（BSD）系统性能要求及试验方法：GB/T 39265—2020 [S]. 北京：中国标准出版社，2020.
[32] 樊晓旭，李霖，童宝锋，等. 智能网联汽车政策与公开道路测试实践 [J]. 中国汽车，2019 (2)：24-28.
[33] 王润民，邓晓峰，徐志刚，等. 车联网仿真测试评价技术研究综述 [J]. 计算机应用研究，2019，36(7)：1921 - 1926 + 1939.

[34] 赵祥模，王文威，王润民，等．智能汽车整车在环测试台转向随动系统［J］．长安大学学报（自然科学版），2019，39（6）：116-126.

[35] 刘天洋，余卓平，熊璐，等．智能网联汽车试验场发展现状与建设建议［J］．汽车技术，2017（1）：7-11+32.

[36] 徐向阳，胡文浩，董红磊，等．自动驾驶汽车测试场景构建关键技术综述［J］．汽车工程，2021，43（4）：610-619.

[37] 朱冰，张培兴，赵健，等．基于场景的自动驾驶汽车虚拟测试研究进展［J］．中国公路学报，2019，32（6）：1-19.

[38] 蒋拯民，党少博，李慧云，等．自动驾驶汽车场景测试研究进展综述［J］．汽车技术，2022（8）：10-22.

[39] 邓伟文，李江坤，任秉韬，等．面向自动驾驶的仿真场景自动生成方法综述［J］．中国公路学报，2022，35（1）：316-333.

[40] 刘洋，刘庆存，胡世广．智能网联试验场关键构成要素分析［J］．汽车文摘，2024（5）：47-52.

[41] 余荣杰，田野，孙剑．高等级自动驾驶汽车虚拟测试：研究进展与前沿［J］．中国公路学报，2020，33（11）：125-138.

[42] 刘法旺，何丰，周时莹，等．基于场景的智能网联汽车模拟仿真测试评估方法与实践［J］．汽车工程学报，2023，13（2）：135-145.

[43] 张培兴．基于场景的自动驾驶汽车虚拟仿真加速测试与评价方法研究［D］．长春：吉林大学，2023.

[44] Euro. Euro-NCAP（2024）［Z］．2024.

[45] THORN E，KIMMEL S C，CHAKA M. A Framework for Automated Driving System Testable Cases and Scenarios［R］．United States. Department of Transportation. National Highway Traffic Safety Administration，2018.

[46] KALRA N，PADDOCK S M. Driving to safety：How many miles of driving would it take to demonstrate autonomous vehicle reliability?［J］．Transportation Research Part A Policy & Practice，2016，94：182-193.

[47] 全国汽车标准化技术委员会．乘用车夜视系统性能要求与试验方法：GB/T 44174—2024［S］．北京：中国标准出版社，2024.

[48] 全国汽车标准化技术委员会．智能网联汽车 自动驾驶功能场地试验方法及要求：GB/T 41798—2022［S］．北京：中国标准出版社，2022.

[49] 全国汽车标准化技术委员会．商用车辆车道保持辅助系统性能要求及试验方法：GB/T 41796—2022［S］．北京：中国标准出版社，2022.

[50] 中关村中交国通智能交通产业联盟．智能运输系统 全速自适应巡航控制系统 性能要求和测试规程：T/ITS 0002-2014［S/OL］．（2014-11-24）［2024-12-10］．https：//www.c-its.org.cn/index/downloadnews/id/319.html.

[51] 全国汽车标准化技术委员会．乘用车车门开启预警系统性能要求及试验方法：GB/T 44173—2024［S］．北京：中国标准出版社，2024.

[52] 全国汽车标准化技术委员会．乘用车后方交通穿行提示系统性能要求及试验方法：GB/T 44156—2024［S］．北京：中国标准出版社，2024.

图 2-4 乌镇智能网联汽车测试场

图 2-5 在临时场地进行的智能网联汽车测试

图 2-6 TNO 实验室的智能网联汽车室内测试环境

图 2-7 转鼓平台可动室内测试环境

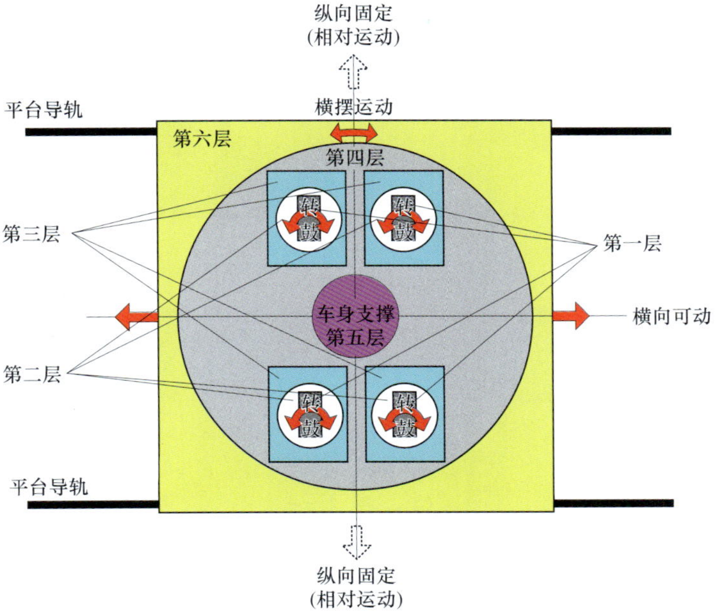


图 2-8 可动转鼓平台运动嵌套关系图

图 2-11　室内测试环境气候定制化设置效果

图 3-5　结构化道路场景

图 3-6　非结构化道路场景

图 3-9　视觉传感器采集到的交通信号灯

图 4-2　乘用车目标物（假车）

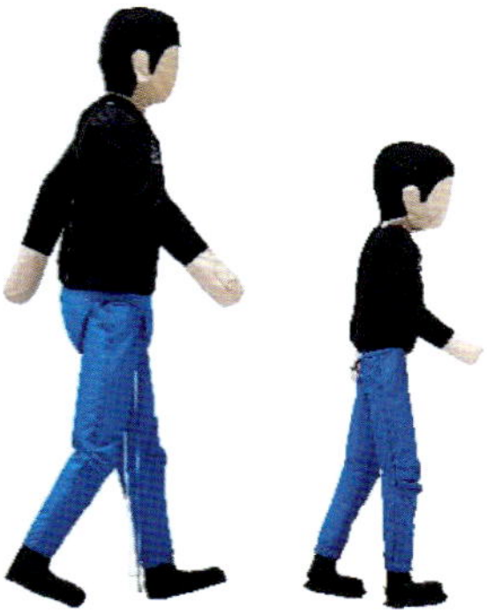

图 4-4　假人目标物

图 4-5　其他弱势交通参与者目标物

图 4-7　道路交通标线

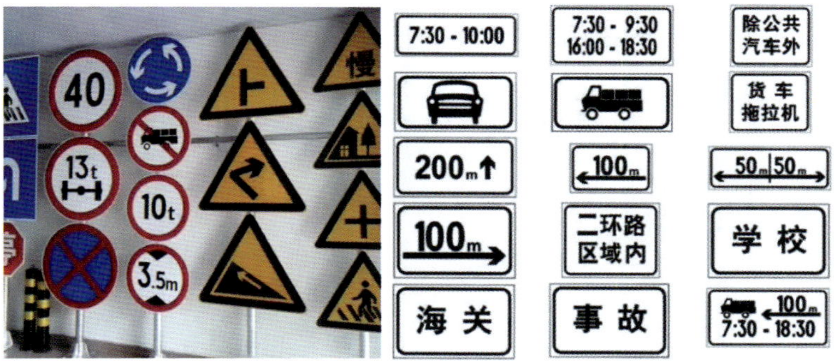


a) 主标志　　b) 辅助标志

图 4-8　道路交通标志

图 4-9　安装在测试车辆中的转向机器人

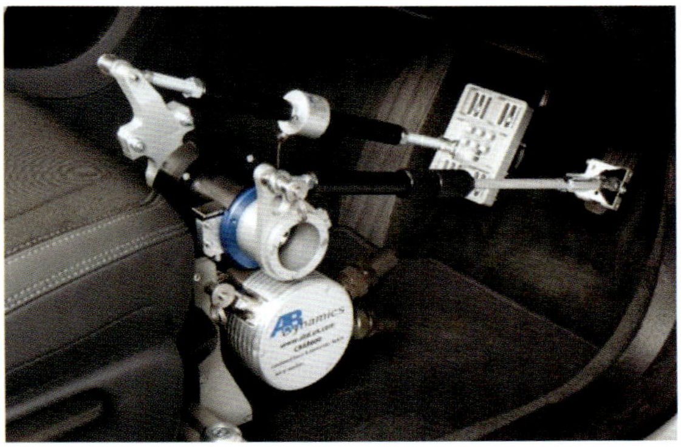

图 4-10　安装在测试车辆中的踏板机器人

图 4-13　RTK 基准站

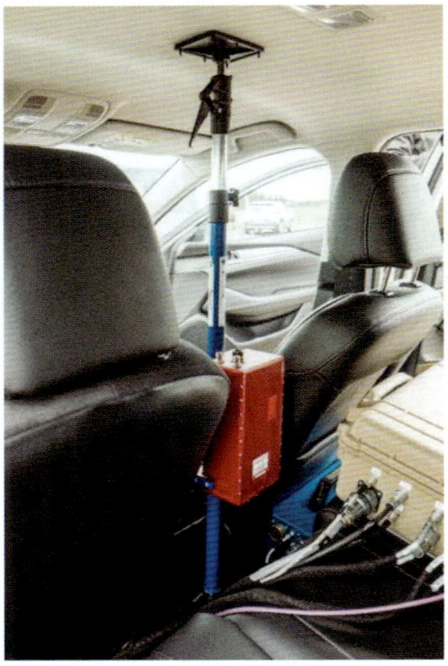

图 4-14　惯导在测试车辆内部的安装情况

a) 警告标志　　b) 禁止标志　　c) 指示标志

图 5-1　典型的交通标志

图 5-14　激光雷达成像效果图

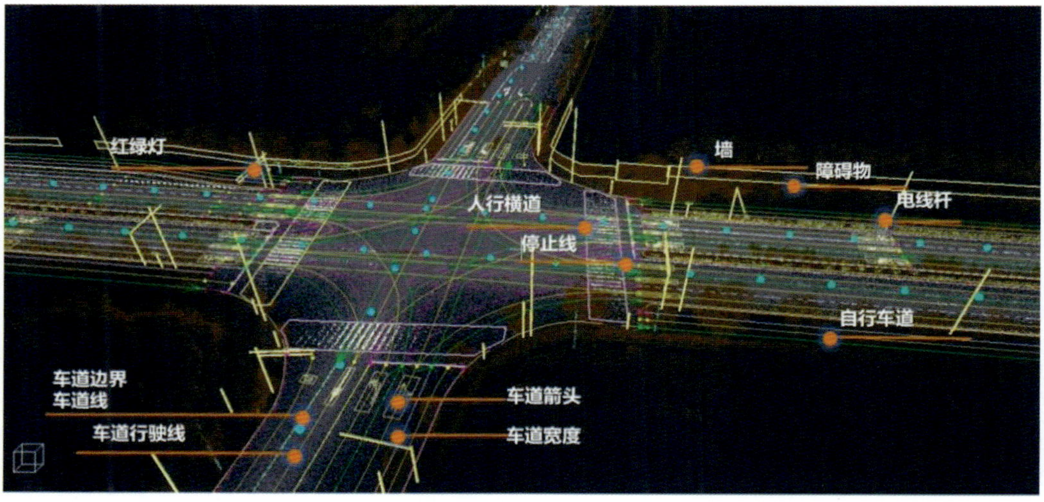


图 5-15　高精度电子地图